다시, 어떻게 가르칠 것인가

다시, 어떻게 가르칠 것인가

종교개혁을 이끈 콘텐츠 혁명

박양규 지음

들음과봄

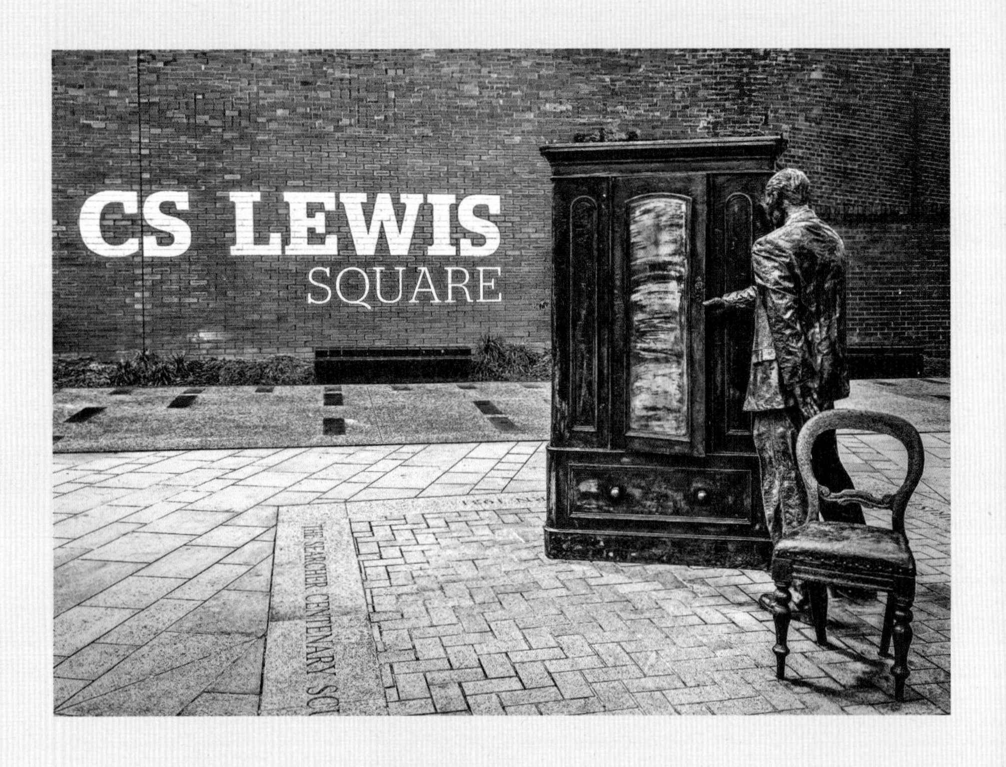
CS LEWIS
SQUARE
THE SEARCHER CENTENARY

저자의 글

'나니아'를 향한 우리들의 '옷장'

'나니아'에서는 사자 아슬란이 통치합니다. 물론, 마녀도 살고 있습니다. 그 세계는 꿈처럼 비현실적인 세계가 아닙니다. 눈에는 보이지 않지만 분명히 존재하는 세계입니다. 안타깝게도 우리는 나니아로 가기 위해서 C.S. 루이스가 제시한 '옷장'을 사용하지 않습니다. '나니아는 이러해야 해', 혹은 '성경 몇 장 몇 절이 나니아를 말하는 거야'라고 주입식으로 배웁니다. 일방적인 방식으로는 나니아에 도착하기 어렵습니다. 그래서 C.S. 루이스는 옷장을 만들었습니다.

종교개혁자들이 가르쳤던 사도신경, 십계명, 주기도문을 우리는 지금도 배우고 있습니다. 그러나 그 시대와 무엇이 같고, 무엇이 다를까요? 종교개혁자들은 나니아로 이끌기 위해 '옷장'을 만들었지만, 우리는 나니아로 가라고 외치기만 합니다. 그 결과 한쪽은 종교개혁을 이뤘고 다른쪽은 종교개혁이 절실해졌습니다.

이 책은 종교개혁을 외치는 이 시대에 필요한 '옷장'이 무엇인지를 소개합니다. 그것은 바로 종교개혁자들이 사용했던 콘텐츠였습니다.

C.S. 루이스의 고향에는 옷장 속으로 들어가려는 한 사람의 동상이 있습니다. 이 책을 보시는 분들이라면 그 사람은 여러분들이고, 옷장은 이 책에서 소개하는 콘텐츠라는 것을 알 것입니다. 여러분들이 만들어갈 '옷장' 속으로 누군가가 문을 열고 들어가기를 소망합니다. 우리는 나니아로 가야 하기 때문입니다.

나니아로 향하는 옷장을 만들 여러분을 위해 이 책을 바칩니다.

서문

오직 성경(Sola scriptura)! 오직 믿음(Sola fide)!

종교개혁자 마르틴 루터(Martin Luther)의 외침은 역사를 바꾸었다. 나폴레옹과 알렉산더처럼 역사에 영향을 준 인물은 많지만, 루터의 외침이 우리 피부에 더욱 와 닿는 이유는 그만큼 교회에서 자주 접하기 때문이다. 우리는 강대상에서 수없이 전한 루터의 '오직 성경, 오직 믿음'이라는 구호를 금과옥조(金科玉條)와 같이 간직하고 있다.

종교개혁 500주년을 지나면서 루터와 칼뱅(John Calvin)은 역사적인 인물을 넘어 '사도'의 반열에 들어선 것 같다. 한국교회는 루터와 칼뱅을 들어 기존 교회의 관행을 질타하고 종교개혁을 외치고 있다. 한국교회의 문제점을 고발하며 곳곳에서 '95개조 반박문'을 외쳐대지만, 우리 사회는 오히려 중세 교회의 성채 앞에 선 느낌이다. 모순처럼 보이는 이 문제의 실마리를 풀기 위해서는 질문을 던져야 한다.

"과연 우리는 종교개혁 시대처럼 교육하고 있는가?"

우리는 종교개혁을 외치면서도 중세 교회의 모습을 하고 있다. 이런 모순이 또 있을까? 교회의 모든 사역은 교육이다. 성경공부만 아니라 설교도 교육적 역할을 한다. 종교개혁을 외치지만 실질적으로 어떻게 종교개혁을 해야 할지는 모르는 형편이다. 기존 관행에 대한 분노의 표현을 '종교개혁'의 동의어처럼 사용할 뿐이다. 마치 루터가 95개조 반박문을 내걸기만 했는데, 프로테스탄트 무리가 형성되고, 종교개혁이 성공했다고 믿는다. 하지만 루터는 프랑스 대혁명처럼 종교개혁을 이루지 않았다. 오늘날 한국교회의 종교개혁은 실체가 없다. '성경통독'을 '오직 성경, 오직 믿음'이라고 이해하는 것일까?

루터가 95개조 반박문을 발표한 해는 1517년이다. '프로테스탄트'라는 명칭은 12년이 지난 1529년 슈파이어 회의를 통해 생겼다. 그로부터 한 세대가 지난 1555년 아우크스부르크 화의(和議)에서 '이단'이라는 딱지를 뗐다. 개혁의 불꽃은 한순간이지만 개혁이 자리를 잡기까지는 적어도 한 세대가 걸린 것이다. 한 세대가 지나는 동안 종교개혁자들은 무엇을 가르쳤고, 어떻게 그 시대를 변화시켰는지 꼼꼼하게 살펴야 한다.

결과부터 말하면, 콘텐츠가 종교개혁을 가능하게 했다. 콘텐츠는 '오직 성경, 오직 믿음'을 구체적으로 담아낸 것으로, 콘텐츠가 없었다면 종교개혁은 성공할 수 없었다. 오늘날도 마찬가지다. 콘텐츠 없이 외치는 '오직 성경'은 공허한 울림일 뿐이다.

이 책은 종교개혁자들이 활용했던 콘텐츠들을 망라하여 소개한다. 종교개혁을 반대했던 가톨릭의 트리엔트 공의회에서 만든 콘텐츠도 소개할 것이다. 신구교간의 콘텐츠 전쟁은 16세기의 문화와 예술을 낳았고, 그 시대의 얼굴이 되었기 때문이다. 16세기의 콘텐츠는 멈추지 않고, 17~18세기로 이어져 또 다른 콘텐츠의 물결을 만들었다. 이것이 기독교 사회가 남긴 역사의 발자취다.

우리는 모순의 시대를 살고 있다. 종교개혁을 외치지만, 가르치는 콘텐츠는 오히려 중세 교회에 더 가깝다. 그래서 더 큰 목소리로 외치고 싶다.

"종교개혁으로 교육하라!"

이것이 콘텐츠 교육혁명의 핵심이다. 우리는 끊임없이 종교개혁 시대와 치열하게 대화해야 한다. 어떤 콘텐츠가 16세기에 영향을 미쳤고, 어떻게 적용되었는지, 그리고 지금 어떻게 활용할 수 있을지 질문해야 한다. 너무나 안타까운 것은 이러한 콘텐츠들이 '인문학'이라는 이름으로 TV나 유튜브에 점령당했다는 것이다. 세상은 이 전리품을 '교양'이라 부르고 환영하지만, 교회는 '인본주의'라는 낙인을 찍어 추방했다. 그러나 앞으로 우리가 살펴볼 콘텐츠는 '태생적으로' 교회에서 만들고 가르친 것이다. 하여, 이 책의 목표는 빼앗긴 콘텐츠를 되찾는 것이다. 그래서 종교개혁을 "다시" 열망하며, 이렇게 외치고 싶었다.

"다시, 어떻게 가르칠 것인가?"

이러한 목표로 지난 10여 년간 교육 현장에서 실제로 아이들의 생각과 믿음이 어떻게 변하는지 지켜보았다. 그런 까닭에 이 책은 정보의 나열이나 탁상공론이 아니라 종교개혁으로 교육했던 현장이 담겨 있다. 이 책의 추천인도 나와 함께 콘텐츠를 직접 경험하고 배우며 지켜봤던 동역자이고 제자들이다. 흔쾌히 추천사를 써 주신 모든 분에게 깊이 머리를 숙인다.

광야에서 콘텐츠로 교육하면서 잊을 수 없는 이름들이 있다. 이 사역을 자기 사명처럼 여겨주신 삼일교회 성도님들이다. 이분들의 이름을 내 마음 깊이 새겨놓았다. 일면식도 없이 나를 격려하고 응원해 주신 교회교육연구소의 구독자들에게도 큰 사랑의 빚을 졌다. 부족한 나를 '선생님'이라고 불러준 학생들의 얼굴도 떠오른다. 어려운 시간을 함께 견뎌준 큐리랜드 식구들에게도 애정을 전한다. 같은 곳을 바라보며, 이 책을 출간해 준 피톤치드 출판사 박상란 대표님에게 깊은 고마움을 전한다.

끝으로 함께 광야의 길을 걷고 있는 가족들에게 미안함과 사랑을 전한다.

차례

Part I

16세기와 21세기의 대화; 메타인지, 메타버스, 메타메시지

Part II
죽음의 위협 속에서 만들어진 콘텐츠

Part III

위대한 역사, 위대한 도전, 위대한 세대

프롤로그, 종교개혁을 외치는 중세 교회

팬데믹이 남긴 교훈

팬데믹으로 우리는 지난 3년간 영화 같은 현실을 겪었다. 전세계를 덮은 팬데믹은 사회 지형을 바꾸었다. 변화에 적응하지 못한 기업과 단체는 도태되었고, 어떻게든 살아남기 위해 발버둥 쳐야만 했다. 반면, 교회는 코로나 이전으로 돌아가게 해달라고 기도했다. '물리적'으로는 팬데믹 터널을 빠져나왔지만, '심리적'으로는 여전히 터널 속에 있는 것이다. 수년간 교회는 변화에 둔감했다. 코로나 이전에도 콘텐츠가 시대에 뒤처졌다고 성토했는데, 그 콘텐츠를 지금도 아이들에게 들이밀고 있다. 과연 한국교회는 다음 세대로부터 날아올 '청구서'를 감당할 수 있을까?

교회교육은 주일학교에만 해당되지 않는다. 교회 사역 전반이 교육이다. 소그룹부터 설교에 이르기까지 교육의 연속이다. 세상은 1분 1초가 다르게 변화하고 있는데, 교회는 어제나 오늘이나 하나님은 동일하다고만 외친다. 분명한 진리이지만 어제의 교육을 오늘의 아이들에게 전하는 변명거리가 되어서는 안 된다. 그것이 면죄부가 되는 순간 다음 세대와의 소통은 단절되고 만다.

> 교육이 맞닥뜨린 가장 큰 문제는 교사가 시대에 뒤처진 디지털 이전의 언어를 갖고서 거의 완전한 디지털 언어를 사용하는 이들을 가르

치려 한다는 점이다. **마크 프렌스키**[1]

교육은 단회적이지 않다. 목표에 도달하기 위해선 콘텐츠를 연결해야 한다. 1년 교육은 52개의 콘텐츠로 연결된다. 10년이면 520개의 콘텐츠가 연결된다. 우리가 '오직 성경'을 외친다면 520개, 적어도 52개는 연결시켜 말할 수 있어야 한다. 그런데 코로나 이전에도 먹히지 않던 콘텐츠를 먼지를 털어서 다시 쓰는 형편이다.

역사가 주는 교훈

팬데믹을 대처하는 중세 교회의 태도는 어땠을까? 《데카메론》에는 교회의 태도가 생생하게 기록되어 있다.

> 하나님의 아들이신 그리스도가 태어나신 지 1348년이 되었을 때, 이탈리아에서 가장 아름답고 번영한 도시 피렌체에 무서운 흑사병이 덮였습니다. 이 유행병은 천체의 작용에 의한 것인지, 아니면 우리 인간의 약함을 응징하시기 위해 하나님이 내린 정의로운 노여움에 의한 것인지 알 도리가 없습니다. (중략) 그리고 또 신앙심 깊은 사람들이 자주 행렬을 짓는다든가 해서 갖가지 기도문을 되풀이했지만 아무 소용없었으며, 흑사병이 무서운 감염력을 발휘하여 처참한 양상을 띠기 시작했습니다. **보카치오의 《데카메론》 중에서**[2]

1 존 카우치, 제이슨 타운, 《교실이 없는 시대가 온다》, 김영선 역, (어크로스, 2020), 34.
2 조반니 보카치오, 《데카메론》, 한형곤 역, (동서문화사, 2016), 16.

흑사병으로 중세 교회는 치부를 드러냈다. 평소에는 잠잠하다가 팬데믹이 생길 때마다 '하나님의 징벌'을 외치는 사람들이 역사에 반복하여 등장한다. 지난 3년간 우리는 '데카메론' 같은 시간을 보내면서 메타버스의 출현을 지켜보았다. 메타버스는 콘텐츠를 경쟁하는 아레나(Arena)가 되었다. 승자는 규모가 아니라 콘텐츠에 있다. 콘텐츠의 격차는 클릭 수의 초격차로 나타났다. 그러나 교회는 아레나에서 밀려나 있다!

역사는 반복된다. 팬데믹으로 중세 교회는 막을 내렸다. 실낱같은 희망이라면 중세 교회 너머로 종교개혁이 피어올랐다는 것이다. 그렇다면 현대의 팬데믹은 교회에게 해피엔딩일까, 새드엔딩일까?

종교개혁과 중세 교회 사이에서

많은 이가 기독교의 모습에 실망하여 종교개혁을 외치고 있다. 그러나 종교개혁을 외치는 것과 '어떻게' 종교개혁을 성공시킬 것인지는 전혀 다른 문제다. 설교 시간에 루터나 칼뱅을 소환하거나 인용한다고 해서 교회가 개혁되지는 않는다.

중세 시대에는 교회가 지식을 독점했다. 수도사들이 오랜 시간 필사한 '성스러운' 성경은 권력자와 성직자들의 전유물이었다. 평범한 사람들은 성경을 구입할 재력도, 읽을 능력도 없었다. 사실, 이 성경은 주후 4세기 후반에 제롬이 번역했던 '상스러운' 라틴어 성경이다. 대중이 읽을 수 있도록 번역되었기에 '상스러운(Vulgar)' 의미에서 '불가타(Vulgata)' 성경이라고 불렀다. 그런데 중세 1천 년이 지나면서 '성스러운' 성경이 되었다. 그리스어 성경이 처음 기록됐을 때에도 성경은 아테네 철학자들의 언어가 아니라 저잣거리에서 통용된 '상스러운' 그리스어였다.

성스러운 성경은 상스러운 '번역'을 통해서 '성스러운' 목적을 이뤘다. 중세 교회와 한국교회의 공통점이 있다면, 상스럽지 않아서 성스럽지 않게 되었다는 것이다. 에라스뮈스는 상스러움을 포기한 성스러움에 대해 이렇게 말한다.

> 이러고 보니 내가 이 부분에서도 역시 오늘날의 연설가들과 비슷한 짓을 저지르고 말았습니다. 이들은 거머리처럼 두 개의 혀를 가졌음을 보여 줄 때 마치 신이라도 된 양 뻐기며, 라틴어 연설문 군데군데, 비록 그것이 있을 자리가 아닌데도, 희랍어(그리스어) 토막말들을 마치 장식처럼 엮어 넣을 수 있음을 대단한 일인 것처럼 떠들어 댑니다. 또한 이들은 외국어가 부족해지면, 낡아 빠진 책들에서 전혀 알지 못할 이런 낱말 네다섯 개를 오려 내어 연설문에 엮어 넣습니다. 그럼에도 이를 이해하는 사람은 이해하는 자기 모습에 스스로 뿌듯해할 것이며, 정녕 이를 이해 못 하는 사람은 이해 못 하는 만큼 더욱 그들에게 큰 경외심을 표하게 될 것이기 때문입니다. 이렇게 남들이 모르는 어려운 말을 할수록 더욱 큰 존경을 받으니, 이는 분명 우리네 어리석은 자들의 커다란 즐거움입니다. **에라스뮈스, 《우신예찬》 중에서**[3]

오늘날 우리가 이런 방식으로 종교개혁을 외쳤기 때문에 교회가 오히려 종교개혁의 '대상'이 되었다! 우리가 성스러운 목적을 감당하는지 아닌지 아는 방법은 하나다. 우리의 언어가 상스러운가? 그렇지 않은가? 그런데 교회의 성스러움에 균열이 생기기 시작했다. 바로 인쇄술의 등장이다.

3 에라스뮈스, 《우신예찬》, 김남우 역, (열린책들, 2011), 27~28.

구텐베르크, 메타버스 시대를 열다

중세 때 사람들은 교회에서 '대면'으로 성직자들의 낭독을 듣는 것으로 성경을 접했다. 그것도 라틴어로 말이다. 1440년대에 '비대면' 시대가 열렸다. 구텐베르크(Johannes Gutenberg, 1398~1468)가 금속 활판 인쇄술을 고안한 것이다. 인쇄술은 지식 소통의 새로운 네트워크를 구축했다. 수도사들이 오랜 시간 필사했던 지식은 인쇄기에 들어가는 순간 '복붙'되었다. 지폐와 신문이 발행되었고, 서적은 대량으로 유통되었다. 아날로그 소통방식이 디지털로 변했다. 교회나 공방에 갇혀 작업했던 화가들은 판화를 통해 작품을 대량으로 유통시켰다. 유럽 전역이 네트워크로 연결되었다. 대면 방식을 고수하던 성직자들은 이런 '메타버스' 시대를 어떻게 여겼을까?

> 분명히 말해두지만, 현대의 빌어먹을 발명품들이 모든 걸 망쳐놓고 있는 것이지요. 여러 종류의 대포도 그렇지만 저 독일에서 건너온 인쇄술이야말로 가증스러운 것이지요. 이제 필사본도 없어지고, 참다운 가치의 서적도 없어지고 말았소이다. 책을 쉽게 만드는 기술이 우리를 말세로 이끕니다. **빅토르 위고, 《노트르담 드 파리》 중에서**[4]

인쇄술은 성경을 접하는 방식을 허물어뜨렸다. 지동설과 신대륙의 발견은 순식간에 유럽 전역에 공유되었다. 그런데 여기에 주목할 만한 점이 있다. 인쇄술이 발명되었지만 종교개혁은 한 세기 가까이 지나서 일어났다는 점이다.

1517년 10월 31일에 95개조 반박문이 독일의 작은 도시 비텐베르크의

4 빅토르 위고, 《노트르담 드 파리》, 박아르마, 이찬규 역, (구름서재, 2014), 15.

한 교회 문에 붙었다. 인쇄술이라는 '플랫폼'이 있었기에 불과 몇 주 만에 '콘텐츠'는 아일랜드까지 퍼졌다. 100년 전 얀 후스(Jan Hus, 1372~1415) 때에는 상상도 못 할 일이었다. 인쇄술은 사회를 빠르게 변화시켰지만, 종교개혁은 한 세기가 지나야 나타났다. 콘텐츠 때문이다.

16세기는 신구교 간 콘텐츠 전쟁의 시대였다. 슈말칼덴 전쟁(1546~1547)이나 17세기의 30년 전쟁처럼 물리적으로 신구교가 충돌하기도 했다. 하지만 콘텐츠 전쟁의 결과물은 그 시대의 문화가 되었다. 선전포고를 한 인물은 루터다. 그는 95개조 반박문을 만들었고, 수많은 저작물과 그림, 예술을 가톨릭과 전쟁하는 데에 투입했다. 루터가 1521년에 번역한 독일어 성경은 콘텐츠 전쟁의 게임체인저였다. 1450년대에 인쇄된 구텐베르크 성경은 크게 영향을 주지 못했다. 라틴어였기 때문이다. 그러나 루터의 독일어 성경은 인쇄술을 타고 전황(戰況)을 바꾸어 놓았다. 드디어 가톨릭이 반격에 나서며 트리엔트에서 공의회를 개최했다(1545~1563). 이것은 소위 반(反) 종교개혁으로 가톨릭은 경건함을 예술로 표현하며 교육했다. 그런 노력 속에서 16~17세기 르네상스, 바로크 예술이 꽃을 피우게 되었다.

메타버스를 지배하는 것은 콘텐츠다

인쇄술이 없었다면 95개조 반박문을 붙인 루터는 100년 전 후스의 길을 따라갔을지도 모른다. 인쇄술 자체는 종교개혁을 일으킬 수 없었다. 피렌체의 종교개혁가 사보나롤라(Girolamo Savonarola, 1452~1498)처럼 말이다.[5]

5 15세기 말에 종교개혁자 사보나롤라(Girolamo Savonarola, 1452~1498)는 종교개혁자들에게 영향을 주었으나 루터 같은 역할을 하지 못했다. 그는 콘텐츠를 제작하기보다 피렌체의 수많은 서적과 예술품을 '허영의 화형식'을 통해 불태웠다. 더 이상 종교개혁을 외치는 대면 방식으로는 성공할 수 없음을 보여주는 사례가 아닐까!

종교개혁을 가능하게 했던 것은 통계와 분석이 아니라 플랫폼과 콘텐츠다. 피터 드러커(Peter F. Drucker)의 말처럼 미래를 예측하는 가장 좋은 방법은 미래를 창조하는 것이다. 그래서 종교개혁자들은 목숨을 걸고 콘텐츠를 만들었다. 종교 박해가 극심했던 시기였고, 공교롭게도 루터와 칼뱅 모두 팬데믹을 경험했다. 팬데믹은 시간을 멈추었지만 콘텐츠는 계속 만들었다. 그래서 팬데믹 이후에 날아든 청구서를 감당할 수 있었다.

팬데믹이 시작되었을 때, 우리 사회에서 '메타버스'라는 단어가 유행처럼 번졌다. 비대면 방식으로 이루어지는 소통 방식을 김상균 교수는 '메타버스'라고 정의했다. 엄밀히 말해서 이 단어가 낯설었을 뿐 우리 사회는 이미 메타버스 속에 있었다. 스마트폰을 사용하는 순간 우리는 메타버스 속에 있었던 것이다. 메타버스라는 단어가 유행하면서 교회는 두 부류로 입장을 표명했다. 메타버스가 교회의 미래인 양 외쳤던 부류와 반대로 눈과 귀를 닫고, 코로나 이전으로 돌아가자는 부류이다. 두 입장 모두에게 인쇄술과 종교개혁은 다음과 같은 교훈을 준다.

> 형식 없는 내용은 맹목적이고, 내용 없는 형식은 공허하다.

메타버스와 인공지능이 성경적인가? 우리 사회를 잠식하는 ChatGPT가 성경적인가? 이것은 중세의 인쇄술에 해당한다. 콘텐츠가 없다면 공허할 뿐이다. 종교개혁이 있을 때까지 기다려야 한다. 이 책의 논지는 플랫폼을 좌우하는 콘텐츠의 중요성을 강조한다.

어느 정도 교회를 다닌 사람이라면 사도신경, 십계명, 주기도문을 암기할 것이다. 우리는 이것을 어떻게 배웠는가? 문자 속의 심오한 의미를 알고 있는가? 종교개혁자들도 똑같은 내용을 접하고 가르쳤다. 하지만 그들은 우리처럼 암기만 하지 않았다. 루터의 《교리문답》, 칼뱅의 《기독교 강요》, 《하이델베르크 교리문답》, 《웨스트민스터 신앙고백문》에는 공통점이 있다. 사도신경, 십계명, 주기도문이 주 콘텐츠라는 점이다. 종교개혁자들은 신앙고백(사도신경)과 삶(십계명), 하나님 나라(주기도문)를 다양한 방법으로 지속적으로 가르쳤다. 그 콘텐츠 덕분에 시대의 박해를 이길 수 있었다. 그리고 그 결과가 종교개혁이다.

지금 우리가 예배 시간에 외우는 사도신경과 주기도문은 종교개혁 시대와 다르지 않다. 그런데 다르게 반응하는 이유는 '다르게 교육' 했기 때문이다. 그렇다면 그들은 어떻게 가르쳤을까?

교회는 하나님의 말씀을 전하는 곳이다.

하나님의 말씀을 전하는 방편은 스피치만 있는 것이 아니다.

교회는 성경을 가르쳐야 한다. 이것은 양보할 수 없는 교회의 정체성이다. 그러나 교육 방법은 스피치만 있는 것이 아니다. 본질을 표현하려는 몸부림이 콘텐츠가 되고, 예술이 되고, 문화가 된다. 이것이 '오직 성경'의 구체적인 결과다. 그러나 예술, 미디어 그 자체는 말씀이나 복음이 아니다.

최근 대형교회에서 주최하는 교육 세미나를 접했다. 대기업 기술 전문가를 초청해서 교회가 메타버스를 도입해야 한다는 것이 핵심이었다. 메타버스를 타고 교회학교로 가자거나 아바타를 만들어 방탈출 게임을 하자는 주장도 있다. 오늘날 대부분이 미디어를 통해 교육한다. 과연 그 속에 본질이 담겨 있는가? 성경을 외친다고 해서 '번역'이 안 된 주입식 방식은 중세 교회가 하던 방식일 뿐이다. 본질 없는 콘텐츠는 공허하다. 최근의 교회교육 담론이 마치 '사용설명서' 정도에 불과해서 아쉽다. 이제 교육의 담론을 위해 용어를 정의하고자 한다. '콘텐츠'란 성경을 구체적으로 가르칠 수 있는 교육 내용이고, '번역'이란 한 언어를 다른 언어로 전환하는 것이 아니라 성경의 내용을 우리의 맥락과 언어로 변환하는 것이다. 이 의미로 교육의 담론을 이어나가고자 한다.

종교개혁을 꿈꾸며

본질이 사라지면 교회의 정체성도 파괴된다. 본질과 콘텐츠는 종교개혁자들이 고민했던 핵심이다. 이 책은 종교개혁자들이 사도신경, 십계명, 주기도문을 어떻게 녹여냈는지, 그리고 그것이 시대에 어떤 영향을 주었고, 우리 시대에는 그것을 어떻게 가르쳐야 하는지를 나누려고 한다.

루터의 동역자였던 화가 루카스 크라나흐[6]나 교리를 만들었던 필립 멜란히톤(Philipp Melanchthon)을 알고 있는가? 칼뱅의 종교개혁에 영향을 받았던 플랑드르의 화가 피테르 브뢰헬[7], 루터의 종교개혁을 영국에서 표

6 루카스 크라나스(Lucas Cranach the Elder, 1472~1553)의 아들 역시 루카스 크라나흐(Lucas Cranach the Younger, 1515~1586)다. 그래서 대(大, the Elder) 소(小, the Younger)로 구분한다. 이 책에서 대(大) 루카스 크라나흐는 '루카스 크라나흐'로 부른다. 자주 등장하기 때문이다. 대신 그의 아들은 소(小) 루카스 크라나흐로 표기한다.

7 피테르 브뢰헬(Pieter Bruegel the Elder, 1525?~1569)의 아들은 피테르 브뢰헬(Pieter Bruegel the Younger)과 얀 브뢰헬(Jan Bruegel)이 있다. 그래서 피테르 브뢰헬의 정식 명칭에는 대(大) 피테르 브뢰헬, 그의 아들은 소(小) 피테르 브뢰헬로 부른다. 이 책에서는 아들은 언급하지 않으므로 부친을 '피테르 브뢰헬' 이라고 표기한다.

현했던 화가 한스 홀바인[8]은 세상 속에서 개혁을 외쳤다. 화가 카라바조(Michelangelo da Caravaggio)는 가톨릭 진영에 있었지만 루터의 종교개혁을 가장 잘 표현한 시대의 별이었다. 도르트 신조가 만들어지던 시기, 네덜란드에서 렘브란트(Rembrandt Harmenszoon van Rijn)는 무엇을 외쳤을까? 미켈란젤로(Michelangelo Buonarroti)는 자신의 신앙고백을 어떻게 담대하게 표현했는가? 바로 이것이 본 책에서 전하려는 내용이다.

이 책은 교육 이론서가 아니다. 여러 내용을 짜깁기 한 것도 아니다. 교회와 학교 교실, 대학 강의실에서 직접 학생들과 소통하고 가르치면서 학생들이 변화하는 모습을 보았다. 1만 시간 넘게 책을 읽었고, 10년 넘게 가르쳤다. 많은 참고문헌을 제시하는 이유는 독서를 과시하기 위해서가 아니라 독자들도 함께 사용하고 객관성을 공유하기 위해서다.

이 책의 내용을 숙지하고, 자녀, 학생, 소그룹 공동체들을 가르칠 수 있다면 당신은 가장 훌륭한 교사가 될 수 있다. 독자의 손에 52개의 콘텐츠를 들려줄 수 있다면 1년의 신앙교육 내용이 된다. 520개면 10년 치다. 한 아이가 태어나서 고등부를 졸업하면 1천 번 교회에 오게 된다. 그래서 나는 오늘도 1천 개의 콘텐츠를 만들고 있다. 최근까지 교회교육의 대안으로 '1시간 대(對) 168시간'이 대두되고 있다. 교회의 1시간은 가정의 168시간(7일)에 비해 턱없이 부족하니, 교회에서의 1시간이 가정에서의 168시간의 보조적인 역할을 해야 한다는 의미이다. 이상적이지만 비현실적이다. 오히려 교회는 1시간에 모든 것을 쏟아야 한다.

8 우리에게 알려진 한스 홀바인(Hans Holbein the Younger, 1497~1543)의 정식 명칭은 소(小) 한스 홀바인이다. 그의 부친은 언급하지 않으므로 그를 '한스 홀바인'으로 표기한다.

이 책 100% 활용하기

콘텐츠의 '맥락'을 이해하지 못하면 '갖다 붙이는 것' 밖에 되지 않는다. 당시의 맥락을 이해할 때, 우리의 맥락에서 콘텐츠을 적용할 수 있다. 더하여 우리만의 콘텐츠도 만들 수 있다. 이 책은 물고기를 주는 책이 아니라 더불어 함께 물고기를 잡기 위해 그물을 던지는 책이다.

현장에서 신앙교육을 고민하는 수많은 교사와 사역자, 부모들에게 이 책을 바친다. 책을 이해하는 데서 그치지 말고 부디 이 책을 '밟고' 가기를 당부한다. '나라면 어떻게 가르칠까?'라고 끊임없이 질문해보라. 종교개혁의 향기를 맡을 것이다. 그런 의도로 이 책을 Part I부터 III까지 구분했다.

Part I는 종교개혁의 '맥락'이다. 역사 속에서 플랫폼과 콘텐츠가 어떤 상호작용을 거쳤는지 살펴보고, 16세기 상황에서 맥락을 이해하고자 한다. 이를 위해서 메타인지(認知), 메타버스(Meteverse), 메타메시지(Meta-message)를 다룬다. 콘텐츠가 사용된 맥락을 이해하면 오늘날 우리의 맥락에서 효용 가치를 발휘할 수 있다. 그럴 때, 16세기의 콘텐츠가 21세기 우리의 무기가 될 것이다.

Part II는 종교개혁의 '응용'이다. 16~17세기의 종교개혁의 영향 속에서 피어난 사도신경, 십계명, 주기도문 콘텐츠들을 살펴볼 것이다. 이것이 시대적으로 어떤 의미였고, 어떤 형태로 나타났는지 살펴볼 것이다. 그 의미를 파악한다면 우리에게도 좋은 콘텐츠가 될 것이다. 부디 이 콘텐츠를 무기로 활용하기를 바란다.

Part III는 종교개혁의 '결과'다. 종교개혁 콘텐츠들이 역사 속에서 어떤 얼굴로 나타났고, 어떤 영향을 주었는지 살펴볼 것이다. Part I과 II를 이해했다면 Part III에 나오는 콘텐츠들은 종교개혁과 무관한 것이 아니라 종교개혁의 거대한 결과라는 것을 알게 될 것이다. 이 콘텐츠를 교육현장에서 사용한다면 종교개혁의 결과를 우리도 맛볼 것이다.

종교개혁은 단회적인 혁명이 아니다. 공허한 넋두리도 아니다. 종교개혁의 본질은 교육이다. 지난 10년간, 1만 시간의 흘린 땀을 독자들과 나누려고 한다. 더이상 종교개혁을 외치지 말고 종교개혁으로 교육하라!

Part I

16세기와 21세기의 대화;
메타인지, 메타버스, 메타메시지

1997년 미국 캘리포니아에서 시작한 회사가 2020년 공룡 디즈니를 무너뜨렸다. OTT(Over The Top) 서비스로 성공한 넷플릭스다. 구글, 아마존, 넷플릭스는 콘텐츠에 과감히 투자해서 독보적인 행보를 이어가고 있다. 많은 사람이 '메타버스'라는 플랫폼을 이야기할 때, 결국 콘텐츠가 플랫폼을 지배할 것임을 이들은 일찌감치 간파했다.

콘텐츠의 위력은 500년 전에 증명되었다. 16세기에 인쇄술이 발명되고, 지식이 폭발적으로 유통되었다. 구텐베르크가 방아쇠를 당긴 지식 혁명이었다. 지식이 인쇄술을 통해 유럽을 지배하고 있었을 때, 에라스뮈스, 루터, 칼뱅, 틴데일 같은 인문학자와 또 이들과 뜻을 같이했던 예술가들은 교회의 미래는 콘텐츠에 있다는 것을 내다보았다. 이들은 종교개혁을 역사 속에 선명히 새겼고, 그들의 콘텐츠는 16세기의 얼굴이 되었다.

콘텐츠로 플랫폼을 주도한다는 의미는 무엇일까? 16세기로 돌아가 콘텐츠들이 어떤 이유로 어떻게 만들어졌는지 살펴보자. 그 콘텐츠가 16세기를 변화시켰고, 지금도 인류의 문화유산으로서 가치를 지닌다면, 우리에게 의미 있는 역할을 할 것이다.

Part I에서는 16세기의 콘텐츠와 플랫폼의 상호작용을 역사 속에서 인지(認知)하는 '메타인지', 21세기와의 관계 속에서 '메타버스', 그리고 우리의 맥락 속에서 우리만의 메시지를 만드는 '메타메시지'로 다룰 것이다.

1장
메타인지, 종교개혁의 현장에서 루터를 만나다

[메타인지 : meta認知]

영어로 meta-cognition이라고 한다. 자신의 인지 과정에 대해 관찰, 발견, 통제, 판단하는 정신 작용으로서 '인식에 대한 인식', '생각에 대한 생각', 그리고 고차원의 생각하는 기술을 말한다. **출처: 위키피디아 사전**

'메타인지'란, 고대 아리스토텔레스가 언급한 것으로 자신의 인지적 활동에 대해 내가 무엇을 알고, 모르는지에 대한 평가와 판단을 말한다. 다시 말해 우리가 어떤 사물이나 지식을 판단하고 인식하는 것을 넘어서 그 인식이 고차원적인 관점에서 어떤 의미가 있는지를 조망하는 것이다. 첫 장에서 메타인지를 다루는 이유는 우리가 직면한 메타버스 사회를 단순히 기술적인 차원으로만 인식하는 것이 아니라, 메타버스가 과거에 어떤 기능을 했고, 지금 어떤 의미가 있으며, 미래에는 어떤 방향으로 나아가는지를 인지하기 위해서다. 그래야 종교개혁을 21세기에 재현할 수 있는 통찰이 생긴다.

1. 세상을 바꾼 수도사, 그 시대를 회고하다

생의 마지막 침대에서

1546년 2월 18일 독일 아이슬레벤(Eisleben)의 겨울은 유난히 추웠다. 한파가 자주 닥쳤고, 폭설은 잦았다. 전쟁과 흉작이 많았던 터라 민중은 배고팠고 겨울을 나기가 무척 버거웠다. 쌀쌀한 날씨처럼 임종을 앞둔 루터의 마음도 을씨년스럽기는 마찬가지다. 왜 루터의 마음은 어두운걸까?

마르틴 루터는 1483년 11월 10일에 이 집에서 조금 떨어진 곳에서 태어났으니 아이슬레벤이 인생의 출발역이자 종착역이다. 그의 생가(生家)와 사가(死家)가 공존하는 이곳에는 희망과 절망도 공존한다. 그를 따르는 무리가 생긴 것은 희망적이다. 그러나 로마 가톨릭은 그를 추종하는 사람들을 '이단'로 규정하며 물리적으로 진압할 준비를 하고 있었다.[9]

루터는 아이슬레벤에서 태어난 지 1년 만에 탄광 마을 만스펠트(Mansfeld)로 이사했다. 광부 가정에서 자란 이 소년은 모태 신자였다. 교회에서 정한 대로 유아세례를 받았고, 청소년이 되어서는 견진성사(堅振聖事)[10]를 받았다. 루터는 성체성사(聖體聖事)[11]를 받을 때마다 성찬의 떡과 포도주를 목구멍으로 넘기면서, 탄수화물은 단백질로, 포도주는 적혈구로 바뀌는 것이 이해되지 않았다.[12] 떡과 포도주가 그리스도의 몸과 피로 변한다니! 그러나 의문

9 마르틴 루터는 1546년 2월 18일에 세상을 떠났다. 그 해 1546년 7월 10일에 슈말칼덴 전쟁이 벌어졌다. 반(反) 루터파 제후들이 가톨릭 근황파와 동맹을 체결했고, 친(親) 루터파는 슈말칼덴 동맹을 결성했다. 이 두 파의 전쟁이 슈말칼덴 전쟁이다. 루터파가 승리했고, 1555년 아우크스부르크 화의에서 루터파는 정식 종교로 인정받는다.

10 견진성사(堅振聖事)는 가톨릭 7성사 중 하나로서 개신교의 입교와 같은 성사다.

11 성체성사(聖體聖事)는 개신교의 성만찬과 같은 성사다.

12 로마 가톨릭에서 가르치는 화체설을 말한다.

은 용납되지 않았다. 성직자가 가르쳐주는 대로 믿어야만 했다. 토를 달아서는 안 된다. 조금이라도 의심을 내비치면 믿음 없는 사람이 되었다. 마귀가 주는 이런 의심은 고행과 금욕으로 떨쳐내야만 했다. 그의 생각은 교회가 만든 틀 속에 갇혔고, 그 틀을 벗어난 생각과 상상은 불신앙이었다.

루터의 아버지는 가난을 대물림하지 않기 위해 아들이 법대에 진학하기를 원했다. 교회가 루터의 생각을 가두는 틀이라면, 아버지의 계획은 루터에게 족쇄였다. 어린 시절 아버지에 대한 트라우마로 인해 그는 주기도문에서 '하늘에 계신 우리 아버지'라고 말하는 것도 싫어했다. '아버지'는 언제나 두려움을 일으키는 진앙(震央)이었다.

하지만 결국 루터는 아버지의 요구대로 에르푸르트(Erfurt) 법대에 진학했다. '법관이 되면 가난과 아버지의 족쇄에서 벗어날 수 있을까?' 루터의 이런 생각에 하나님이 진노하신 것일까? 1505년 7월 2일, 유난히 비가 많이 내리던 날에 루터와 그의 친구는 들판을 가로질러 에르푸르트로 돌아가고 있었다. 그리고 갑자기 하늘에서 내린 '진노'의 벼락으로 친구는 죽고 만다. 왜 이런 일이 일어난 것일까? 루터는 두려운 마음에 그 자리에서 무릎을 꿇고 서원 기도를 드렸다.

> "도우소서, 성 안나여.
> 그리하시면 내가 수도사가 되겠나이다." **1505년 7월 2일**

즉시 에르푸르트로 가서 온몸을 납작 엎드리고 굴복했다. 그의 나이 22세, 법학도에서 수도사로 인생이 바뀌는 순간이었다. 루터는 수도원의 엄격한 규칙에 복종했다. 몇 년 전 성체성사 때처럼 마음속에 의심이 자라고 있었지만, 의심을 이겨내기 위해 더욱 엄격한 규칙, 고행, 금욕으로 하루하루를 채웠다. 하지만 마귀가 주는 생각을 몰아내기 위한 노력에도 회의적인 마음은 해결되지 않았다. 결국 의심과 회의를 해결하기 위해 '하나님이 계신' 로마로 향했다.

트렌드와 브랜드 사이의 교회

27세의 젊은 수도사는 로마에 도착했다. 성스러운 로마였기에 이곳에서는 자신의 고민을 해결할 수 있을 것 같았다. 로마에는 초대 교황 베드로의 흔적도 있고, 위대한 사도 바울의 목이 잘렸을 때 머리가 떨어진 곳에서 솟아난 샘도 있지 않은가! 그리스도의 십자가에서 사용했던 못과 창도 보관되어 있었다! 그것을 눈으로 보고, 손으로 만지면 의심도 사라질 게다.

수도사 루터는 로마 라테란 성당으로 향했다. 라테란 성당에는 스칼라 산타 계단이 있었다. 그리스도께서 빌라도로부터 심문을 당했던 바로 그 계단이었다. 로마로 옮겨진 그 계단에는 특별한 능력이 있을지도 모른다. 구주께서 고난 당한 28개의 계단을 무릎으로 기어오르며 루터는 죄를 고백하기 시작했다. 알고 지은 죄, 모르게 지은 죄를 뉘우치고 또 뉘우쳤다.

로마에서 경험한 교회의 트렌드는 낙관적이다. 수많은 사람이 로마로 몰려들었고, 교회는 사람들을 요람부터 무덤까지 지배하고 있었다. 이 시기 압도적인 다수는 기독교인이었다. '작정헌금'[13]을 통해 축구장 6개 크기의 성 베드로 성당도 지을 예정이었으니, 교회의 미래는 장밋빛이고 통계와 분석은 긍정적이었다.

하지만 스칼라 산타 계단에서 루터는 '현타'가 왔다. 계단을 오를수록 교회 트렌드는 낙관에서 비관으로 변했다. 그리스도께서 우리를 자유케하려

13 면죄부를 말한다.

고 죽으신 바로 그 계단에서 루터는 두려웠다. 두려움은 주께서 주신 것인지 성직자가 씌운 것인지, 왜 자신의 영혼은 그리스도가 아닌 성직자들에 의해 좌우되는지 알 수 없었다. 적어도 로마에는 '세리와 창녀'가 설 곳이 없었다. 이것이 루터의 고민이었다. 그리고 종교개혁을 그림에 가장 잘 반영했다는 평가를 받은 카라바조의 고민이기도 했다. 창녀와 세리는 예수님의 친구였지만, 적어도 로마에서는 매춘부, 집시, 노름꾼, 유대인, 부랑아, 장애인, 동성애자들은 친구가 될 수 없었다. 만일, 예수께서 지금 로마에 계신다면 누가 세리 마태일까?[14]

카라바조의 그림 〈성 마태오의 소명〉을 보면, 도박판에 앉은 한 사람이 그리스도와 시선이 마주친다. 그리스도가 그를 부르시지만 그는 예수님이 누구를 부르고 있는지 확신하지 못한다. 카라바조는 어쩌면 당시 교회로부터 받은 위축된 마음을 이렇게 반응하는 것은 아닌지 모르겠다.

그리고 로마에 온 루터 역시, 질문의 둑이 터졌고 확신하게 되었다.

"교회의 미래는 트렌드가 아니라 브랜드다!"

14 카라바조는 매춘부, 유대인, 집시, 장애인, 동성애자, 부랑자들에게서 하나님 나라를 발견한다고 고백했다. 그러나 〈성 마태오의 소명〉에서는 베드로가 예수님을 거의 가리고 있다. 성 베드로 성당을 만들고, 면죄부를 발행하는 등 그리스도를 가리는 종교인들을 향한 의도다.

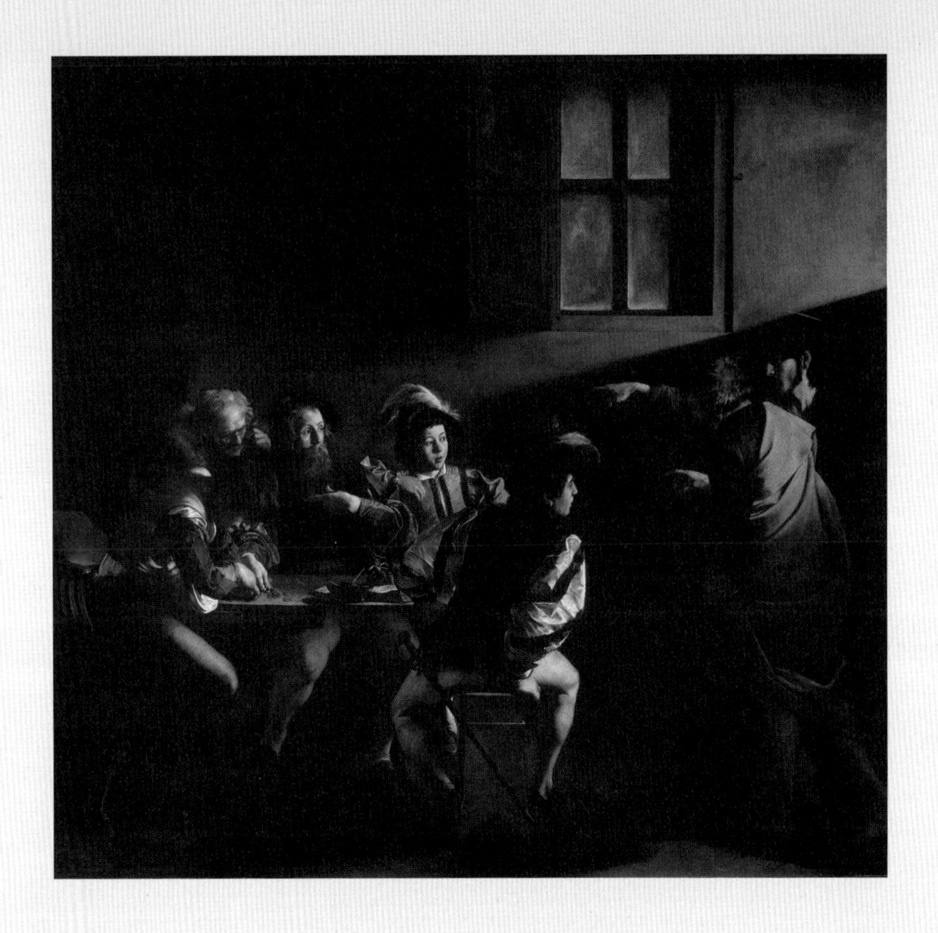

카라바조, 〈성 마태오의 소명〉(1599~1600)[15]

15 카라바조의 본명은 미켈란젤로 메리시 다 카라바조(Michelangelo Merisi da Caravaggio)다. 1571년에서 태어나 1610년에 사망했다. 그는 16세기 바로크 예술의 거장이다. 로마 교회는 카라바조에게 작품을 의뢰했다. 그러나 카라바조의 그림은 오히려 로마 교회가 아닌 루터의 가르침에 더 가깝다는 평가를 받는다. 그의 그림은 당시 로마 교회로부터 많은 논쟁을 불러일으켰다.

2. 루터의 빈자리

사순절과 사육제 사이의 종교개혁

독일로 돌아온 루터는 비텐베르크에서 신학 교수로 재직한다. 그리고 1517년, 종교개혁을 일으켰고 그의 불꽃 같은 인생은 1546년에 끝이 난다. 그가 떠난 자리는 어떤 모습일까?

우리는 지난 시간을 조망할 때 오늘의 관점에서 지난 시대를 바라본다. 16세기를 대하면서 지금까지 들었던 설교와 역사 수업 내용이 퍼즐 조각이 되어 그 시대를 보는 렌즈가 된다. 전달 받은 퍼즐 조각이 아니라, 그 시대를 살았던 작가들의 증언을 들으면 더 생생하게 그 시대를 이해할 수 있다. 예술은 그 시대의 거울이기 때문이다.

루터 이후 종교개혁이 어떻게 변해 갔는지 플랑드르 화가 피테르 브뢰헬이 그린 〈사순절과 사육제의 싸움〉을 통해 알 수 있다.

〈사순절과 사육제의 싸움〉은 루터가 세상을 떠난 지 13년이 지난 후의 작품이다. 브뢰헬은 이 그림에서 무엇을 말하고 싶었을까? 그림의 중앙에는 한 명의 광대와 두 남녀가 있다. 이들을 중심으로 그림의 좌우가 대조를 이룬다. 이 그림은 16세기를 묘사한 풍속화가 아닌, 당시 로마 가톨릭과 프로테스탄트의 관행을 '의인화'한 풍자화라고 볼 수 있다. 그림 왼편은 사육제를, 오른편은 사순절을 상징한다. 사순절은 예수님이 부활하시기 전 40일간 그리스도의 고난에 동참하기 위한 금욕과 고행하는 기간을 말한다. 이 기간에는 육욕을 자극하는 기름진 음식을 먹지 않기 위해 청어와 홍합, 프레

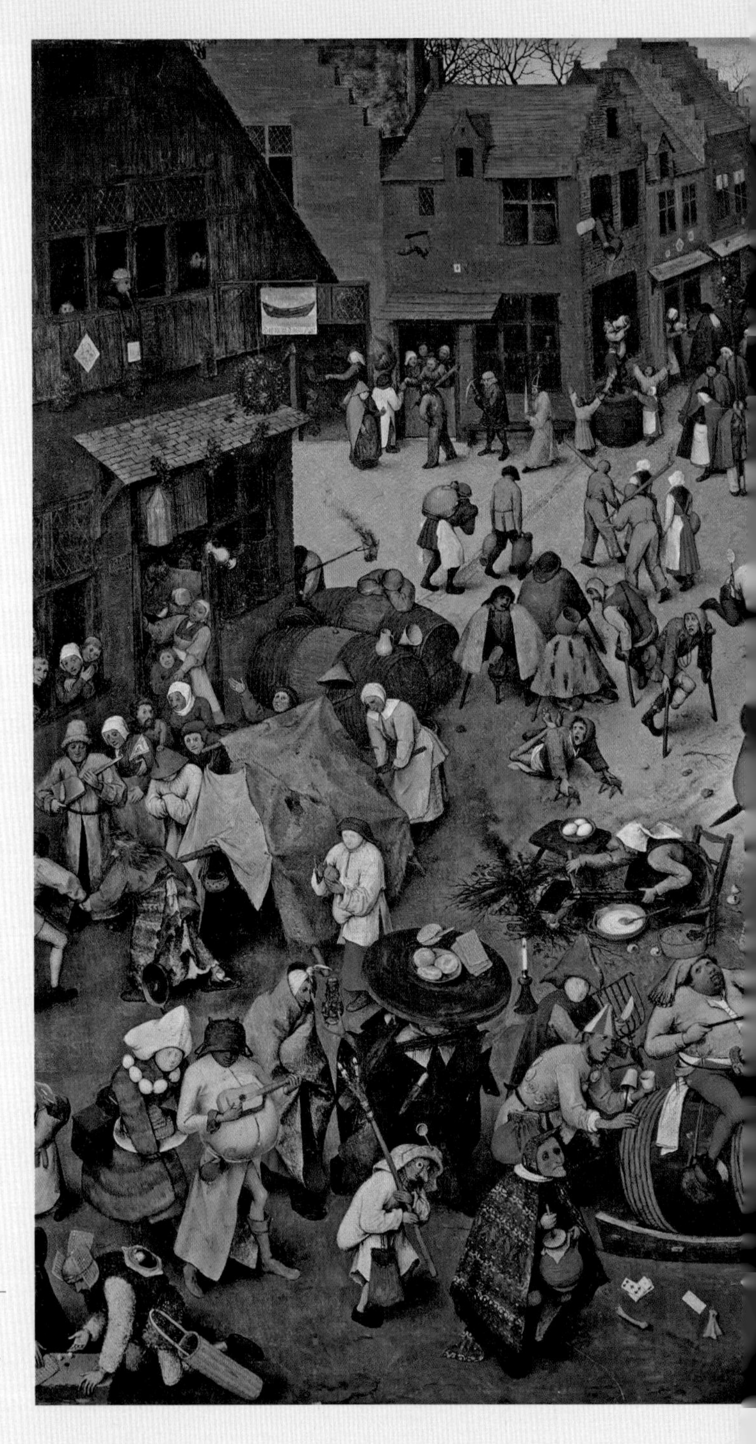

피테르 브뢰헬,
〈사순절과 사육제의 싸움〉
(1559)

첼[16]을 먹었다. 사순절 행렬 중심에는 늙은 여인이 있는데, 그녀는 사순절을 상징한다. 브뢰헬은 여인을 통해 금욕과 금식, 고행으로 영육이 피폐해졌음을 풍자한다. 사순절 무리가 오른편 상단의 교회 안으로 들어가며 구걸하는 사람들에게 구제금을 주고 있다. 이는 사순절에 마땅히 행해야 할 선행의 모습이다.

이제 반대편의 사육제의 모습을 살펴보자. 사순절을 상징하는 여인과 달리 사육제를 대표하는 비대한 인물이 술통 위에 앉아 있다. 게걸스럽게 음식을 먹는 사람들이 그를 뒤따르고 있다.

사육제는 사순절을 앞두고 제한 없이 마음껏 즐기는 축제다. 사순절에는 금욕과 금식으로 육체가 괴롭기 때문에 앞서 마음껏 즐기는 것이다. 왼편 곳곳에는 탐욕과 탐식, 방탕한 사람들로 가득하다. 흥미로운 것은 사육제 행렬에 포함된 사람들 일부가 가면을 썼는데, 가면이 여기저기 흩어져 있다. 사육제 때 가면을 쓰고 마음껏 술을 마셨다면 이후 어떤 행위가 벌어지고 어떠한 어두운 결과가 뒤따랐을지 예상할 수 있다.

그림의 중앙으로 시선을 돌려보자. 왼편 남자는 루터교 성직자이고, 오른편은 가톨릭 수녀라는 것을 알 수 있다. 광대가 그들을 이끌고 있다. 한낮인데 광대가 횃불을 들고 사람들을 인도한다. 교회의 '정통'을 놓고 대립하던 성직자들을 광대가 이끄는 아이러니한 상황이다. 브뢰헬은 이 그림을 통해 무엇을 말하고 싶었을까?

16 프레첼은 사순절 음식을 상징한다. 오른손을 왼쪽 어깨에, 왼손을 오른쪽 어깨에 올리면 구부정하게 숙인 자세로 기도하는 모습을 상징한다. 프레첼은 양팔을 교차한 모습으로 만든 음식이다. 그러나 실제로 기도하는 것과 프레첼을 먹기만 하는 것은 다르다.

사육제가 우리에게 말하는 것

피테르 브뢰헬이 활동했던 플랑드르는 오늘날 벨기에와 네덜란드 사이에 있는 지역이다. 영어식 표현은 '플란더즈'다. '플랑드르'보다 우리에게 더 친숙하게 다가오는 이유는 《플란더즈의 개》의 무대가 된 지역이기 때문이다. 플랑드르는 스페인의 압제를 받았던 곳으로 그곳의 개신교 신자들은 목숨을 걸고 신앙생활을 했다.

왼편의 모습, 즉 사육제의 모습은 루터교를 상징한다. 루터는 95개조 반박문을 내걸면서 '오직 믿음'을 주장했다. 구원에 이르는 유일한 방편이 믿음이었기 때문이다. 루터는 가톨릭의 가르침을 거부했는데 루터가 죽은 이후 문제가 발생했다. 루터교가 가톨릭의 전통인 사순절은 거부하고 사육제는 허용한 것이다. 사순절을 폐기하면서 사육제는 즐긴 것이다! 그림의 왼편 중앙에는 장애인 무리가 있다. 사순절의 장애인들은 구제금을 받고 있지만, 사육제 속의 장애인들은 방치되어 있다. 사순절에 장애인들에게 구제하는 것은 선행이고 구원의 방편이다. 하지만 루터에게 선행은 구원과 무관한 행위였기에, 장애인들을 도울 필요가 없다는 '부작용'이 생긴 것이다.

이 그림은 당대의 민낯을 보여준다. 오직 믿음을 외치면서도 구원과는 무관하기에 선행을 폐기하는 어리석음이 드러났다. 영화 〈밀양〉은 기독교인의 이런 모순을 폭로한다. 문자주의의 한계에 갇혀서 맥락적인 사고를 하지 못할 때 이런 부작용이 나타난다. 오직 성경을 외치면서도 약한 자를 방치하는 현실은 여러 생각을 품게 한다. 이 그림은 시대를 효과적으로 보게 하며 우리 자신을 되돌아보게 하는 거울이 된다. 이것이 바로 콘텐츠의 힘이다.

사순절과 사육제를 상징하는 사람들이 그림의 제목처럼 마상경기 토너먼트로 대결하고 있다. 승자에게는 명예가 주어지지만, 패자는 죽을 수도 있을 만큼 위험한 경기이다. 신구교의 '토너먼트'는 죽느냐 사느냐의 전쟁이었다. 브뢰헬은 대결을 토너먼트로 표현했다. 한낮에 경기를 하고 있는데 광대가 횃불을 들고 있다. 이 시대의 빛은 희미하고, 이 세상은 거대한 토너먼트 경기장이 되었다. 사육제의 길바닥에 널브러진 가면은 현대의 익명성 뒤에서 사육제를 즐기면서 모순되게 종교개혁을 외치는 모순의 상징이 아닐까?

3. 루터, 로마 교회에 저항하다

루터, '로그인' 하다

루터가 비텐베르크 대학교에서 교수로 재직하던 1517년 봄, 요한 테첼(Johann Tetzel, 1465~1519)이 비텐베르크를 방문했다. 그의 설교에 사람들은 동요했다.

> "여러분이 면죄부(免罪符)를 사서 헌금 통에 돈을 넣어 돈이 들어가는 소리가 날 때, 연옥에 있는 여러분의 가족이 천국으로 가게 될 것입니다."

요한 테첼의 설교로 헌금이 넘쳐났다. 사람들은 너도나도 지갑을 열었다. 돈을 주고 구원을 '직구'하기 위해서다. 그런데 왜 이 수사는 면죄부를 판매하기 위해 독일의 작은 도시까지 방문해야 했을까? 교황 레오 10세는 성 베드로 성당을 건축하기 위해 '성전건축헌금'을 작정시켰다. 이상한 것은 면죄부에는 '요한 테첼이 죄를 사했다'고 기록되어 있다는 점이다.

결국 마르틴 루터는 비텐베르크에서 '무모한 도전'을 시작했다. 1517년 10월 31일 젊은 신학교수는 두 눈으로 목격한 현실에 분노하며 대자보에 95개의 반박문을 적었다. 문제를 크게 일으킬 생각은 없었다. '무한 도전'을 하려면 많은 사람이 모이는 베를린이나 라이프치히로 가서 대자보를 붙였어야 했다. 그랬으면 훨씬 파급력이 컸을 것이다. 어쩌면 루터는 의외로 소심했던 것 같다. 시립교회(Stadtkirche)가 아니라 소수의 귀족과 학자들이 참석했던 비텐베르크 성채교회(Schlosskirche)에 대자보를 붙였으니 말이다. 대자보를 붙이는 행위는 중세 스콜라 학자들 사이에서 흔한 일이었다. 자신의 견해를 대자보로 피력한 것은 전통적이고 평범한 방식이었다.

루터는 시간이 지나면서 95개조 반박문을 붙인 것이 젊은 혈기였음을 깨달았다. 몇 개 조항을 정정하고 싶었다. 대자보를 떼어내면 된다는 생각은 너무나 순진했다. 중세 시대였다면 가능했을지도 모른다. 하지만 지금은 메타버스 시대다! 그가 쓴 대자보는 인쇄업자 손에 들어갔고 2주 만에 독일 전역으로 퍼졌고 한 달이 지나자 아일랜드까지 전파되었다. 두 달도 채 되기 전에 유럽 전체로 확산되었다. 인쇄술은 전혀 다른 소통 체계였다. 루터는 '전체 공개'가 아니라 '일촌 공개'로 했어야 했다. 이제 사태를 되돌릴 수 없다. 게시물을 삭제하는 것보다 인쇄기가 Ctrl+C, Ctrl+V를 누르는 것이 더 빨랐다. 교황청은 이미 그의 게시물을 캡처했다!

In Vollmacht aller Heiligen
und in Erbarmung gegen Dich, absolvire
Ich Dich von allen Sünden und Missetha-
ten und erlasse Dir alle Strafen auf zehn
Tage.

Johannes Tietzel.

[위] 당시 요한 테첼이 발행한 면죄부. 요한 테첼이 죄를 사한 것으로 되어 있다.[17]
[아래] 루터가 95개조 반박문을 붙인 비텐베르크 성채교회

17 이 내용을 번역하면 다음과 같다. "모든 성자들의 권위와 그대를 향한 자비로, 나는 그대의 10일간 모든 죄와 악행을 면죄해주며, 모든 벌을 면죄하노라."

루터, '로그아웃' 하다

그날로부터 교황청과 루터는 '메타버스'에서 전쟁을 벌였다. 독일은 수많은 공국으로 구성된 연방 체제였다. 공국의 영주들이 선택한 종교가 그 공국의 공식 종교가 되었다. 그 영지에 사는 사람들의 생각은 중요하지 않았다. 독일 여러 지역이 루터를 지지한 이유는 루터의 콘텐츠와 사상이 영주에게 이익을 주었기 때문이다.

교황은 응전에 나섰다. 교황은 루터를 '하나님의 포도원을 해치는 멧돼지'라고 단죄했다. 루터가 교회를 위험하게 하는 이단이라며 저격하기 시작했다. 교황청은 루터의 콘텐츠, 즉 저작물들을 공개적으로 소각했다. 그렇지만 대세에는 영향을 미치지 못했다. 이미 인쇄술로 유럽 전역에 60만 권의 루터 콘텐츠가 남아 있었기 때문이다.[18]

양측은 총격전을 멈추고 백병전을 벌였다. 가톨릭교회는 1518년 하이델베르크 논쟁, 1519년 라이프치히 논쟁에서 당대 최고의 스나이퍼를 고용하여 루터를 저격했다. 루터도 물러서지 않았다. 한때 법학도였던 루터 역시 탄탄한 논리로 맞섰다. 그러나 루터는 1521년 보름스 제국의회에서 파문을 당했고, 목숨을 잃게 될 상황이었다. 암살 시도도 있었다. 절체절명의 위기 속에서 루터는 다음과 같은 고백을 남겼다.

> "내가 여기 서 있나이다. 달리 어찌할 수가 없습니다.
> 하나님이여 나를 도우소서." **보름스 회의에서**

파문이란 교회가 구원을 취소시킨 결정이다. 1077년에 독일 황제 하인리

18 황대현, 《서양 기독교 세계는 왜 분열되었는가》, (민음인, 2011), 61.

히 4세가 교황 그레고리 7세에게 찾아가 3일 동안 눈밭에서 무릎을 꿇고 사죄했던 것도 파문의 위력이었다. 파문으로 인해 하인리히 4세를 추종하던 제후들이 사라졌기 때문이다. 루터는 자신의 찬송시 〈내 주는 강한 성이요〉에서 로마 가톨릭을 '마귀'라고 표현했다. 그들은 모략과 권세로 루터를 옥죄어 왔다. 이런 긴박한 상황에서 루터는 어떻게 이런 용기가 났을까?

16세기 유럽은 아수라장이었다. 종교개혁 이후에 독일 농민전쟁이 일어났고, 신구교 간의 슈말칼덴 전쟁도 벌어졌다. 루터는 교회에서 찬송가를 만들어 불렀다. 그 가사는 어떤 설교보다 확신을 주고, 결집하는 힘이 되었다. 95개조 반박문, 서적, 그리고 찬송가에 이르기까지 루터는 다양한 콘텐츠를 보급하며 저항했다. 모략과 권세 그리고 제도의 힘이 아니라 콘텐츠로 맞섰다. 바로 '오직 성경'을 확신했기 때문이다.

그러던 1521년 어느 날, 루터가 사라졌다! 보름스에서 파문을 당한 루터가 흔적도 없이 자취를 감추었다. 루터의 종교개혁을 지지했던 선제후 프리드리히 3세가 루터를 자신의 영지로 피신시켜 보호한 것이었다. 루터는 약 1년간 독일 아이제나흐의 바르트부르크 성에서 숨어 지냈다. 루터는 '로그아웃'을 했고, 메타버스에서 사라진 것처럼 보였으나, 그곳에서 킬러 콘텐츠를 준비하고 있었다.

4. 루터의 킬러 콘텐츠, 게임체인저가 되다

'오직 성경'은 '오직 번역'이다

루터가 바르트부르크 성으로 로그아웃하는 동안 가장 힘들었던 것은 무엇이었을까? 이메일을 체크하지 못한 것이었을까, DM이나 카톡을 확인하지 못한 것이었을까? 그를 가장 고통스럽게 한 것은 '저주받은 똥꼬'였다. 그는 극심한 변비와 치질로 고생했다. 어떤 학자들은 루터가 95개조 반박문의 영감을 얻을 수 있었던 이유가 오랜 시간 화장실에 있을 수밖에 없는 저주받은 똥꼬의 역할이 컸다고 할 정도였다.[19]

만성 변비와 치질이 있다면 의자에 앉아 작업하기란 여간 고역이 아니다. '도너츠' 방석도 있을 리 없다. 그럼에도 고통을 감내하면서 해야 할 일이 있었다. 바로 독일어로 성경을 번역하는 일이었다. 루터는 독일인이라면 자국어인 독일어로 성경을 읽을 수 있어야 한다고 생각했다. 루터가 독일어 성경을 번역하기 전까지 사람들은 성경을 읽을 수 없었다. 라틴어였기 때문이다. 교회에서도 성직자들은 라틴어로 성경을 낭독했다. 사람들은 종소리를 듣고서야 미사의 순서가 다음으로 넘어간다는 것을 감지했다.[20] 이런 배경을 모른채 예배 시간에 종을 치는 행위에 경건의 의미를 부여하던 어린 시절의 기억이 떠오른다. 중세 시대에 라틴어 성경을 낭독하는 것이 과연 '오직 성경'이라고 할 수 있을까?

루터 덕분에 독일인은 자국어로 성경을 볼 수 있게 되었다. 더 이상 면죄부 따위의 설교에 두려움을 느끼지 않아도 된다. 성전건축을 위해 지갑을 열지 않아도 된다. 자국어 성경은 놀라운 변화를 가져왔다. 자국어 성경은 독일의 제후들을 교황에게서 등을 돌리게 했다. 그러나 여전히 농민들에게 독일어 성경과 라틴어 성경은 큰 차이가 없었다. 그래서 종교개혁자들은 '오직 성경'을 표현하는 수많은 콘텐츠를 만들었다.

루터가 불렀던 〈내 주는 강한 성이요〉라는 찬송가와 라틴어 성경을 그대

19 황대현, 앞의 책, 45~68.
20 최주훈, 《예배란 무엇인가》, (비아토르, 2021), 236~237.

루터가 잠적했던 바르트부르크 성 내부 루터의 방

로 낭독하는 것 중에서 무엇이 '오직 성경'인가? '오직 성경'이 의미가 있으려면 '번역'이 되어야 한다. 맥락에서 공감되는 번역이 없다면 문자주의에 빠진다. 번역은 외국어를 자국어로 바꾸는 것만이 아니다. 번역은 소통이다. 종교개혁자들이 가르쳤던 '오직 성경'의 구체적인 의미는 '오직 번역'이다.

콘텐츠가 바꾼 독일 역사

1871년에 비스마르크가 독일을 정치적으로 통일하기까지 전까지 독일은 여러 공국으로 흩어져 있었다. 독일의 통일은 두 요소가 아니었다면 불가능했을 것이다. 하나는 16세기에 루터가 번역한 독일어 성경이고, 다른 하나는 19세기 출판된 《그림 동화집》이다. 독일은 공국들로 구성되어 수많은 방언이 있었는데, 루터가 번역한 성경의 언어가 표준 독일어가 되었다. 독실한 칼뱅교 신자였던 그림 형제, 즉 야코프 그림(Jacob Grimm, 1785~1863)과 빌헬름 그림(Wilhelm Grimm, 1786~1859)은 독일의 민담을 조사해 《그림 동화집》을 엮었다. 동화집에는 〈피리 부는 사나이〉, 〈브레멘 음악대〉, 〈헨젤과 그레텔〉 등의 이야기가 수록되었다. 이는 수백 년간 입에서 입으로 전해 내려온 독일 민담을 수집해서 각색한 것이다. 그림 형제는 이 이야기들을 통해 독일인의 민족의식을 일깨우고, 경건에 이르게 하려 했다. 독일은 프랑스와 오스트리아 같은 외세의 침략을 겪었고, 내부적으로는 극심한 양극화 현상과 정치적 분열로 신음하고 있었다. 《그림 동화집》은 길을 잃고 방황하는 독일인들에게 그림 형제가 전하는 설교였다. 그림 형제의 노력으로 독일인의 정체성이 확립되었다.

콘텐츠는 역사를 변화시킨다. 루터와 그림 형제가 없었다면 비스마르크와 독일의 통일도 달라졌을 것이다. 종교개혁의 콘텐츠는 오직 성경을 표방

하지만 문자에 갇혀 있지 않고 다양한 얼굴로 시대 속에서 번역되었다. 바흐와 멘델스존의 음악이 '오직 성경'과 무관하다고 할 수 있을까? 베토벤과 괴테, 그림 형제의 동화가 인본주의라고 치부할 수 있을까? 독일의 역사를 이해한다면 지금 우리가 무엇을 해야 할지 힌트를 얻게 된다.

종교개혁 콘텐츠의 핵심

다음 그림은 종교개혁 500주년에 독일에서 제작한 루터의 이미지다.[21] 헤드폰을 착용한 모습이 종교개혁의 핵심을 함축한다. 루터는 16세기의 인물이지만 누구보다도 미디어의 역할을 잘 알았다. 루터에게 '오직 성경'은 '번역'이라고 할 수 있다. 자국어로 성경을 번역했고, 콘텐츠로 진리를 번역했다. 그렇기에 중세 교회에서 벗어날 수 있었다.

당시에는 문맹률이 높았다. 루터는 글을 모르는 사람들을 위해 미디어를 활용했다. 바로 직접 찬송가를 작곡한 것이다. 찬송가 〈내 주는 강한 성이요〉를 만들어 어린아이들에게 먼저 가르쳤다. 예배 시간이 되자 회중 속에 앉은 아이들의 찬양 소리가 회중으로 퍼졌다. 이것이 반복되면서 성도들은 자연스럽게 찬송을 따라 불렀고, '오직 성경'이 회중에게 스며들어 교황에 맞설 수 있었다. 설교자가 강대상에서 두려워하지 말라고 외치는 것과 〈내 주는 강한 성이요〉를 합창하는 것은 본질적으로 같다. 번역은 강력한 효과를 발휘한다.

그림은 대표적인 번역 콘텐츠다. 루터의 동역자였던 루카스 크라나흐가 그린 〈바이마르 제단화〉를 보자. 중앙에 그리스도께서 십자가에 못 박혀 있다. 인류의 조상 아담과 하와가 타락한 모습이 뒤로 보인다. 인류의 타락으

21 최주훈, 《루터의 재발견》, (복있는사람, 2017), 194.

종교개혁 500주년 포스터(2012) "종교개혁과 음악" 출처, 독일 EKD
"루터의 종교개혁을 시대에 맞게 표현한 그림이다. 오직 성경은 오직 번역이라는 말을 실감하게 한다."

로 인해 하나님은 구원 계획을 세우셨다. 율법을 주시고, 광야에서 놋뱀을 모형으로 보여주시며 그리스도의 길을 예비하셨다. 십자가 뒤에는 인류가 타락한 이후의 과정이 묘사되어 있다. 인류의 타락으로 인해 그리스도는 '약속대로' 이 세상에 오셨고 십자가에서 돌아가셨다. 그림의 십자가 아래에는 어린 양이 있다. 구약의 율법이 어린 양이신 그리스도를 통해 성취되었다. 붉은 망토를 걸친 인물 역시 부활하신 그리스도를 나타낸다. 그는 사탄을 발로 짓밟고 있다. 십자가의 승리다.

그림의 오른편에서 십자가를 가리키는 인물은 세례 요한이다. 그리스도의 가슴에서 피가 흘러 루카스 크라나흐의 머리 위로 떨어진다. 크라나흐는 그리스도가 어떻게 우리에게 진리가 되시는지 보이는 말씀인 그림으로 번역한 것이다. 크라나흐의 옆에 성경을 편 인물은 마르틴 루터다. 루터는 독일어 번역 성경을 펼치고 있지만, 글을 모르는 사람들에게는 루카스 크라나흐의 그림이 오직 성경이다. 독일 민중은 십자가 옆의 루터와 크라나흐를 보며 진리를 확신했다.

번역의 힘, 보이는 말씀

크라나흐는 성경을 그림으로 번역하는 탁월한 재능을 가졌다. 그는 루터의 가르침을 그림으로 표현했다. 이제 시선을 비텐베르크로 돌려보자.

루터가 95개조 반박문을 붙인 곳은 성채교회이고, 그가 매주 설교했던 곳은 시립교회였던 성모교회다. 평민들은 주로 성모교회에 모였다. 당연히 성채교회보다 문맹률이 높았다. 성모교회 정면에는 크라나흐가 그린 제단화가 있다. 네 개의 그림이 있는 제단화가 교인을 맞이한다.

제단화 중앙에 걸린 〈최후의 만찬〉은 레오나르도 다 빈치의 〈최후의 만

루카스 크라나흐, 〈바이마르 제단화〉(1555)

찬〉과는 사뭇 다르다.[22] 원근법이나 소실점, 균형감, 구도는 모두 다 빈치로부터 영향을 받았겠지만, 그림 속의 인물들은 16세기 복장을 하고 있다. 예수님 주변에는 종교개혁자들의 얼굴도 보인다. 이 그림은 루터의 '보이는 설교'였다. 글을 모르는 사람들은 크라나흐의 그림을 통해 성경을 배웠다. 독일 민중은 최후의 만찬 자리에 앉아 있는 종교개혁자들을 보면서 이들이 그리스도를 대변한다고 믿었다. 이것이 '보이는 말씀'의 힘이다.

제단화 〈최후의 만찬〉 아래의 그림을 보면, 오른편 강단에서 루터가 설교하고 있고 왼편에는 회중이 앉아 있다. 설교자와 회중 사이에는 십자가에 달린 예수가 계시고, 루터는 십자가를 가리키고 있다. 그들이 듣는 설교는 십자가의 그리스도로부터 나왔다는 의미다. 이렇게 종교개혁의 메시지는 성도들에게 스며들었다.

그림은 예배당에 갇혀 있지만 않았다. 크라나흐는 그림을 판화로 그렸고, 인쇄기를 통해 이 그림은 유럽 각지로 퍼졌다. 구텐베르크가 없었다면 불가능했을 것이다. 그의 아들 소(小) 루카스 크라나흐 아들 역시 〈최후의 만찬〉을 그렸는데, 아들은 한 걸음 더 나아간다. 예수님 주변에 종교개혁자들이 앉아 있다. 이 낯익은 얼굴들은 그 자체로 설교가 된다. 소 루카스 크라나흐가 그린 그림에 가룟 유다가 있다. 가룟 유다는 면죄부를 팔던 요한 테첼이 입었던 옷을 입고 있다. 그는 돈주머니를 등 뒤에 감추고 있다. 옷과 행동을 보면서 성도들은 이 시대의 가룟 유다가 누구였을지 확신하게 된다.

종교개혁자들은 '오직 성경, 오직 믿음'을 스피치로만 외치지 않았다. 성경을 구체적으로 표현하는 수많은 콘텐츠가 있었다. 그 콘텐츠로 종교개혁은

22 레오나르도 다 빈치의 〈최후의 만찬〉은 1495~1498년에 완성된 작품이다. 이 작품은 르네상스 예술에 큰 영향을 주었다. 완벽한 균형감과 원근법, 소실점 등의 특징을 지닌 교과서 같은 작품이기 때문이다. 수많은 16세기 작가들은 다 빈치의 그림을 토대로 예술을 이어나갔다. 16세기에 〈최후의 만찬〉이라는 이름으로 그려진 작품만 수백, 수천 점에 이른다고 한다.

루카스 크라나흐, 〈비텐베르크 시립교회의 제단화〉(1547)

소(小) 크라나흐, 〈최후의 만찬〉(1565)

사회로 스며들었고 자리를 잡아가기 시작했다.

5. 루터와 공감의 창문 만들기

루터가 제안하는 종교개혁의 핵심, 번역

루카스 크라나흐는 루터가 세상을 떠나는 모습을 그림으로 남겼다. 1546년의 루터교는 여전히 이단이었고, 가톨릭은 이단을 박멸하기 위해 전쟁을 준비하고 있었다. 그러나 루터의 얼굴에는 두려움이나 후회가 보이지 않는다. 그는 종교개혁의 불꽃을 일으켰고, 동역자들은 불꽃이 타오를 수 있도록 연료를 공급했다. 95개조 반박문, 독일어 성경, 그림, 서적 같은 콘텐츠가 없었다면 프로테스탄트는 출현할 수 없었을 것이다.

콘텐츠를 활용하기 위해 루터가 제안하는 핵심은 번역이다. 그는 독일어로 성경을 번역했고, 콘텐츠로 번역했다. 찬송가로 번역했고, 그림과 교리로 번역했다. 사도신경, 십계명, 주기도문을 이런 방법으로 가르쳤다.

지금 우리는 설교, 소그룹, 교육에서 번역을 하고 있는가, 아니면 '받아쓰기'만 하고 있는가? 받아쓰기는 중세 교회가 가르치던 방식이다. 설득하기 위해서는 번역해야 한다. 효과적인 번역을 위해서 이렇게 해 보자.

(1) 이번 장에 언급된 그림들을 보자. 그림은 어떤 맥락에서 창작되었는가?
(2) 내 언어로 그림들을 설명한다면?
(3) 현재의 맥락에서 그림의 메시지를 표현해보자.

우리는 어떻게 보이는 말씀을 제시할 수 있을까? 종교개혁은 번역된 콘텐츠에서 시작되었다. 그렇다면 다시, 우리는 어떻게 가르칠 것인가?

루카스 크라나흐, 〈루터의 임종〉(1546)

2장

메타버스, 16세기 콘텐츠 전장(戰場)에서 린데일을 만나다

[메타버스 : metaverse]

'메타버스'는 '초월'을 뜻하는 영어 meta와 '세계'를 뜻하는 universe의 합성어다. 직역하면 '초현실세계'다. 사전적인 의미는 이렇다.

> 웹상에서 아바타를 이용하여 사회, 경제, 문화적 활동을 하는 따위처럼 가상 세계와 현실 세계의 경계가 허물어지는 것을 이르는 말
>
> **출처 : 네이버 국어사전**

쉽게 설명하면 메타버스는 온라인상에서의 소통 공간을 의미한다. '메타버스'라는 단어가 생소하지만, 스마트폰과 더불어 사는 우리는 이미 메타버스의 환경 속에 살아가고 있었다.

세컨드 라이프와 같은 메타버스는 사용자들이 스스로 콘텐츠를 만

들 수 있도록 전문 개발자들이 이에 필요한 장치를 제공해 주고, 이를 이용하여 3차원의 그래픽 공간에서 사용자 스스로가 콘텐츠를 창출한다. **출처: 노컷뉴스 2007년 7월 09일**

팬데믹은 메타버스 환경을 더욱 선명하게 만들었다. 우리는 매일 많은 시간을 스마트폰으로 '세컨드 라이프'를 살아간다. 붐비는 지하철 속 사람들을 보라. 버스를 기다리는 사람들의 모습을 보라. 사람들은 물리적으로는 가까이 있지만 세컨드 라이프 속에 있다. 종교개혁 시대에는 세컨드 라이프 속에 있는 이들을 어떻게 연결했을까?

1. 윌리엄 틴데일을 체포하라

영국의 요주의 인물, 윌리엄 틴데일

루터가 독일에서 종교개혁을 일으키고 있었을 때, 영국의 헨리 8세는 대륙으로부터 유입되는 '이단' 사상을 봉쇄하기 위해 고심하고 있었다.[23] 1517년 루터의 95개조 반박문은 온 유럽을 '감염' 시켰다. 이에 헨리 8세와 울지 추기경은 1518년부터 이단에 대처하기 위해 다양한 문서를 발행했다. 이런 노력으로 1521년 헨리 8세는 교황 레오 10세로부터 '믿음의 수호자(Fidei Defensor)'라는 칭호를 받았다.

23 헨리 8세는 1509년에 즉위해서 1547년에 사망할 때까지 영국의 왕위에 있었다. 왕비였던 스페인(아라곤)의 캐서린과 이혼 문제가 불거지기 시작한 것은 1525년부터였고, 1534년 11월 3일에 '수장령'을 발표하여 로마 교황청과 완전히 결별했다. 그러므로 루터가 종교개혁을 일으켰던 1517년부터 1525년까지 헨리 8세는 로마 교황청의 '수호자(Defender)'라는 칭호를 얻었다.

믿음의 수호자라는 '백신'이 있음에도 불구하고 돌파감염을 일으키는 바이러스가 있었던 셈이다. 영국은 자국민이 영어로 된 성경을 읽지 못하도록 14세기에 번역된 《위클리프 성경》을 금서(禁書)로 지정했다. 위클리프(John Wycliffe, 1320~1384)는 라틴어 성경을 영어로 번역했으나 로마 교황청은 그를 파문해서 부관참시(剖棺斬屍) 했다. 위클리프의 성경에 영향을 받은 사람들은 '롤라드(Lollardy)파'로 불리며 이단으로 박해까지 받았다. 그런 까닭에 헨리 8세 때까지 누구도 영어 성경에 다가갈 수 없었다. 위클리프에게는 안타깝게도 메타버스가 없었던 것이다.

종교개혁 이후, 윌리엄 틴데일은 영어 성경을 번역해서 유포하는 대담한 행동을 하였다. 자국어로 번역된 성경은 영국인의 눈을 열었다. 당국의 감시를 피해 사람들은 삼삼오오 모여 성경을 읽었다. 영국 성직자들의 체면이 곤두박질쳤다. 영어 성경은 성직자들의 무지를 만천하에 드러냈다. 《우신예찬》의 저자였던 에라스뮈스는 케임브리지에서 성경을 가르치면서 이런 현실을 예견한 바 있다.

> "돈으로 오르간을 사고, 성가대 소년들을 훈련시킨다. 그러나 영국에는 성직자들을 훈련시킬 만한 장치가 아무것도 없다. 그들은 자신들의 죄를 뉘우치는 대신 입속에서 웅얼거리는 소리를 내어 하나님을 기쁘게 한다고 착각한다."[24]

에라스뮈스의 영향을 받은 틴데일은 성경 번역에 착수했다. 실추된 성직자의 권위를 회복하기 위해 당국은 틴데일이 번역한 '불온 문서'들을 수거해서 소각했다. 그러나 틴데일은 이미 '세컨드 라이프'의 세계를 열었다. 성직

24 Brian H. Edwards, 《Travel with William Tyndale》, (Day One, 2009), 33.

자들이 성경을 독점했던 시대는 끝났고, 성경을 읽기 위해 성직자를 의존할 필요도 없었다.

사람들은 집에서 성경을 읽었다. 그들의 세컨드 라이프는 성경이었다. 집 밖에서는 성경 읽는 사람들을 색출하기 위해 여념이 없었다. 사람들은 무엇이 현실인지 깨달았다. 그들을 둘러싼 포위망이 현실이 아니라, 성경을 통해서 열리는 세계가 참 현실이었다. 틴데일은 영어 성경뿐만 아니라 루터의 콘텐츠들을 번역해서 보급했다. 당국도 열심히 수거해서 소각했지만, 제작되는 콘텐츠의 속도를 따라잡지 못했다. 독일에 이어 영국에서도 메타버스 시대가 열린 것이다.

> 로마 교회 성직자들에 대하여 사람들의 불평이 늘어갔다. 독일에서 기술을 배워온 영국의 최초 인쇄 기술자 캑스톤은 웨스트민스터에 인쇄소를 차려놓았다. 성직자들의 오류와 악한 행동을 드러내는 수많은 소책자와 팜플릿이 인쇄되어 이 사람, 저 사람의 손으로 돌아다니기 시작했다. **존 폭스, 《위대한 순교자들》, p.414**

당국이 틴데일을 체포하기 위해 현상 수배를 내렸지만 그는 이미 영국을 떠나고 없었다. 틴데일은 1524년 독일로 건너간 후 소식이 끊어졌다. 그는 영국에서 사라졌지만 대륙에서 번역한 그의 콘텐츠는 끊임없이 영국으로 반입되었다. 틴데일로 인해 영국은 '이단'이 창궐했다. 교회는 이들을 '깨끗한 척'하는 인간들이라면서 '퓨리턴(Puritans)'이라 경멸했다.[25]

25 '청교도'를 뜻하는 'Puritan'은 1534년에 헨리 8세의 수장령 선언 이후 영국국교회에 대항하는 개신교도들에게 붙여진 이름이다. 헨리 8세가 주도한 영국 종교개혁은 사실상 로마 교황청으로부터 정치적인 분리였을 뿐, 종교와 제도는 변화가 없었기 때문이다. 그러나 여기에서 이렇게 언급하는 것은 이미 윌리엄 틴데일이 영어 성경을 번역하면서 그 무리가 형성되었기 때문이다.

틴데일을 검거하다

헨리 8세는 비장의 카드를 꺼냈다. 부유하고 명망 있는 가문 출신의 헨리 필립스(Henry Philips)를 유럽으로 급파했다. 드디어 필립스는 틴데일을 찾아 어디 있는지 알아냈다. 그는 플랑드르 안트베르펜의 한 상인의 집에 숨어 있었다. 하지만 다락방 밀실에 숨어 있는 그를 체포하지 못했다. 틴데일은 이곳에서 번역한 영어 성경을 지하에 숨긴 후 영국으로 밀반입시켰다.

틴데일은 안트베르펜 대성당 근처에 숨어지냈다. 《플란더즈의 개》에 나오는 바로 그 성당이다. 성당에는 가난한 소년 넬로와 그의 친구 파트라슈가 그토록 보고 싶어 했던 그림이 있었지만, 성직자들은 그 그림을 휘장으로 가려놓았다. 성직자들은 영국인들이 그토록 보고 싶어 했던 영어 성경도 가려놓았다. 그런데 그 성경이 한 상인의 집 지하에 가득했다. 이 문서들은 어디에서 생산된 것일까?

안트베르펜에는 유럽 최대 규모의 인쇄소가 있었다. 플랑탱-모레튀스(Plantin-Moretus) 인쇄소로 유네스코가 지정한 문화유산이다. 현재 이곳은 박물관으로 이곳에서 16세기의 인쇄물이 어떻게 제작되는지를 한 눈에 볼 수 있다. 이 인쇄소는 영국을 감염시키는 '숙주' 역할을 한 것이다.

헨리 필립스는 마침내 브뤼셀에서 보낸 황제의 검찰관을 대동해 틴데일을 체포했다. 1536년 10월 6일, 사람들이 모인 광장에서 틴데일은 화형으로 생을 마쳤다. 이단의 최후를 보여주려는 위협이었다. 틴데일은 죽으면서 이렇게 외쳤다.

"주여, 영국 국왕의 눈을 열어 주소서."

그의 기도가 응답되었다. 화형을 당한 지 2년 후인 1538년, 헨리 8세는 틴데일이 번역한 성경을 모든 교회에 비치하도록 명령한 것이다. 틴데일과 같은 시대를 살았던 역사가 존 폭스는 이렇게 기록을 남긴다.

> (틴데일 이후) 계속되는 모든 영어 번역판은 실로 틴데일의 성서 번역을 개역해 놓은 것에 불과하다. **존 폭스, 《위대한 순교자들》, p.428~429**

2. 콘텐츠가 전쟁을 승리로 이끈다

성경으로 그리스도를 보다

윌리엄 틴데일은 어린 시절부터 언어 감각이 탁월했다. 옥스퍼드 대학에 입학한 틴데일은 이미 프랑스어, 독일어, 이탈리어, 스페인어는 물론, 라틴어, 그리스어, 히브리어에도 능통했다. 틴데일은 대학이 신학을 가르치면서 성경은 가르치지 않는다며 불만을 가졌다.

1517년 틴데일은 케임브리지 대학으로 향했다. 이미 이곳에는 1511년부터 1514년까지 학생들을 가르쳤던 에라스뮈스의 노력들이 열매를 맺어가고 있었다.[26] 에라스뮈스는 케임브리지 강의실에서 이렇게 가르쳤다.

> "여러분. 눈을 크게 뜨고, 성경을 보십시오.
> 성경을 볼 때, 그리스도를 볼 수 있습니다."

26 에라스뮈스는 케임브리지 대학에 1511~1512년에 있었고, 틴데일은 1517년에 이 대학으로 왔다. 직접적인 대면이 이루어지지는 않았지만 에라스뮈스의 흔적은 선명하게 남아 있었다. 틴데일은 에라스뮈스의 저작물을 영어로 번역했다.

에라스뮈스는 케임브리지 학생들의 마음을 진동시켰다. 당시 성직자들은 그리스도를 보기 위해 눈을 감았다. 그것을 영성이라고 생각했기 때문이다. 성직자들은 라틴어를 읽고 판단할 능력이 없었다. 적지 않은 사람들은 성직매매에 연루되어 있었다. 성직자에게 성경을 배울 수 없는 노릇이었다.

에라스뮈스는 교회의 잘못된 관행이 잘못된 성경 번역에서 나온다고 생각했다. 당시의 정경은 주후 4세기에 번역한 라틴어 불가타 성경이었다. 이미 1천 년 넘게 성직자들이 이 성경을 독점하고 있었다. 라틴어 성경은 모호함으로 넘쳐났고, 그것을 적용하는 과정에서 잘못된 관행이 생겨났다. 에라스뮈스는 그리스어 원문으로부터 라틴어의 오류를 일일이 교정해 그리스어 성경을 번역했다. 이 번역은 지성인들의 시각을 바꾸어 놓았다. 마르틴 루터도 이 성경에 영향을 받았다. 그런 점에서 에라스뮈스가 낳은 알을 루터가 부화시켰다고 말하는 것이다. 그리고 케임브리지에서도 부화되고 있었다.

케임브리지 대학생들에게 그리스어 성경은 충격이었다. 눈을 크게 뜨고 성경을 보니 그리스도가 선명하게 보였다. 성경을 보니 진리와 오류를 판별할 수 있게 되었다. 진리를 발견한 케임브리지 대학생들은 학교에 모여 영국의 종교개혁을 의논했다. 이들은 청교도 지도자들이 되었고, 그중에는 윌리엄 틴데일도 있었다. 이들은 루터가 일으킨 종교개혁을 영국에서도 꽃피우기 위해 고민하고 토론했다. 에라스뮈스와 루터의 저작들을 보급했고, 콘텐츠를 제작하며 세컨드 라이프를 구축했다. 이 모임을 '리틀 저머니(Little Germany)'라고 부른다. 틴데일의 위대한 도전이 시작되었다. 위클리프는 성경을 보급할 수 없었지만, 틴데일은 성경을 보급할 수 있는 플랫폼을 갖고 있었다. 헨리 8세와 성직자들은 콘텐츠 전쟁에서 틴데일을 이길 수 없었다.

성직자들은 이렇게 말했다. "우리에게는 교황의 법이 없는 것보다는 하나님의 법이 없는 것이 더 좋다." 그 말에 틴데일은 분개하여 항거를 하는 가운데 일어나서 이렇게 외쳤다. "나는 교황과 그의 모든 법에 도전한다. 그리고 만일 하나님께서 나를 보호하신다면 나는 영국에서 쟁기질하는 소년을 교황보다도 성경을 더 잘 알게 해 줄 것이다." 존 폭스, 《위대한 순교자들》, p.415

틴데일의 말은 현실이 되었다. 라틴어에 갇힌 성직자들과 달리 자국어 성경은 전혀 다른 네트워크를 형성했다. 당국은 세컨드 라이프 속에서 유포된 콘텐츠를 막을 수 없었다. 콘텐츠를 통해 쟁기질하는 소년이 성직자보다 성경을 더 잘 알게 되었다.

3. 콘텐츠 전쟁의 승자, 역사의 승자가 되다

네트워크를 장악한 틴데일 성경

1536년에 화형당한 틴데일은 16세기에 승자가 되었다. 아니, 이후에도 그는 존재감을 과시했다. 틴데일이 생존했을 당시 영어는 하층민이 쓰던 별 볼 일 없는 언어였다. 심지어 영국 귀족들은 프랑스어를 사용했다. 그런 변방의 언어가 지금은 세계의 공용어가 되었다. 어떻게 그것이 가능했을까?

틴데일은 성경을 완역하지는 못했다. 마일즈 커버데일(Myles Coverdale)이 완성했다. 이를 토대로 1560년에 제네바 성경이 탄생했다. 제네바 성경은 박해로 인해 유럽으로 망명한 비국교도들에게 진리를 전해 주었다. 제네바 성경은 16세기는 물론, 17세기 격동의 영국 역사 속에서도 수많은 사람이 애용했다. 청교도 혁명을 일으킨 올리버 크롬웰이나 《천로역정》의 저자 존 번연도 즐겨보았다. 성경 버전들은 독립적으로 존재하지 않는다. 제네바 성경을 토대로 1611년에 킹 제임스 성경(KJV)이 번역되었다. 이 역본은 미국으로 건너간 필그림 파더즈(Pilgrim Fathers)들이 애용했다. 링컨과 마틴 루터 킹 목사는 킹 제임스 성경에서 영감을 받았다.[27] 틴데일은 죽었지만, 그는 성경 속에서 숨을 쉬며 역사를 변화시켰다.

죽은 틴데일이 극장에 나타나다

영국인이 가장 존경하는 작가는 윌리엄 셰익스피어다. 셰익스피어를 인도와 바꾸지 않겠다는 말은 제국주의의 오만함에서 나온 표현이지만 영어는 셰익스피어에게 빚지고 있는 것이 사실이다. 셰익스피어 작품에 등장하는 문학의 어휘들이 영어의 근간을 이루고 있기 때문이다. '다윗과 골리앗의 싸움', '해 아래에 새것이 없다', '돌아온 탕자', '선한 사마리아 사람' 같은 표현은 일상에서 익숙하게 쓰는 관용구로, 출처는 성경이다. 특히 셰익스피어 문학에는 성경의 표현들이 넘쳐난다.

놀랍게도 셰익스피어의 어휘는 틴데일의 성경에서 영향받았다. 셰익스피어는 대학에 진학하지 않았다. 다만 어려서부터 수많은 고전은 물론 성경을 읽고 또 읽었을 뿐이다. 셰익스피어가 작품을 창작한 것은 단 한 번으로, 대부분은 크리스토퍼 말로 같은 극작가들의 작품을 변형했다. 셰익스피어는 익숙한 플롯 위에 이런 어휘들을 적절하게 끌어와서 변형하는 천재적인 작가였다.[28] 죽은 틴데일은 햄릿과 맥베스, 리어왕의 입으로 되살아났다. 틴데

27 영국 BBC 제작 〈킹 제임스 성경〉 다큐멘터리를 인용했다.
28 조지 버나드 쇼, 《쇼에게 세상을 묻다》, 김일기, 김지연 역, (TENDEDERO, 2012), 561.

일은 남북 전쟁에서, 인권 현장에서, 그리고 영국 극장에서 살아 숨 쉬고 있었던 것이다.

4. 플랫폼과 콘텐츠, 어떻게 조화를 이룰 것인가?

플랫폼에서 콘텐츠를 표현하는 기본 개념

인쇄술이 '선로(線路)'라면, '콘텐츠'는 기차다. 선로와 기차의 연결에 따라 종교개혁이라는 목적지에 도달할 수 있다. 성경 교육은 '스피치'로만 목적지에 도달하지 않는다. '번역'은 우리를 성경으로 이끄는 콘텐츠의 핵심이다. 스피치에 집착할 때, 열차는 탈선할 수 있다. 그림과 음악, 문학 자체는 교회 교육이 아니다. 셰익스피어 극장이 교회일 수도 없다. 르네상스 예술 자체가 종교개혁을 일으키지는 않았다.

반면, 성경을 가르친다고 하면서도 문자에 갇힐 수 있다. 소통하기 위해서는 번역이 필요하다. 스피치는 가장 보편적인 방법이다. 그러나 스피치가 성경을 전하는 유일한 방법은 아니다. 번역된 콘텐츠라야 강력한 무기가 된다. 그래서 종교개혁자들은 '눈에 보이는 말씀'을 고안했다.

콘텐츠가 탄생하는 원리

Why	⇨	What	⇨	How
본질		성경		번역
교회의 필요		교육의 내용		교육 방법

하나의 콘텐츠를 사용하더라도 반드시 염두에 두어야 하는 법칙이 있다. 콘텐츠를 채택하는 출발점은 교회의 필요성이다. 왜 필요한지, 그 '목적'을 설정해야 한다(why). 목적이 정해지면 '무엇'으로 가르칠지를 정한다(what). 이것이 끝이 아니다. 무엇을 '어떻게' 소통할지가 콘텐츠의 완성이며, 번역이다(how). 이와 같은 과정으로 번역을 한다.

신앙의 본질을 가르치고 싶다면(why), 성경 자체, 혹은 사도신경을 사용할 수 있다(what). 중세 교회는 번역 없이 가르쳤다. 번역하기 위해서는 스피치에 갇혀서는 안 된다는 말이다. 예술과 문학, 보이는 말씀이 콘텐츠가 되어야 한다. Part II에서는 번역(how)을 구현한 사례들을 살펴볼 것이다.

5. 윌리엄 틴데일과 공감의 창문 만들기

이카루스의 추락

영국 브리스톨에는 틴데일의 동상이 있다. 실제로 그는 브리스톨에서 열심히 '오직 성경'을 외쳤다. 틴데일 동상은 그가 성경 번역에 천착한 모습을 표현했다. 그의 몸부림 덕분에 시골 소년도 성경을 잘 알게 되었다. 오늘날 우리는 PC방에서 게임에 몰두하는 청소년들에게, 스마트폰에 심취한 아이들에게 어떻게 성경을 가르칠 수 있을까?

틴데일이 목숨을 바쳤던 쟁기질하는 소년은 브뢰헬의 〈이카루스의 추락〉에서 만날 수 있다. 그리스-로마신화에는 다이달로스라는 전설적인 장인이 나온다. 그가 크레타 섬에 있었을 때 크레타의 미노스 왕으로부터 얼굴은 황소이고, 몸은 사람인 괴물 미노타우로스를 가둘 미궁을 설계하라는 작업

의뢰를 받는다. 다이달로스는 라비린토스라는 미궁을 만들지만, 미노스 왕의 노여움을 사게 되면서 아들 이카루스와 함께 자기가 설계한 미궁 속에 갇히게 된다. 뛰어난 설계자였던 다이달로스는 주변에 흩어진 새의 깃털을 모으기 시작했다. 그리고 아들 이카루스 몸에 밀랍으로 깃털을 붙여 날개를 만들었다. 하늘을 날아서 미궁을 탈출하려 했던 것이다. 그는 이카루스에게 너무 높이 날면 밀랍이 태양에 녹아서 날개를 잃게 되고, 너무 낮게 날면 바닷물에 날개가 젖게 되니 반드시 적당한 높이로 날라고 경고했다.

날개를 달고 하늘을 날기 시작한 이카루스는 자신의 모습에 우쭐해진 나머지 다이달로스의 당부를 잊어버렸다. 교만해진 이카루스는 더 높이 날았고, 걱정했던 대로 태양은 날개의 밀랍을 녹였다. 결국 이카루스는 바다로 추락하고 말았다. 인간이 교만해지면 패망이 뒤따르게 된다는 교훈이다.

우리의 쟁기질은 무엇인가?

브뢰헬의 그림을 아무리 살펴봐도 이카루스를 찾을 수 없다. 인간의 교만을 상징하는 이카루스가 보이지 않는다. 그런데 자세히 살펴보면 오른편 낚시하는 사람 앞에 있다. 이카루스가 바다에 추락해 그의 두 다리만 물 위로 살짝 보인다. 낚시꾼조차 그의 추락에 관심이 없다. 제목이 '이카루스의 추락'임에도 불구하고, 이카루스는 존재감이 없다. 밭에서 쟁기질하는 소년과 양을 치는 목동만 보인다. 브뢰헬은 무엇을 말하고 싶었을까?

세상은 언제나 변하고, 혼란스럽다. 인간의 교만은 자기도 모르게 점점 높아만 간다. '종교개혁의 후예'라는 자부심이 교만이 되어 하늘 위로 날아오르는 것은 아닐까? 이카루스처럼 되는 것을 경계하라는 다이달로스의 메시지가 아닐까? 브뢰헬은 세상의 부침(浮沈)에 상관없이 우리에게 주어진

브뢰헬, 〈이카루스의 추락〉(1560)

과업을 묵묵히 감당하라고 말하는 듯하다. 성경을 전하기 위해 번역하려는 노력이 우리의 쟁기질이다. 그런 마음 없이, '후예', '장자', '정통'을 외치면 이카루스처럼 추락하게 된다. 묵묵히 쟁기질하자.

3장

메타메시지, 16세기와 21세기의 대화에서 조지 오웰을 만나다

[메타메시지 : meta message]

'메타메시지'는 메시지를 읽도록 '지시'하는 메시지를 뜻한다.[29]

가령 빈 벽에 걸린 〈모나리자〉라는 그림과 액자를 생각해 보자. '모나리자'가 메시지라면 모나리자를 지시하는 '액자'는 메타메시지다. 우리는 액자를 통해 그 속에 담긴 모나리자를 볼 수 있다. 하루에도 수많은 메시지가 우리 주변을 지나친다. 수없이 만나는 메시지 중에서 우리에게 닿는 것은 극히 일부다. 메타메시지가 없기 때문이다.

오늘날은 설교의 홍수 시대이다. 모든 말씀, 즉 모든 메시지가 우리에게 닿지 않는다. 메타메시지가 있는 메시지만 우리에게 닿는다. 메타메시지와 닿았을 때 우리는 감동하고, 위로를 얻으며 눈물을 흘린다. 16세기 메타버

29 이 개념은 우치다 다쓰루의 《어떤 글이 살아남는가》에서 가져 왔다. 우치다 다쓰루는 이 책 178페이지에서 메타 메시지를 이렇게 정의한다. 우치다 다쓰루의 정의를 토대로 '메타 메시지'를 언급하고자 한다.

스 사회에서 승리할 수 있었던 이유는 콘텐츠 전쟁에서 메타메시지를 장착했기 때문이다. 메타메시지가 승부를 결정한다.

1. 윈스턴과 텔레스크린, 그리고 빅데이터

윈스턴의 일과

2025년 7월의 어느 날이다. 윈스턴은 눈을 뜨자마자 텔레스크린(Telescreen)을 확인한다. 간밤에 일어난 일들을 텔레스크린이 보여준다. 피드와 메시지, 날씨까지 알려주니 참 편하다. 사람을 만나는 것보다 텔레스크린이 마음 편한 이유는 윈스턴을 누구보다 잘 공감해 주기 때문이다. 텔레스크린이 없으면 공허하고 불안하다. 윈스턴의 MBTI는 '잔다르크'형인 INFP다. 직관, 감성, 내성적이다. 사람들을 만나서 어울리면 에너지가 빠져나간다. 혼자 있는 것이 좋다. 텔레스크린은 윈스턴이 원하는 영상, 강연, 음악을 찾아준다. 강연을 들을 때 필기할 필요도 없다. 음성인식 덕분에 텔레스크린은 내 목소리를 필기로 변환하여 파일로 저장해 준다. 기억할 필요도, 판단할 필요도 없다.

텔레스크린과 친해진 후 몇 가지 변화가 생겼다. 읽을 필요가 없으니 생각할 필요도 사라졌다. 텔레스크린이 모든 표현을 알아서 해주기 때문이다. 그를 '텔레GPT'로 부른다. 그는 끊임없이 배우고, 업데이트해서 윈스턴보다 업무 능력이 뛰어나다. 심지어 텔레스크린은 모든 결정을 대신하며, 그의 대뇌 피질이 되었고, 거울 뉴런이 되었으며, 심지어 해마가 되어 장기기억까지 담당한다.

윈스턴에게 생긴 변화

오늘은 줄리아의 생일이라고 텔레스크린이 알려준다. 아직 그녀를 만난 적은 없지만 그녀의 '프사'나 취향은 윈스턴과 통하는 구석이 많다. 그녀의 피드에 '좋아요'를 눌렀는데, 최근에 그녀도 '좋아요'로 화답했다. 알고리즘이 맺어준 인연으로 '맞팔'까지 했다. 그녀의 생일에 부담되지 않는 선물을 보내고 싶었는데 텔레스크린이 알아서 선물을 추천해 준다. 심지어 텔레GPT는 생일축하 편지까지 대신 써 준다! 참 편한 세상이다. 윈스턴은 텔레스크린을 벗어나 살아가기 어렵다. GPS를 이용해 출퇴근하고, 무엇을 먹을지는 식당 별점으로 선택한다. 한가한 시간에도 지루할 틈이 없다. 핫한 릴스와 쇼츠가 알림으로 뜨고, SNS 소식에 답을 달아야 한다. 물론 '복붙'을 하거나 이모티콘으로 대체하긴 하지만 말이다.

윈스턴은 클릭으로 교회에 '출첵'한다. 다니던 교회가 있었지만 비대면 이후에 추천 동영상을 보면서 생각이 달라졌다. 전에 다니던 교회 목사님의 설교와 참 비교된다. 인터넷 댓글을 보니 나쁘지 않아 교회를 갈아탔고 로그인으로 등록교인이 되었다. 사람들과 부대끼는 것도 싫고, 그 속에서 엮이는 것도 싫다. 헌금은 자동이체해 놓았고, 등록교인이니 연말정산도 받을 수 있다. 로그인으로 출석하니 오가는 시간도 아낄 수 있고, 설교 30분 중에서 20분이나 되는 정치 이야기를 더 이상 듣지 않아도 된다. 윈스턴은 앞으로도 이렇게 신앙생활을 할 것 같다.

2. 포노 사피엔스, 그리고 〈1984〉

빅브라더와 빅데이터

윈스턴과 줄리아, 텔레스크린의 이야기는 조지 오웰의 소설 《1984》을 현대에 맞게 재구성한 것이다. '빅브라더'와 '빅데이터', 이름은 다르지만 작동하는 원리는 같다. 충격적이지만 인간을 변화시키는 방식도 닮아있다. 텔레스크린이 인간에게 미치는 영향은 스마트폰과 비슷하다. 인간은 어떻게 변해가고 있을까?

조지 오웰이 세상을 떠난 지 70년이 지났다. 그는 죽어가는 몸을 추스르면서 《1984》를 집필했고, 1949년 6월에 이 책을 출간했다. 그리고 6개월 후 잠들었다. 《1984》가 출간된 때로부터 지금까지의 시간은 구텐베르크의 인쇄술부터 95개조 반박문이 나온 시간과 같다. 뉴욕타임즈는 유행이 지났을 법한 《1984》를 톨스토이의 《전쟁과 평화》와 함께 필독도서 최상위에 올려놓았다.[30] 21세기에도 여전히 조지 오웰은 이 책을 통해 우리에게 경고한다. 조지 오웰은 무엇을 말하고 싶었을까?

스마트폰으로 생각하고 스마트폰으로 살아가는 종족, '포노 사피엔스(Phono Sapiens)'가 출현했다.[31] 사람들은 대부분의 시간을 스마트폰과 함께 보낸다. 스마트폰은 이제 우리 신체의 일부가 되었다. 지하철을 타거나 사람들이 모인 어디서든 주변을 둘러보면 대다수가 스마트폰을 보고 있다. 마치 스마트폰이 사람의 거울뉴런이 된 것 같다. 스마트폰을 바라보며 느끼는 감정과 생각들이 사람들을 점점 변화시킨다. 지금도 그렇지만 앞으로도 포노

30 박홍규, 《수정 야인 조지 오웰》, (푸른들녁, 2017), 5.
31 최재봉 교수가 그의 저서 《포노 사피엔스》에서 언급한 명칭이다.

BBC 방송국 앞의 조지 오웰 동상

"만일 자유가 어떤 의미를 가진다면, 사람들이 듣기 싫어하는 것도 말할 수 있는 권리를 의미한다."

사피엔스들에게 스마트폰은 '몽학선생'[32]의 역할을 하지 않을까.

엄밀히 말해 스마트폰이 우리를 변화시키거나 지배하는 것이 아니다. 우리는 네트워크를 통해 빅데이터에 연결되어 있다. 유발 하라리에 따르면 스마트폰을 70번 터치하면 빅데이터는 친구보다 나를 더 잘 파악한다. 150번이면 가족보다, 300번이면 배우자보다 나를 더 잘 안다. 문제는 우리가 고작 300번만 터치하지 않는다는 것이다. 숨 쉬는 만큼 터치하고, 그만큼 나의 정보는 빅데이터에 쌓인다. 빅데이터가 움켜쥔 내 모습이 진짜 '나'다.[33]

사느냐, 죽느냐, 그것이 문제로다

포노 사피엔스가 된다는 말은 우리의 뇌가 빅데이터에 연결되어 통제받는다는 의미다. 그렇지만 우리를 통제하는 주체는 빅데이터가 아니라, 빅데이터를 설계한 사람들이다.[34] 빅데이터의 알고리즘은 그것을 설계하고 지배하는 사람들의 의도대로 작동한다. 빅데이터의 의도는 알 수 없지만, 우리가 '변한다'라는 것은 명확하다. '어떻게' 변하는지는 종교개혁 시대처럼 죽느냐, 사느냐의 문제다.

유발 하라리는 빅데이터가 '데이터교'로서 종교가 되어간다고 지적했다. 인터넷창을 한 번 클릭 할 때마다 쌓이는 빅데이터는 우리에게 새로운 정보를 쉽게 제공하는 듯하지만, 동시에 우리의 뇌는 데이터 종교에 굴복하고 있

32 그리스 시대에 6~7세가량 되는 주인의 자녀가 자라 성인이 될 때까지 일상적인 시중을 드는 한편 학교까지 안전하게 안내하고, 후견인의 책임까지 맡았던 전문적인 노예를 일컫는다.

33 유발 하라리, 《호모 데우스, 미래의 역사》, 김명주 역, (김영사, 2017), 465~467.

34 클라이브 톰슨, 《은밀한 설계자들》, 김의석 역, (한빛비즈, 2020), 226-231. 이 책에서는 빅데이터가 어떻게 작동하고, 누가 이것을 작동하는지 집요하게 다루고 있다. 그러므로 프로그램을 '설계'한 대로 시스템이 작동하고 있음을 저자는 밝히고 있다.

다.[35] 빅데이터가 실제로 종교가 되기를 의도했는지 알 수 없지만 빅데이터가 막대한 이윤을 추구하는 것은 확실하다. 플랫폼 기업은 제품을 생산하는 기업의 이익을 이미 앞질렀다. 사회가 메타버스 속으로 집중되는 이유는 삶의 패턴이 그렇게 변해가고, 그 속에서 막대한 경제거래가 이루어지기 때문이다.

빅데이터 속에서 포노 사피엔스들이 변해가는 모습은 빅브라더의 체제 아래에서 '프롤(Proles)'[36]들이 변해가는 과정과 닮았다. 조지 오웰은 텔레스크린을 통해 인간이 감정, 의지, 사고, 언어를 잃어가고 있다는 점을 경고한다. 뿐만 아니라 우리의 영혼에도 큰 변화가 일어나고 있다.

《1984》 속의 프롤들

《1984》의 빅브라더는 사람들의 사상과 감정을 통제한다. 빅브라더가 텔레스크린을 통해 일거수일투족을 감시하기 때문이다. 이런 인류를 조지 오웰은 '프롤'이라고 불렀다. 프롤들의 생각과 감정을 통제하기에 가장 효과적인 방법은 읽고, 쓰지 못하게 하는 것이었다. 읽고 쓰는 것을 통제하면 '사고력'이 거세된 프롤 개체만 남는다. 그리고 이렇게 세뇌한다.

"전쟁은 평화다, 자유는 예속이다, 무지는 힘이다."

이것이 빅브라더가 설계한 미래다. 점차 프롤은 예속당하는 것이 자유이며, 무지가 힘이라고 믿게 된다. 사고력을 제거해야 프롤을 쉽게 통제할 수

35 유발하라리, 앞의 책, 531~539.

36 조지 오웰의 '프롤'은 '프롤레타리아'의 준말이다. 언어가 파괴되고, 사상과 행동을 통제당하는 시대의 대중을 말한다.

있기에 빅브라더는 매일 같은 메시지를 노출한다. 팬데믹 이후 포노 사피엔스의 삶도 이와 같다. 빅데이터에 예속되어 있지만 그것이 자유라고 착각한다. 자신의 주관대로 인터넷창을 클릭하며 선택하는 것 같지만, 점점 무지하게 변해간다. 빅데이터는 우리의 이윤을 노린다. 게다가 우리의 돈만 아니라, 언어와 사고력도 빼앗아 간다.

포노 사피엔스에게 '문해력'이 제거되고 있다는 지적은 어제오늘의 일이 아니다. 우리 삶에서 읽고, 쓰는 행위가 사라지고 있다. 《1984》에서 윈스턴은 목숨을 걸고 '읽고 쓰는 인간'이 되려고 했다. 사고력과 정체성을 잃지 않으려는 최소한의 저항이다.

학교와 교회에서 디지털은 페이지를 밀어냈다. 편리함과 화려함 뒤에 남는 것은 빅브라더 모습의 빅데이터뿐이다. 이는 다시 페이지를 도입하고, 디지털을 금지하자는 말이 아니다. 시대의 흐름을 알아야 한다는 것이다. 자유처럼 보이지만 예속되는 현실 말이다. 조지 오웰에게 글쓰기란 하나의 기능이 아니라 인간성을 지키기 위한 마지막 저항이었다. 사고가 마비되면 인간성도 사라진다. 종교개혁 콘텐츠는 별개의 작품이 아니라 인간의 사고와 가치를 깨우는 도끼다.[37] 신앙을 지키는 최후의 저항인 셈이다.

중세 교회와 빅브라더

21세기 교회교육을 '중세 교회'라고 말하는 근거가 여기에 있다. 오늘날 세상은 우리를 '프롤'로 만들어가는 중이다. 빅브라더가 프롤을 통제하며 읽고, 쓰는 것을 금지시켰던 것처럼 중세 교회도 사람들에게 똑같은 방식을

37 《변신》의 작가 프란츠 카프카의 말을 패러디 했다. "한 권의 책은 우리 안의 얼어붙은 바다를 깨는 도끼여야 한다."

사용했다. 중세 교회는 읽고, 쓰는 행위가 없었다. 성직자들만 말씀을 독점하기 위해 번역을 금지하였고, 성경 읽는 사람을 탄압했다.

12세기 프랑스 남부에서 성경을 프랑스어로 번역하던 피터 발도(Peter Waldo, 1140~1205)와 그를 따르는 무리는 박해에 직면했다. 14세기 영국에서 성경을 번역했던 존 위클리프와 그를 따르던 롤라드파 역시 혹독한 현실을 경험했다. 틴데일이 그러했고, 루터 역시 보름스에서 같은 경험을 했다. 민중이 읽고, 쓰면 어떻게 되는지를 중세 교회는 잘 알고 있었다. 그래서 '자유는 예속이며, 무지는 힘이다'라는 메시지를 전한 것이다.

21세기는 물리적으로 성경을 금지하지 않는다. 그러나 우리는 중세 시대 이상으로 성경을 사유하지 못하고 있다. 스마트폰으로 인해 젊은 세대들의 묵상이 더 좋아지고, 깊어졌는지 의문이다. 또한 한국교회는 얼마나 다음 세대를 위한 '번역'의 노력을 기울이고 있는지 반성해야 한다. 지금까지 한국교회는 추상(抽象)과 문자에 갇혀 있었다.[38] 구체적인 콘텐츠 없이 오직 성경을 외치고 있다. 그러니 중세 교회보다 더 낫다고 말할 수 없다.

니콜라스 카(Nicholas G. Carr)는 《생각하지 않는 사람들》에서 현대 문명이 사람들의 사고력을 없애는 가장 효과적인 방법은 언어를 단순화하는 것이라고 지적했다. 언어는 의식과 사고를 담는 그릇이다. 빅브라더가 그랬던 것처럼 빅데이터 역시 우리의 언어를 해체한다. 교회교육이 제공하는 콘텐츠도 마찬가지다. 사고와 묵상은 제거되고 자극과 주입만 남았다. 암기와 주입으로 이루어진 교육에서 묵상과 사유는 발을 들일 틈이 없다.[39]

38 니콜라스 카, 《생각하지 않는 사람들》, 최지향 역, (청림출판. 2015), 334~340.
39 니콜라스 카, 위의 책, 125~132.

사상경찰(Thought Police)은 기독교를 노린다

빅브라더는 사상경찰을 통해 사람들의 생각과 언어를 통제했다. 언어를 단순하게 만들면 생각도 단순해지기 때문이다. 그들은 free라는 단어에서 '자유(自由)'라는 의미를 제거하고 다음과 같이 재정의한다.

Free란, '~이 없는' 상태를 의미한다.

사람들은 '자유(free)'라 하면 '해방(liberty)'이라는 관념을 떠올린다. 그러나 'sugar free'처럼 '~이 없는 상태'라는 뜻도 포함된다. 만일, '해방'이라는 관념을 제거하고 위의 의미만으로 정의가 바뀐다면, 정치적인 자유, 자유를 위한 투쟁은 불가능해진다. 이렇게 인식한 사람들에게 어떻게 '언론의 자유', '영혼의 자유'를 이해시킬 수 있는가! 언어가 위축되면 사고도 축소된다고 조지 오웰이 경고한다.

"만일 사람들이 잘 쓸 수 없다면, 잘 사고할 수 없다.
만일 사람들이 잘 사고할 수 없다면 누군가가 그 사람을 대신해서 사고한다."

읽고 쓰는 것은 언어와 사고를 유지하기 위해서 가장 중요하다. 〈뉴욕 타임스〉가 《1984》를 필독도서로 선정한 이유도 아마 사고가 통제되면 어떠한 일이 벌어지는지, 조지 오웰의 작품을 통해 통찰을 주기 위함이 아닐까!

기독교는 수많은 관념으로 이루어진다. 은혜, 구원, 속죄, 칭의, 성화, 믿음, 소망, 평안을 외치지만, 이것을 떠올릴 묵상 능력이 제거되면 기독교는 붕괴하고 말 것이다. '공의(公義)'를 모른 채 공의의 하나님을 이해할 수 없다. '칭의'의 개념을 모르면 구원을 설명할 수 없다. 이렇듯 기독교의 근간이 뚜렷한 개념으로 이루어져 있지만, 갈수록 교회는 텅 빈 추상을 헤매는 느낌이 든다. 앞으로의 교회교육은 언어를 답습하는 것이 아니라 사고와 묵상으로 나아가야 한다. ChatGPT가 설교문을 대신 써 주는 시대가 되었다. 이 책이 출간되면 ChatGPT는 더욱 업그레이드 되었을 것이고, 다른 종류의 앱도 경험할 것이다. 이런 시기에 기독교가 살아남기 위해서 무엇을 해야 할까.

빅데이터 속에서 기독교가 살아남는 유일한 방법

하나님은 우리와 어떻게 동행하시는가?

하나님의 임재란 무엇인가?

하나님이 우리와 동행하는 실제적이고 구체적인 방법은 '물리적'인 것이 아니다. 하나님이 오감으로 느껴지기에 '임재'라고 말하지 않는다. 우리가 하나님의 임재를 확신하는 방법은 '묵상'이다. 묵상은 사고의 영역으로, 사고력이 사라지면 하나님의 임재도 사라진다.[40] 이런 명징한 사유 과정을 통해 우리는 하나님의 나라가 임했다고 고백한다. 믿음, 은혜, 소망, 의(義)와 같은 개념 없이 기독교는 존재할 수 없다. 교회는 존재할 수 있겠지만 기독교는 사라지고 말 것이다. 앞선 단어를 들었을 때 떠오르는 관념이 무엇인지 살펴보자. 사고하지 못하는 이유는 주입식 교육을 받았기 때문이다. 기독교는 뜬구름 잡는 종교가 아니다. 그래서 종교개혁자들은 더욱 다양한 방법으로 성경

40 이 표현이 오해가 없기를 바란다. 하나님의 존재 자체가 사라지는 것이 아니라 하나님의 임재를 인식하는 믿음이 사라진다는 의미다.

을 번역했다.

하지만 오늘날 교회교육은 뜬구름을 잡게 한다. 어린이들에게 '구원'을 물었을 때, 대다수 어린이는 '구원'을 '교회 출석'으로 받아들인다. 그 속에 속죄, 공의, 칭의의 개념은 연기처럼 모호하다. 지금까지 우리 교육 방식이 모호했기 때문이다. 종교개혁자들이 목숨을 걸고 지키려 했던 것은 성경 자체가 아니라 성경의 개념이다. 오해가 없길 바란다. 성경 자체를 지키려고 했던 시도는 중세 교회가 충분히 해 왔다. 성경을 보지 못하게 했고 성스러운 언어를 상스럽게 읽지 못하게 했다. 루터와 틴데일이 목숨을 걸었던 것은 성경 자체가 아니라 성경의 개념이었다. 이제 한국교회가 목숨을 걸고 지켜야 할 것이 무엇인지 명확해졌다.

3. 번역에 목숨을 걸어라

플린 효과(Flynn Effect)의 경고

'지능' 분야의 세계적인 권위자 제임스 플린(James Flynn)이 연구한 결과를 이른바 '플린 효과(Flynn Effect)'라고 한다. 제임스 플린은 지능 측정 방식이 고안된 이후 해마다 사람들의 IQ가 지속적으로 높아지는 것을 보며 고민했다. 만일 이 통계를 신뢰한다면 우리의 조부모들은 지능적으로 열등해야 하고, 심지어 조상들은 IQ가 저능아 수준이 되어야 한다. 제임스 플린은 고민 끝에 '우리를 둘러싼 교육과 환경이 IQ 측정에 익숙하게 만들었을 뿐, 실제로 지능이 향상된 것이 아니다'라는 결론을 내렸다.

21세기의 아이들은 정보에 더 빨리 접근하고, 더 스마트한 것처럼 보인다.

하지만 IQ만 높아졌을 뿐, 다른 능력은 희생되었다.[41] 이것이 플린 효과의 요지다. 요즘 아이들이 더 민첩하고, 스마트한 것처럼 보이지만 실제로 지능은 향상되지 않았다. 오히려 희생된 것이 있다. 검색하고 수집은 잘 하지만, 사고할 수 없는 뇌가 되어버린 것이다. 다음 세대는 '나은 뇌'가 아니라 '다른 뇌'를 가지게 되었다. 이것이 두려운 이유는 '다음 세대'가 '다른 세대'가 되어가기 때문이다.

500년 전 종교개혁 시대의 성도보다 우리가 '스마트'한 점은 스마트폰을 사용한다는 점이다. 쉴 새 없이 스마트폰을 터치하면서 묵상은 사라졌고, 빅데이터는 우리의 골방을 앗아갔다. 21세기의 대한민국 사람과 3천 년 전의 고조선 사람은 생각과 가치가 다르다. 대한민국의 헌법과 고조선 8조법이 같을 수도 없다. 그러나 지금 우리가 고백하는 주기도문은 2천 년 전 초대교회 성도들이 고백했던 것과 같다. 종교개혁 시대의 사람들도 우리와 똑같은 십계명, 사도신경을 암송했다. 하지만 그들과 우리는 다르게 반응한다. '번역'이 달랐기 때문이다.

책의 종교인 기독교는 2500년 전 바빌론 포로생활을 하던 누군가와도 소통할 수 있다. 파피루스건, 구텐베르크의 활자이건, 심지어 PDF이건 간에 우리는 진리를 보존하고 소통할 수 있다. 이는 메타버스를 거부하고 과거로 회귀하자는 말이 아니다. 변화 속에서도 지켜야 하는 요소가 있다. 이를 간과하면 예배는 '제의'로 전락하고, 기독교는 '데이터교'가 되고 말 것이다.[42]

41 제임스 플린, 《플린 이펙트》, 이금숙, 조선희 역, (MID, 2015), 249. 이 책에서 플린은 20세기 후반까지 지속적으로 IQ가 상승했지만 21세기에 들어서는 그마저도 성장하지 않았다고 언급한다.
42 유발 하라리, 앞의 책, 481~483.

'사탄의 방앗간'에 맞선 우리의 자세

우리가 조지 오웰의 경고를 적용하는 목표는 분명하다. 이 궁극적인 목표를 위해서 종교개혁자들이 무엇에 집중했는지 알아보자. 종교개혁 교육의 핵심은 '번역'이다.[43] 종교개혁자들의 고민은 번역이었고, 고민 끝에 번역된 결과물이 콘텐츠다. 한국교회와 중세 교회의 실패는 번역의 실패다. 그 결과 '사탄의 방앗간'에 둘러싸이게 되었다. '사탄의 방앗간'은 영국 산업혁명 당시, 청교도 문학가이자 화가였던 윌리엄 블레이크의 〈예루살렘〉이라는 시에 등장한다. 이 시에 곡조가 붙어서 지금까지 비공식 영국 국가(國歌)가 되었다.

아득한 옛날, 그들의 발길은
잉글랜드의 푸른 산 위를 걸었는가?
거룩하신 하나님의 어린양이
잉글랜드의 평화로운 초원 위에 있었던가?

거룩하신 하나님의 얼굴이
우리의 구름 낀 언덕을 비추셨던가?
예루살렘이 이 땅 위에,
이 어두운 '사탄의 방앗간들' 사이에 세워졌단 말인가?

나는 싸움을 멈추지 않으리라.

43 고가 후미타케, 《작가의 문장수업》, 정연주 역, (경향BP, 2015), 22. '번역'이라는 단어를 종교개혁과 연관지어서 이렇게 바꾸었다.

나의 검도 내 손에서 잠들게 하지 않으리라.

잉글랜드의 푸르고 즐거운 땅에

우리가 예루살렘을 세울 때까지.

블레이크는 산업혁명 시기의 공장들을 '사탄의 방앗간(Satanic Mills)'이라고 지칭한다. 문명이 인간성을 파괴한다고 보았기 때문이다. 산업혁명의 나라에서 지금도 이 시를 비공식 국가로 부르는 데는 이유가 있다. 블레이크는 산업혁명 자체를 반대하지는 않았다. 다만 사탄의 '공장들'에서 희생당하는 인간성을 지키고자 했다. 그 대안으로 청교도인 블레이크는 '예루살렘을 세울 때까지 싸움을 멈춰서는 안 된다'라고 말한다. '예루살렘'은 하나님이 부여한 인간의 존엄성이다. 즉 산업혁명 시대만이 아니라 인공지능 시대에도 우리는 예루살렘을 세워야 한다. 인간의 존엄성은 사고력으로 지탱되고, 번역으로 구체화된다. 이것이 사탄의 방앗간에서 살아남는 방법이다. 그런 의미에서 종교개혁자들의 콘텐츠는 인간성을 지키면서 신앙을 지키는 무기였다.

4. 번역되지 않은 곳, '동물농장'

미디어의 두 얼굴

20세기에 미디어가 등장하면서 중세를 허물었던 구텐베르크의 시대는 막을 내렸다. 인쇄를 통해 발전해 온 인류의 사고방식도 미디어가 등장하면서 변화되었다. 1964년에 마셜 맥루언(Marshall McLuhan)은 《미디어의 이해

(Understanding Media)》를 통해 미디어의 두 얼굴을 경고한 바 있다.[44] 그의 경고는 미디어의 편리함 이면에 숨겨진 인간성의 변화를 겨냥하고 있다. 미디어는 문명과 지식을 바꾸고, 사회와 삶을 바꾼다. 동시에 인류의 사고방식과 정체성도 바꾼다. 그는 시편 115편 구절에 주목했다.

> 우상을 만드는 자들과 그것을 의지하는 자들은 다 그와 같으리로다.
>
> **시 115:8**[45]

시편의 저자가 분명하게 말하는 것은 우상이란 사람들이 손으로 만들었지만, 그것을 의지할 때 우상에 동화된다는 점이다. 실제로 미디어의 출현 이후, 인류는 사고하는 방식이 변했고 뇌의 기능이 변해 왔다. 인류는 미디어를 통해 문명의 도구를 만들었지만, 도구 역시 인간을 만들어 왔다.[46] 팀 쿡(Tim Cook)은 이를 지적한다.

> 인공지능이 인간처럼 생각하는 것은 걱정되지 않는다. 다만, 인간이 인공지능처럼 생각하는 것이 걱정된다. **팀 쿡의 강연 중에서**

인공지능은 우리 삶에 깊숙이 개입했다. 인공지능이 인간처럼 진화했고 인류는 그 '덕분에' 인공지능처럼 변하고 있다. 니콜라스 카는 시편 115편의 경고를 우리에게 다시 회상시킨다. 20세기의 미디어처럼 21세기의 빅데이터는 우리를 변화시키고 있다. 편리한 세상 속에서 우리가 얻은 것은 무엇이고, 잃은 것은 무엇인지 면밀하게 살펴야 할 때이다.

44 마셜 맥루언, 《미디어의 이해》, 김성기, 이한우 역, (민음사, 2002), 35~55.
45 마셜 맥루언은 위의 책 87페이지에서 시편 115편을 주목하고 있다.
46 니콜라스 카, 앞의 책, 336.

중세 교회와 한국교회에는 추상적인 메시지로 가득하다. 리사 크론은 이것을 악마와 같다고 지적한다.

> 추상적인 이야기는 교활한 악마와 같다.
> 아무것도 떠올릴 수 없게 만들기 때문이다.[47]

한국교회의 현실을 정확하게 지적했다. 교회에서 전해지는 추상적인 메시지는 정말 악마처럼 구체적인 사고를 하지 못하게 한다. 청중도 추상적인 언어에 길들어진다. 번역이 없는 메시지는 결국 청중들의 번역 능력을 상실시킨다. 이런 교회를 조지 오웰은 《동물농장》에서 다음과 같이 묘사한다.

> 돼지들은 길들여진 길까마귀 모세에 의해 퍼뜨려지는 거짓말에 대응하기 위해 더 힘든 싸움을 벌여야만 했다. 존스 씨의 특별한 애완동물이었던 모세는, 염탐꾼이면서 고자질쟁이였지만, 또한 영리한 달변가였다. 그는 얼음사탕 산이라는, 모든 동물들이 죽어서 가는, 신비로운 나라의 존재를 안다고 주장했다. 그것은 저 하늘 높이 구름 너머 조금 떨어진 어딘가에 위치해 있다고, 모세는 말했다. 얼음사탕 산에서는 한 주의 7일이 일요일이었고, 클로버가 한 해 내내 한창이었으며, 각설탕과 아마인 깻묵이 생울타리에서 자란다는 것이었다. 동물들은 모세가 말만 하지 일은 하지 않았기에 싫어했지만 그들 중 일부는 얼음사탕 산을 믿었기에, 돼지들은 그런 곳은 없다고 그들을 설득하기 위해 매우 힘들게 언쟁해야만 했다. **새움, 《동물농장》, 25~26**

47 리사 크론, 《끌리는 이야기는 어떻게 쓰는가》, 문지혁 역, (웅진지식하우스, 2015), 161~165.

조지 오웰은 《동물농장》에서 캐릭터마다 고유의 의미를 부여했다. 그중에서 길까마귀 모세는 당시 교회의 모습을 반영한다. 동물들이 장원(매너) 농장에서 주인 존스 씨로부터 생사를 건 투쟁을 하고 있었을 때, 길까마귀는 동물들 편이 아니었다. 그는 철저하게 권력자 주변을 맴돌며, 처음에는 존스 씨 편에, 나중에는 돼지들 편에 섰다. 그러면서 그는 얼음사탕 산을 외치고 있었다. 현대교회는 조지 오웰이 지적한 길까마귀의 모습에서 벗어날 수 있을까?

오늘날 한국교회 신앙의 핵심은 길까마귀 모세가 외친 '얼음사탕 산'이 되었다. 기독교는 주인을 몰아내고 동물농장을 건설하자는 혁명적인 종교가 아니다. 무력으로 주장을 관철하는 종교는 더더욱 아니다. 문제는 얼음사탕 산을 외치면서 자신만의 관념에 고립되고 있다는 점이다.

5. 조지 오웰과 공감의 창문 만들기

조지 오웰의 핵심, '회수'하기

조지 오웰은 사고력이 인간성을 지키는 중요한 요소라고 했다. 글을 쓴다는 행위는 단순한 작문이 아니라 사고를 표현하는 숭고한 행위다. 글을 쓴다는 것은 자기 생각을 번역하는 구체적인 행위다. 이 번역을 가리켜 하워드 가드너는 '학습전이'라고 한다. 학습전이란, 한 분야에서 배운 것을 다른 분야에서도 적용할 수 있는 능력이다.[48] 학습전이가 이루어지기 위해서

48 하워드 가드너, 《다중지능》, 유경재 역, (웅진지식하우스, 2007), 162~163.

는 '회수'를 할 수 있는 역량이 있어야 한다.[49] 회수란 우리 뇌 속에 들어오는 Input을 우리의 생각과 언어로 Output 하는 것이다. 조지 오웰의 글쓰기는 회수의 또 다른 이름이다. 회수한다는 것은 학습전이의 중요한 과정이며, 생각을 명확하게 만드는 요소다.

교회에 가면 Input으로 넘쳐난다. 설교를 열심히 '받아쓰기'한다. 하지만 받아쓰기는 Output이 아니다. 자기의 맥락과 언어로 회수되어야 한다. 그래서 번역이 필요하다. 가령 십계명을 교육한다면 그 완성은 암기가 아니라 자신의 맥락 속에서 회수하는 것이 되어야 한다. 주기도문을 외우지 말고, 우리의 현실에서 '하나님 나라'가 무엇인지 제시할 수 있다면 그것이 학습전이이며 교육이다. 그래서 종교개혁자들은 '번역'을 했다.

교회에는 암송대회, 성경퀴즈대회, 성경고사와 같은 이른바 '받아쓰기' 교육 투성이다. 이것은 인공지능이 학습하는 방법과 큰 차이가 없다. 인공지능은 '수렴적 사고'를 한다.[50] 정보를 입력한 후 가장 확률이 높은 것을 찾아내는 방식이다. 쉽게 말해서 객관식 문제를 접하거나 암기해서 되풀이하는 방식이다. 수렴적 사고를 지향하는 교육은 인공지능 시대에 무의미하다. 백과사전의 내용을 첫째, 둘째, 셋째로 나열하는 수렴적 사고는 ChatGPT가 우리보다 더 탁월하다. 인공지능이 할 수 없는 '발산적 사고'로 나아가야 한다. 발산적 사고란, 자신의 맥락에서 고유한 언어로 표현해내는 방식, 즉 회수이다. 번역은 발산적 사고의 구체적인 형태이다. 그리고 이는 공감을 근거로 한다. 공감 없이는 번역을 잘할 수 없기 때문이다. 어쩌면 오늘날 교회교육은 하나님의 형상인 다음 세대에게 인공지능을 딥러닝 시키듯이 가르쳐왔던 것은 아닌지 아찔한 생각이 든다.

49 하워드 가드너, 위의 책, 164~165.
50 켄 로빈슨, 루 애로니카, 《엘리먼트》, 정미나 역, (21세기북스, 2010), 116~117.

메타메시지를 만들자

맹인들이 앞사람을 붙잡고 가며 행렬을 이룬다. 그런데 선두에 선 맹인이 넘어졌다. 아마 뒤따라오는 맹인들도 곧 넘어질 것이다. 피테르 브뢰헬은 루터가 죽은 후 플랑드르의 종교개혁을 이렇게 그렸다. 브뢰헬은 그림을 통해 무엇을 말하고자 했을까? 저 멀리 교회가 보인다. 이 교회는 《동물농장》의 길까마귀와 같다. 이렇게 그림과 문학은 어우러져 메타메시지를 만든다. 메타메시지를 만들 때, 우리의 사고력은 작동한다.

《동물농장》과 〈맹인들의 우화〉는 '교회'라는 속성에 대해 발산적 사고를 하게 한다. 《동물농장》과 〈맹인들의 우화〉를 보는 사람들은 저마다의 맥락에서 사고한다. 그래서 회수되는 폭도 다양하다. 작품을 감상하는 각자의 맥락 속에서 다양한 감정과 적용이 생긴다. 반면 인공지능에게는 감정이 없다. 그래서 공감은 인간에게만 주어진 선물이다.

6. 한 걸음 더, 칼 비테가 제시하는 메타메시지 만들기

예술이 교육에서 차지하는 역할

독일 개신교 목사이자 교육학자인 칼 비테(Karl witte)는 교육의 필수로 '예술'을 꼽았다. 칼 비테에게 예술은 '예체능' 차원이 아니었다. 예술이란, 관념을 구체적으로 '회수'하는 결과물이다.[51] 관념을 구체적으로 표현하는 것이다. 이를 적용하기 위해 교육현장에서 빛과 소금으로 산다는 것이 무엇인지,

51 러스 램지, 《렘브란트는 바람 속에 있다》, 정성묵 역, (두란노, 2022), 25~41.

피테르 브뢰헬, 〈맹인들의 우화〉(1568)

하나님의 은혜를 누린다는 것이 무엇인지 학생들의 맥락에서 그림으로 표현하도록 했다. 학생 대부분은 회수하는 것을 어려워했다. 글쓰기는 더욱 어렵다.

예술은 사고력을 통해서 회수한 결과물이다. 이것이 예술과 문학의 위대한 점이다. 열 마디 설명보다 하나의 작품에서 우리는 본질을 더 공감할 수 있다. 고대 그리스에서 예술이 교육에 필수요소가 된 이유이기도 하다. 다시 말해 예술은 '사고' 행위로, 종교개혁자들의 콘텐츠는 바로 '사고하는' 역할을 한 것이다.

서구 사회는 교회가 지배하는 사회였다.
그러나 성경적인 사회는 아니었다.

예술과 문학의 종교개혁 콘텐츠는 성경과 현실의 간극을 메워준다. 그래서 정확히 번역된 콘텐츠는 메타메시지를 만든다. 교회는 하나님의 말씀을 '선포'하는 곳이다. 그렇지만 '선포'는 설교자의 입에서 나올 때가 아니라 상대방의 귀에 들어갈 때 완성된다. 그렇기에 오늘날 소통되지 않는 선포는 라틴어로 외치는 중세 교회와 다를 바가 없는 것이다.

메타버스와 콘텐츠 활용법

팬데믹 동안 교회교육은 큰 공백이 생겼다. 앞으로 팬데믹은 반복해서 나타날 것인데, 그때마다 교육의 공백을 만들 수는 없다. 메타메시지를 만들기 위해서는 'why – what – how'의 과정이 필요하며, 'how'를 표현하기 위해서 예술이 탁월한 효과를 발휘한다는 것도 살펴보았다.

메타버스 시대에 플랫폼을 지배하는 것은 콘텐츠다. 메타버스, ChatGPT 같은 새로운 기술이 개발될 때마다 '사용설명서'가 쏟아진다. 매번 그것이 성경적이냐, 아니냐의 소모적인 논쟁도 있어왔다. 이 책을 구상했을 때와 탈고할 때, 세상은 달라져 있을만큼 빠르게 변하고 있다. 그 세상 속, 새롭게 등장하는 유행에 휩쓸릴 것이 아니라 콘텐츠를 시대의 변화에 맞게 적용하는 것이 중요하다.

Part II

죽음의 위협 속에서 만들어진 콘텐츠

종교개혁이 있던 16세기는 낭만적인 시대가 아니었다. 루터는 이단으로 파문당해 죽음의 위협을 여러 번 받았고, 성경을 번역한 틴데일은 화형을 당했다. 칼뱅은 여러 차례 망명해야 했고, 스위스 종교개혁자 츠빙글리는 전쟁 중에 사망했다. 16세기는 물리적인 힘이 필요했던 시대였다. 이 시대에 만들어진 콘텐츠들은 다음과 같다.

1529년 루터 소교리 문답서

1530년 아우크스부르크 신앙고백문

1559년 프랑스 신앙고백서

1561년 벨직 신앙고백문

1563년 하이델베르크 신앙고백문

1619년 도르트 신경

1647년 웨스트민스터 신앙고백문

1934년 바르멘 선언문

콘텐츠는 치열했던 역사의 산물이다. 당시 신구교 간의 슈말칼덴 전쟁(1546~1547)이 발발했다. 스페인이 네덜란드를 침공하며 많은 사람이 순교를 당했고, 80년 전쟁(1568~1648)도 일어났다. 유럽을 황폐하게 만들었던 30년 전쟁(1618~1648)이 벌어졌으며, 영국에서는 왕당파와 의회파 간의 내전(1642~1651)이 벌어져 국왕 찰스 1세(1600~1649)의 목이 잘렸다. 네덜란드에서는 '예정론' 문제로 첨예한 대립이 있었고, 도르트 총회(1618~1619)는 아르미니우스 분파를 이단으로 정죄했다. 장로교가 감리교를 이단으로 정죄한 셈이다.[52] 1934년 나치는 독일에서 권력을 잡았다. 바르멘 선언은 종교개혁을 토대로 그 시대에 저항했던 선언이었다.

Part II에서는 종교개혁 콘텐츠들을 소개한다. 메시지 자체는 500년 전과 지금이 다르지 않다. 차이가 있다면 그 메시지를 어떻게 번역했는가이다.

52 감리교는 18세기에 존 웨슬리에 의해 형성되었지만 도르트 회의에서 정죄를 당한 아르미니우스의 신학이 감리교 신학의 뿌리가 된다.

4장

'오직 성경'을 꿈꿨던 화가, 한스 홀바인을 만나다

《우신예찬》의 에라스뮈스와 《유토피아》의 토머스 모어는 16세기의 기라성 같은 인물이다. 두 사람 모두 헨리 8세의 통치를 경험했고, 종교개혁의 한가운데에 있었다. 에라스뮈스는 루터에게 영향을 주었고, 토머스 모어는 헨리 8세가 '수장령(Acts of Supremacy, 1534)'을 선언했을 때 영국의 양심이 되었다. 루터는 독일은 물론 영국의 청교도에도 큰 영향을 주었다.

헨리 8세 이후 종교 박해를 경험했던 청교도들은 100년 후, 영국 내전을 거치면서 청교도 혁명을 일으켰다. 그 후 역사상 최고의 교리로 평가받는 〈웨스트민스터 신앙고백문〉이 탄생했다. 당시 종교개혁의 발원지인 독일에서 태어나 영국에서 폭풍 같은 역사를 경험했던 인물이 있다. 바로 종교개혁 화가 한스 홀바인(Hans Holbein)이다. 이번 장에서는 16세기 영국의 상황 속에서 신앙이 어떠한 콘텐츠로 표출되었는지, 한스 홀바인의 그림과 〈웨스트민스터 신앙고백문〉을 연결해서 살펴보고자 한다.

1. 교회의 양심, 양심의 교회

헨리 8세, 로마 가톨릭과 결별을 고하다

영국 역사에서 헨리 8세를 빼놓을 수 없다. 헨리 8세는 로마 교황청과 분리를 선언하며, 영국의 종교개혁을 단행했다. 그는 자신을 영국교회의 머리라고 하는 수장령을 선포했다. 그 결과 헨리 8세부터 '영국국교회(Church of England)'가 시작되었으며, 이를 거부하는 무리를 '비국교도(The Dissenter)'라고 부른다. 이런 역사의 분기점을 만든 인물이 헨리 8세다. 헨리 8세의 생김새를 500년이 지난 지금까지 알게 해준 인물이 한스 홀바인이다.

헨리 8세의 가장 큰 스캔들은 스페인의 왕비 캐서린과 이혼하고 앤 불린과 재혼한 것이다. 헨리 8세는 부친 헨리 7세의 차남으로 원래 캐서린은 장남이었던 아서 튜더(Arthur Tudor, 1486~1502)와 혼인했었다. 그러나 아서가 죽자 교황 율리오 2세는 캐서린을 아서의 동생 헨리 8세와 재혼하도록 했다. 캐서린은 헨리 8세와 결혼 후, 딸 메리를 출산했는데 이는 훗날 '피의 여왕 메리'다. 캐서린은 메리만 낳고 아들 없이 폐경을 맞았다. 헨리 8세는 왕위를 계승할 아들이 없었고 이는 둘 사이의 관계를 악화시키는 원인이 되었다. 결국 헨리 8세는 캐서린의 시녀 앤 불린과 재혼했다. 이것은 단순한 이혼이 아니었다. 캐서린과의 결혼은 로마 교황이 지정한 결혼이었으므로, 이혼은 교황청의 명령을 거부하는 것이었다.

헨리 8세가 1534년 수장령을 선언하기까지 몇 년간 잉글랜드는 이혼 문제로 국론이 분열되었다. 영국교회는 헨리 8세의 이혼에 찬성하는 명분을 제시해야만 했다. 그들은 레위기에서 한 구절을 인용한다.

> 누구든지 그의 형제의 아내를 데리고 살면 더러운 일이라. 그가 그의 형제의 하체를 범함이니 그들에게 자식이 없으리라. **레위기 20장 21절**

'형제의 아내를 데리고 사는 것'에 대한 해석에 따라 이혼의 명분이 생길 수도, 취소될 수도 있었다. 실제로 헨리 8세는 형 아서의 아내를 맞이했다. 당시 제롬이 번역한 라틴어 성경에는 '자식이 없이'를 'absque filiis'라고 표기되어 있었다. 즉, '아들이 없이'로도 해석될 수 있고, '자식이 없이'로도 해석될 수 있었다.[53] 이혼을 찬성하는 영국의 성직자들은 이 구절을 '아들이 없이'로 해석하며 결혼 무효를 주장했다. 반대자들은 '자식이 없이'로 해석하며 이혼해서는 안 된다고 맞섰다. 한스 홀바인은 그 싸움 한복판에 있었다.

격동의 시기를 그린 한스 홀바인

당시 대법관은 《유토피아》의 저자 토머스 모어(Sir Thomas More)였다. 헨리 8세 다음으로 권력을 가졌던 토머스 모어는 틴데일이 번역한 성경을 불태우며 루터를 추종하는 무리를 탄압했다. 토머스 모어의 얼굴이 매서운 모습인 것은 아마도 종교개혁자인 홀바인의 속내가 반영되었던 것은 아닐까!

종교개혁을 탄압했던 토머스 모어에게 역풍이 불었다. 토머스 모어는 캐서린과 이혼하려는 헨리 8세를 말렸다. 하지만 이 일로 그는 대법관에서 물러나야만 했다. 토머스 모어는 영국의 양심을 대표하는 인물이었다. 그런 토머스 모어에게 헨리 8세는 자신을 영국교회의 머리라는 사실을 승인하라고 요구했다. 그는 가톨릭 신자였고, 교황이 교회의 머리였기에 헨리 8세의 요구를 단호히 거부했다. "세속인은 교회의 영적인 지도자가 될 수 없다"라고

53 김채린, 《세번째 세계》, (새물결플러스, 2016), 86.

한스 홀바인, 〈헨리 8세〉(1537)

한스 홀바인, 〈토머스 모어〉(1527)

말하며 영국의 양심인 모어는 1535년에 참수를 당하고 만다. 최후의 순간 그는 이렇게 외쳤다.

"나는 왕의 좋은 신하이기 이전에 하나님의 선한 종으로서 죽습니다."

이를 지켜본 홀바인은 무엇을 우리에게 말하고 싶었을까? 그는 헨리 8세의 요구에 성경 구절의 모호함을 근거로 권력의 시녀가 된 영국교회를 보았다. 비록 종교개혁을 박해했지만 토머스 모어는 양심에 따라 행동했고, 비겁하게 목숨을 구걸하지 않았다. 반면, 하나님의 대리인으로 자처한 영국교회는 권력의 하수인이 되어 성경을 입맛대로 해석했다.

홀바인은 '교회'가 무엇인지 깊은 고민에 빠졌다. 교회란 무엇인가? 틀에 박힌 백과사전식의 이야기 말고, 자신만의 언어로 답을 한다면 어떻게 번역할 수 있을까? 어떻게 교육할 수 있을까?

2. 한스 홀바인이 제시하는 '교회'

한스 홀바인, '교회'를 보여주다

한스 홀바인의 〈대사들〉은 단순한 초상화가 아니다. 종교개혁을 지지했던 그의 신앙고백이다. 하나님의 종이라고 외쳤던 토마스 모어, 국왕의 종이 되기로 자처했던 영국교회. 시대의 풍파 속에서 홀바인은 이 그림으로 교회는 누구의 종이 되어야 하는지를 말한다.

홀바인의 대표적인 작품인 〈대사들〉은 헨리 8세의 이혼 분쟁으로 인해 긴박했던 1533년에 그려졌다. 이는 영국과 로마 교황청이 분열되는 시점이다. 단순한 종교의 분리가 아닌, 전쟁의 빌미가 되는 정치적인 문제의 소용돌이 속에서 그려졌다. 당시 프랑스의 프랑수아 1세는 영국 주재 프랑스 대사 장 드 댕트빌과 대주교 조르주 드 셀브를 특사로 임명하여 헨리 8세에게 파견했다. 한스 홀바인은 이들을 캔버스에 담았다. 두 사람 주변에는 많은 물건이 놓여 있고, 이 물건은 하나하나 상징을 담고 있다.

① 두 대사는 왜 헨리 8세에게 파견되었을까?

두 대사는 헨리 8세와 재혼한 앤 불린이 낳은 딸, 훗날 엘리자베스 여왕의 세례식에 참석차 파견되었다. 프랑스의 국왕 프랑수아 1세는 대부로 두 대사는 프랑스 국왕의 대리인으로 참석했다. 하지만 이는 표면적인 이유였고, 실질적으로는 영국과 유럽에서 벌어질 분쟁과 갈등을 해결하기 위해 평화의 사절로 왔다. 영국과 로마 가톨릭이 건널 수 없는 강을 건넜기 때문이다.

② 이들의 임무는 무엇이었을까?

홀바인은 특별한 상징들을 초상화에 그렸다. 두 인물의 중앙에는 선반이 있고, 갖가지 물건이 전시되어 있다. 조르주 드 셀브의 팔꿈치 옆에 해시계가 넘어져 있는데 이는 국제정세의 불화를 상징한다. 선반 아래에는 현악기 류트가 있는데, 이것은 교회에서 사용되던 악기다. 류트의 줄 하나가 끊어져 있는 것은 당시 종교의 현실을 보여준다. 왼편의 수학책에는 나눗셈 부분에 자가 꽂혀 있다. 평화가 나뉘어 있음을 말한다. 옆 찬송가의 왼쪽 페이지에는 루터교의 찬송가가, 오른쪽 페이지에는 가톨릭의 찬미가가 있다. 세상에 이런 책은 존재하지 않는다. 그러나 두 종교의 찬송가를 나란히 그렸다는 것은, 같은 성경, 같은 하나님을 부르면서도 분열되었음을 보여준다.

③ 정면 중앙에 길쭉하게 생긴 형체는 무엇일까?

혹자는 바게트, 또 다른 이는 생선뼈라고 생각한다.[54] 이 형상은 좌우로 길게 늘어져 왜곡된 모양인데, 측면에서 비스듬히 보면 해골의 형상이다. 이는 당시 유행했던 '메멘토 모리(Memento mori)', 즉 '죽음을 기억하라'는 의미를 담고 있다. 세상의 어떤 권세나 부, 지식도 죽음 앞에서는 무의미하다. 어쩌면 영국교회를 향한 메시지가 아닐까!

④ 십자가에 못 박힌 그리스도가 담겨 있다!

그림은 얼핏 정치적인 의미만 담긴 것 같지만, 종교개혁의 신앙이 새겨져 있다. 왼편 상단의 커튼 뒤에는 세상을 지켜보는 십자가에 달린 그리스도가 보인다. 두 대사는 평화의 사도로 파견되었지만 실제로는 '코람데오(Coram Deo)', 즉 하나님 앞에서 이 직분을 감당하고 있다는 의미다. 이들은 왕의 종이기도 했지만, 실제로는 하나님의 종이다. 바로 그 믿음을 표현한 것이다.

⑤ 홀바인은 어떻게 '교회'를 말하는가?

교회란 부르심을 받은 사람들의 공동체다. 그리스도인들은 예수 그리스도의 거룩한 부르심으로 이 세상에 보냄을 받은 대사이다. 분쟁과 갈등이 있는 세상을 향해서, 세상의 어떤 권세와 물질도 죽음 앞에서는 부질없다는 '메멘토 모리'를 선언하는 것이 교회의 사명이자 그리스도인의 사명이다. 우리는 세상에 속한 사람이 아니라 하나님의 종이기 때문이다. 역사의 주관자는 세상의 권력자가 아니라 그리스도로, 그는 역사의 커튼 뒤에서 세상을

54 김채린, 위의 책, 94.

한스 홀바인, 〈대사들〉(1533)

주관하신다는 것이 우리의 믿음이다.

그래서 웨스트민스터 소요리문답은 그리스도인의 사명에 대해 다음과 같이 소개한다.

> 29문: 우리가 어떻게 그리스도의 값 주고 사신 구속에 참여하는 사람이 됩니까?
> 답: 그리스도의 성신께서 그 구속을 우리에게 효력 있게 적용하여 주심으로 우리는 그리스도의 값 주고 사신 구속에 참여하는 사람이 됩니다.

웨스트민스터 소요리문답의 29문만 보면, 그리스도인의 사명이 어렵게 느껴지고 구체적으로 와 닿지 않는다. 그러나 홀바인의 그림은 이 교리를 구체적으로 이해할 수 있게 한다. 그렇기에 홀바인의 그림은 '보이는 말씀'이 되며, 웨스트민스터 소요리문답을 제시하는 콘텐츠가 될 수 있다.

3. 홀바인이 만난 그리스도

처참한 얼굴의 그리스도

홀바인에게 그리스도는 어떤 의미였을까? 그가 종교개혁의 신앙을 가졌다면 루터의 믿음과도 통할 것이다. 홀바인이 정확히 언제 종교개혁의 신앙을 가졌는지 확인할 수 없지만, 그의 작품에서 홀바인의 신앙을 엿볼 수 있다. 그는 그리스도에 대한 믿음을 〈무덤 속 그리스도의 시신〉으로 표현했다.

〈무덤 속 그리스도의 시신〉 작품은 홀바인이 런던으로 오기 전, 스위스 바젤에서 1521년에 그렸다. 당시 스위스 바젤은 영국에서 활동하던 에라스뮈스가 망명한 곳이었다. 홀바인 역시 독일에서 스위스로 옮겨와 초상화 화가로 활동하고 있었다. 스위스 바젤은 종교개혁의 영향을 받았다. 가톨릭교회에 비해 종교개혁의 영향을 받은 교회는 예술품을 주문하는 빈도가 훨씬 낮았다. 결국 생계를 위해 홀바인은 런던으로 가게 되는데, 그는 에라스뮈스의 추천서를 받아 토머스 모어에게로 향했다. 그렇게 홀바인은 런던의 왕실 화가가 되었다.

그가 그린 〈무덤 속 그리스도의 시신〉은 에라스뮈스와 종교개혁의 영향을 받았음을 짐작할 수 있다. 당시 르네상스 화가들은 그리스도를 표현하면서 '성스러움'을 반영하기 위해 표정을 엄숙하게 그리곤 했다. 홀바인이 그린 그리스도의 표정은 충격적이었다. 시신이 된 그리스도의 얼굴은 심하게 일그러져 있고, 눈동자는 초점을 잃었다. 아무리 보아도 성스럽지 않고 처참함만 남았다.

이 그림을 보기 위해 러시아에서 스위스로 온 도스토옙스키는 그림을 보자마자 발작하듯 공포에 떨었다.[55] 그는 당시의 마음을 소설 《백치》에 고스란히 담았다.

> "만약 그를 신봉하며 추앙했던 제자들과 미래의 사도들, 그리고 그를 따라와 십자가 주변에 있었던 여인들이 이 그림 속에 있는 것과 똑같은 그의 시체를 보았다면, 그들은 이 시체를 보면서 어떻게 순교자가 부활하리라고 믿을 수 있었을까? 만약 죽음이 이토록 처참하고 자연의 법칙이 이토록 막강하다면, 이를 어떻게 극복할 수 있겠는가 하는 생각이 저절로 들었다." **도스토옙스키, 《백치》 중에서**

55 김채린, 위의 책, 65. 안나 도스토옙스카야의 회고록에서 그것을 언급한다.

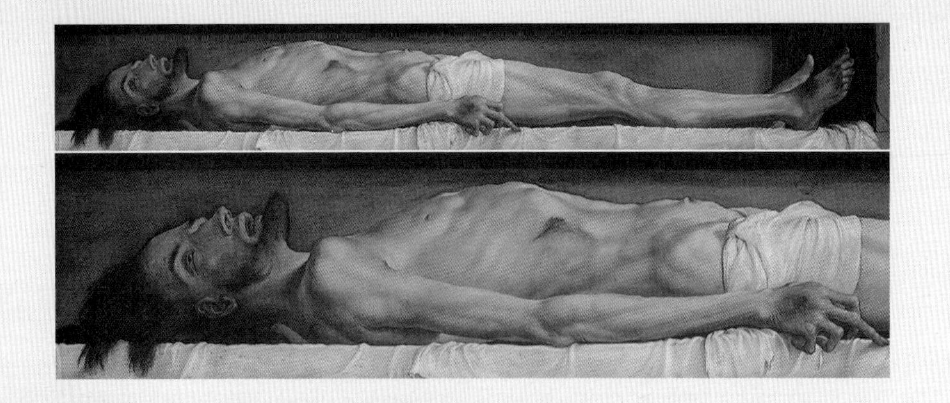

한스 홀바인, 〈무덤 속 그리스도의 시신〉(1521~1522)

그리스도를 끔찍하게 그린 이유

홀바인은 죽은 그리스도의 얼굴을 왜 끔찍하게 그렸을까? 당신은 그리스도의 '낯선' 표정이 어떻게 느껴지는가? 홀바인의 그림 속 그리스도의 얼굴이 신성모독 같은가? 십자가는 '구속(救贖, Redemption)'의 상징이다. 구속은 상업적인 용어로서 가격을 지불하고, 물건을 사는 행위를 뜻한다. 십자가는 지불과 교환이 이루어진 '거래'다.

인간은 비참한 죄인으로 형벌을 받아야 한다. 우리는 본질상 진노의 자녀다. 그래서 하나님은 죄에 대하여 무기력한 우리를 대신하여 처벌받으시기로 계획하셨다. 그 진노를 십자가에서 자신이 대신 받으신 것이다. 우리가 받아야 마땅한 진노의 대가를 대신 치르셨다. 하나님 자신의 가치를 지불하고 우리의 인생을 '거래'하셨다! 이것이 우리가 믿는 복음이다. 그렇다면 십자가 위에 있어야 할 그리스도의 얼굴은 고상하거나 성스러울 수 없다. 우리들의 죄가 끔찍하고 처참하기 때문이다. 홀바인은 우리 죄를 대신 짊어진 그리스도의 얼굴을 이렇게 표현한 것이다. 그리스도의 얼굴에 자신의 죄가 있음을 '오직 믿음'으로 고백하고 있다.

앞서 웨스트민스터 소요리문답 29문의 '그리스도의 값 주고 사신 구속'을 홀바인은 자신의 그림으로 표현하고 있는 것이다. 이해하기 어려운 그 대답에 홀바인은 자신의 믿음을 담아 그림을 그렸다. 그래서 우리는 소요리문답 30문에서 이렇게 고백할 수 있다.

> 30문: 그리스도의 값 주고 사신 구속을 성신께서 우리에게 어떻게 적용하십니까?
> 답: 성신께서는 우리를 효력 있는 부르심으로 부르셔서 우리 안에 믿음을 일으켜 주시고, 그리스도와 연합하게 하심으로 그리스도의 값 주고 사신 구속을 우리에게 적용하여 주십니다.

그리스도께서 '값을 주고' 우리를 대신해서 죽으셨기에 우리는 그리스도의 소유가 된 것이다. 그런데 흥미로운 부분이 있다. 그리스도의 오른손이 예사롭지 않다. 가운데 손가락이 펴져 있다!

4. '오직 성경'을 외치다

한스 홀바인과 에라스뮈스의 관계

홀바인이 〈무덤 속 그리스도의 시신〉을 그리기 5년 전, 독일에서는 95개조 반박문이 퍼졌다. 홀바인은 1516년, 에라스뮈스의 성경과 《우신예찬》도 접했을 것이다. 그렇게 홀바인은 종교개혁을 지지하게 되었고, 그의 그림은 종교개혁을 전하는 보이는 말씀이 되었다.

홀바인은 바젤에서 활동하면서 1523년 에라스뮈스의 초상화를 그린 인연으로, 그의 추천장을 받아 런던에 있는 토머스 모어에게로 갔다. 분명 에라스뮈스가 아무에게나 추천장을 써 주지는 않았을 것이다. 에라스뮈스와 홀바인은 종교개혁에 맥을 같이 한다. 그런 까닭에 〈무덤 속 그리스도의 시신〉과 〈에라스뮈스〉는 두 사람이 어떤 가치를 지향하는지 알게 해준다. 홀바인에게 에라스뮈스는 어떤 존재였을까?

에라스뮈스의 모피 외투는 기품 있는 교양을 상징한다. 에라스뮈스의 초상화에도 홀바인은 종교개혁 신앙을 반영했다. 왼편 기둥의 각도가 왠지 어색하다. 기둥의 각도와 조형물도 뫼비우스의 띠처럼 어색하다. 반대편은 그 모순이 더 도드라진다. 커튼의 각도와 선반의 각도가 어울리지 않는다. 에라스뮈스는 당시 시대의 모순성을 이렇게 표현한 것이다. 에라스뮈스의 《우신

한스 홀바인, 〈에라스뮈스〉(1523)

예찬》은 이 그림에 잘 어울린다.

에라스뮈스가 들고 있는 책은 얼핏 1516년판 헬라어 성경처럼 보인다. 책 모서리에 글귀를 써놓지 않았다면 누구나 그렇게 생각할 것이다. 이 책에는 '헤라클레스의 12과업'이라는 글씨가 선명히 새겨져 있다. 당시 사람들은 '헤라클레스의 12과업'을 어떻게 이해했을까?

> '헤라클레스의 12과업'은 헤라가 내린 광기로, 자신의 아이들을 죽인 헤라클레스가 죗값을 치르기 위해 에우리스테우스 밑에서 노역을 하게 된 것을 말한다. **출처: 위키백과**

질투의 화신이었던 여신 헤라가 헤라클레스에게 가했던 12가지의 일이란, 시대의 광기가 민중에게 부여한 고달픈 과업을 의미한다. 그렇다면 에라스뮈스의 '성경'은 성직자들의 광기에 맞서는 유일한 대안이며, 동시에 그의 성스러운 '과업'인 것이다. 루터가 주장했던 오직 성경의 정신이 이 초상화에도 반영되었다. 우리는 계속해서 성경이 문자에 함몰되지 않음을 목격한다.

한스 홀바인에게 '성경'은 무엇인가?

홀바인은 에라스뮈스의 초상화를 통해 루터의 종교개혁을 구현하고 있다. 성경은 시대의 광기에 맞서고, 왜곡된 세상에서 판단의 근거로 삼을 수 있는 유일한 기준이다. 이것을 어떻게 가르칠 수 있을까? 어쩌면 성경을 읽으라는 것 외에 그다지 특별한 방법이 떠오르지 않는다. 성경에 대한 고백은 다음과 같이 표현된다.

2문: 하나님을 영화롭게 하고 즐거워하는 것을 지도하시려고 하나님께서 우리에게 주신 준칙은 무엇입니까?
답: 하나님을 영화롭게 하고 즐거워하는 것을 지도하시려고 하나님께서 우리에게 주신 유일한 준칙은 구약과 신약 성경에 기록된 하나님의 말씀입니다.

홀바인의 에라스뮈스 초상화는 웨스트민스터 소요리문답 2문의 의미를 잘 살렸다. 하나님이 우리에게 주신 기준은 성경에 기록된 하나님의 말씀뿐이다. 성경에 대한 에라스뮈스와 홀바인의 결연한 마음을 느낄 수 있다. 그들을 이해하기 위해서 이 시대를 살펴보았다. 당시 최고의 고객은 가톨릭교회로, 그림으로 '먹고사는' 홀바인에게 당시 성직자들은 중요한 고객이었다. 그렇지만 홀바인은 종교개혁 정신을 구현했고, 담대하게 시대의 광기에 맞섰다. 우리는 이런 결단을 내릴 수 있을까? 우리는 밥줄이 끊어지는 두려움 속에도 종교개혁의 정신을 드러낼 수 있을까? 이것이 홀바인의 위대한 신앙의 힘이다.

성직자들을 향해 날린 홀바인의 일침

홀바인은 생계의 위협 속에서도 시대에 맞섰다. 고객의 취향에 맞추지 않고 자신의 신앙고백대로 그리스도의 시신을 그렸다. 오직 믿음의 표현이었다.

홀바인은 여기서 멈추지 않고 한 걸음 더 나아간다. 그리스도의 오른손을 확대해서 살펴보자. 그의 손가락 중 가운데 손가락만 펴져 있다. 이 '손가락 욕설'은 누구나 알고 있다. 이 의미는 이미 고대 그리스에서부터 비롯되었다. '헤라클레스의 12과업'이라는 의미를 표현했던 홀바인이 이 욕설을 모를 리 없다. 이 그림을 완성하기 위해서 수백, 수천 번 붓질을 했던 점을 고려한다면 이것은 실수가 아니다.[56]

홀바인은 시대의 관행과 광기를 비판했는데, 성직자들도 예외 없이 비판했다. '고객'들도 과감히 비판하는 그를 보면서, 고객들의 눈치를 보는 우리 시대의 교회가 떠오른다. 왜 기독교는 '개독교'가 되었을까? 부도덕한 성직자는 동서고금을 막론하고 어느 시대나 존재한다. 그러나 우리의 이성과 상식이 조금이라도 작동한다면 시대의 광기는 줄어들 것이다. 아무리 고객이라도 부당한 것에 대해 목소리를 내는 홀바인처럼 용기를 내야 한다. 종교개혁을 외치지만 홀바인의 용기를 찾을 수 없는 것이 시대의 비극이 아닐까.

5. '사람의 제일 되는 목적'을 보여주다

종교개혁의 진심을 표현하다

홀바인을 통해 시대의 인물을 볼 수 있어서 기쁘다. 종교개혁을 지지하며 자칫 고객을 잃을 뻔했지만, 영국 왕실 화가가 된 것은 인생의 반전이었다. 하지만 또 한편에는 격동의 역사 속에서 수많은 사람이 형장의 이슬로 사라지는 '덧없음'을 경험하게 된다. 〈대사들〉의 '해골'은 영국 사람을 향한 메시지였고, 동시에 자기 자신을 향한 다짐이었다. 〈대사들〉이 홀바인의 대표 역작이었지만 그는 자신의 신앙을 표현하는 걸작, 〈구약과 신약의 알레고리〉를 착수하기 시작한다. 그는 이 그림에 성경의 진리를 압축해 놓았다.

한 점의 그림에서 우리는 신구약을 한눈에 볼 수 있다. 중앙의 나무를 중

56 김채린, 위의 책, 66.

심으로 나뉜다. 같은 나무이지만 나무 왼편은 앙상하고 오른편은 무성하다. 왼쪽은 구약을, 오른쪽은 신약을 의미한다. 라틴어로 그림 곳곳을 상징하는 명칭들은 표기했다.

라틴어를 모르면 그림을 읽어낼 수 없지만, 단어를 이해하면 메시지를 해석할 수 있다. 인류가 죄에 물든 과정, 인간을 구원하기 위해 십계명을 주신 하나님, 놋뱀을 통해 그리스도를 예표하신 장면이 이어지고 있다. 이 사실을 예언했던 선지자들은 그리스도를 대망하고 있었다. 선지자의 대표격인 이사야는 그리스도를 가리키고 있다. 이사야가 가리키는 예수를 세례 요한도 가리킨다. 십자가에서 죽으신 그리스도는 사흘 만에 다시 살아나셨고, 우리의 의로움이 되어 주셨다. 부활하신 그리스도를 가리켜 홀바인은 '우리의 승리'라고 말한다. 이것이 성경이 우리에게 말하는 오직 믿음이다. 홀바인은 이 그림 하나로 믿음의 전반을 표현하였다.

86문: 예수 그리스도를 믿는 믿음이 무엇입니까?
답: 예수 그리스도를 믿는 믿음은 구원의 은혜이고, 이로써 우리는 구원을 얻으려고 복음이 전하는 예수 그리스도를 영접하고 그분만을 의지합니다.

그리스도를 향한 믿음을 웨스트민스터 소요리문답은 이렇게 소개한다. 86문만 본다면 이것을 성경 전체의 맥락에서 이해하기는 막연한 느낌이 있다. 그러나 홀바인의 번역을 통해 조망한다면 믿음의 대상은 선명해지고 구체화 된다. 중앙에 인간(Homo)이 앉았다. 인간의 궁극적인 목적이 무엇인지 보여준다.

LEX
MYSTERIVM IVSTIFICATIONIS
PECCATVM
HOMO
MORS
MISER EGO HOMO,
QVIS ME ERIPIET EX
HOC CORPORE MORTI
OB NOXIO / RO. 7
ESAYAS PROPHETA
IOAN
ECCE VIRGO CONCIPIET ET PARIET FILIVM. ISA. 7
ECCE AGNVS ILLE

HOMO : 사람

LEX : 율법

GRATIA : 은혜

PECCATVM : 죄

AGNUS DEI : 하나님의 어린양

MORS : 죽음

VICTORIA NOSTRA : 우리의 승리

MYSTERIUM IUSTIFICATIONIS : 칭의의 신비

IUSTIFICATIO NOSTRA : 우리를 의롭게 하심

ESAYAS PROPHETA : 이사야 선지자

IOANNES BAPTISTA : 세례 요한

한스 홀바인, 〈구약과 신약의 알레고리〉(1530)

한스 홀바인이 세상을 사는 이유

홀바인은 〈대사들〉에서 그리스도인이 이 세상을 살아가는 이유를 상징적으로 표현했다. 우리는 '보내심을 받은' 하나님의 대사들이며, 그리스도의 십자가 앞에서 살아가는 존재다. 보내심을 받은 그리스도인들은 분쟁, 다툼으로 가득한 이 세상에서 '평화(샬롬)의 사도'로 살아야 한다. 그것을 웨스트민스터 소요리문답 1문이 말한다.

> 1문: 사람의 제일 되는 목적이 무엇입니까?
> 답: 사람의 제일 되는 목적은 하나님을 영화롭게 하고, 하나님을 영원토록 즐거워하는 것입니다.

소요리문답 1문은 세례자 교육의 필수 문답이다. 대부분 암송된 질문에 기계적으로 답한다. 무엇이 하나님을 영화롭게 하는 것이고, 하나님을 영원토록 즐거워하는 것은 무엇인지 질문해야 한다. 2문에서는 그 구체적인 방법이 성경에 나와 있다고 말한다. 그래서 우리는 삶의 목적을 발견하기 위해서 반드시 성경을 구체적으로 배워야 한다.

종교개혁 화가들이 '오직 성경'을 작품으로 표현하면서 종교개혁은 차츰 자리를 잡아가기 시작했다. 우리는 홀바인을 통해 이 시대에 진정한 종교개혁이 일어나도록 하는 힌트를 얻을 수 있다. 종교개혁을 강요하는 것이 아니라 문화와 예술과 인식을 통해 끊임없이 메시지를 만들어 나갈 때 종교개혁이 형성되어 간다는 것을 확인할 수 있다.

5장

'하나님 나라'를 보여준 화가, 피테르 브뢰헬을 만나다

피테르 브뢰헬은 대략 1525년 무렵에 태어나, 1551년 화가 길드에 이름을 올렸다. 브뢰헬이 정식으로 화가의 길을 걸었던 1551년은 루터가 세상을 떠난 지 5년이 지난 해였다. 그가 활동했던 플랑드르 지방은 칼뱅파가 주류를 이뤘다. 그가 어떻게 회심했는지 정확히 알 수는 없지만 그의 그림에는 종교개혁이 선명하게 반영되었다.

브뢰헬은 '농민의 화가'로 불릴 만큼 농민과 함께했다. 그의 그림에는 루터의 주장도 들어있지만, 앞서 살펴본 〈사육제와 사순절의 싸움〉에는 종교개혁 이후 세대의 모습도 볼 수 있다. 홀바인이 종교개혁의 얼굴을 표현했다면 브뢰헬은 종교개혁의 뒷모습을 보여준다.

브뢰헬이 활동했던 시대, 같은 장소에서는 종교개혁의 사상을 반영한 《벨직 신앙고백서》(1562)가 만들어졌다. 브뢰헬의 그림과 《벨직 신앙고백서》는 신앙을 더욱 풍성하게 보여준다. 그중에서도 브뢰헬은 '하나님 나라'를 선명하게 전했다.

1. 교수대가 세워지던 시대

스페인의 말발굽 소리

말발굽 소리가 온 동네를 휩쓴다. 아기들의 울음소리, 어머니들의 절규, 그리고 침입자들의 고함이 뒤섞여 있다. 침입자들은 어머니의 손에서 갓난 아기들을 강탈한다. 어머니들은 필사적으로 저항하지만, 침입자들로부터 피붙이를 빼앗기고 자신의 생명도 사라진 듯 절망에 빠진다. 침입자들은 집 안에 숨긴 아기들을 찾기 위해 강제로 문을 부순다. 이곳은 피의 향연을 즐기는 하이에나들의 사냥터가 되어버렸다.

〈베들레헴 영아학살〉은 성경을 모티브로 그려졌다. 하지만 2천 년 전의 모습처럼 보이지 않는다. 베들레헴도 아니고 유대인도 아니다. 5백 년 전 플랑드르 지방의 주민이다. 말은 탄 붉은 옷의 사람들은 돈을 받고 만행을 저지르는 왈로니아(Wallonia) 용병이다. 이들은 돈만 받으면 종교, 혈연, 지연을 사라지게 한다. 이들에게 뒷돈을 건넨 무리가 중앙 뒤편에 서 있다. 검은 갑옷과 높은 창을 들고 밀집대형을 한 채 하이에나들의 사냥을 구경하고 있다. 맨 앞 알바 공(Duke of Alba)이 이끄는 스페인 군대는 피의 향연을 지켜보고 있다. 돈으로 자신들을 대신해 왈로니아 용병들의 손에 피를 묻히고 있다.

브뢰헬은 〈베들레헴 영아학살〉로 조국 땅에서 벌어지는 만행을 고발한다. 당시 스페인은 1556년부터 플랑드르를 무력으로 침공하여 지배하고 있었다. 스페인은 10년간 플랑드르를 지배하며 종교 말살 정책을 펼쳤다. 1567년에 세워진 이른바 '피의 법정'에서 수많은 개신교인이 처형되었다. 피의 법정은 심문과 자백만 있으면 쉽게 판결할 수 있었다. 증거 없이 고발만으로도

피테르 브뢰헬, 〈베들레헴 영아학살〉(1565~1567)

처형이 가능했다. 로마 가톨릭 외의 '이교(異敎)'는 허용되지 않았다.

플랑드르는 종교개혁 중에서 칼뱅의 교리가 살아 숨 쉬는 땅이었다. 제네바에서 칼뱅의 가르침을 받은 귀도 드 브레(Guido de Brès, 1522~1567)는 1561년에 37개의 조항으로 된 《벨직 신앙고백서》를 만들어 배포했다. 스페인이 피의 법정을 만들었던 이유는 점차 불어나는 개신교도 때문이었다. 그 암울한 시대를 견딜 수 있게 해 준 콘텐츠는 《벨직 신앙고백서》였다. 이 콘텐츠는 유일하고 처절한 버팀목이었다. 그리고 귀도 드 브레는 1567년에 피의 법정에서 순교하고 만다.

교수대를 비웃는 신앙

브뢰헬은 그림으로 시대에 저항했다. 누구보다도 담대하고, 사실적으로 그림을 그려 당시 사회를 고발했다. 브뢰헬의 인생 그림은 〈바벨탑〉(1563)이다. 〈바벨탑〉은 스페인에 압제당하는 기간에 그린 그림으로, 현재 오스트리아 빈 미술사 박물관에 있다. 브뢰헬 그림의 상당수가 오스트리아 빈에 있는데, 이는 합스부르크의 권력자가 플랑드르를 침공했던 침입자였고 빈은 합스부르크 가문의 심장이기 때문이다.

브뢰헬은 〈바벨탑〉을 통해 시대의 부조리를 밝혔다. 바벨탑은 로마 가톨릭과 그 시대를 상징한다. 브뢰헬이 시대에 저항했던 이유는 그의 마음속에서 작동하고 있던 신앙 때문이다. 그러나 그는 인생 그림을 그리고도 그림 구석에 몰래 서명할 수 밖에 없었다. 그 시대가 그랬다.

죽음을 앞둔 1568년 브뢰헬은 목숨을 건 그림을 그릴 준비를 하고 있었다. 피의 법정에서 사라지는 신앙의 동료들을 떠올리며, 〈교수대 위의 까치〉를 그렸다. 그리고 이듬해 1569년 그는 하나님의 부름을 받고 동료들 곁으

피테르 브뢰헬. 〈교수대 위의 까치〉(1568)

로 갔다. 그는 피의 법정 따위가 두렵지 않았다. 그러나 남겨진 가족은 그의 그림 때문에 피의 법정으로 갈 수 있었다. 그래서 그는 그림을 폐기하라고 아내에게 유언했다.

〈교수대 위의 까치〉 그림에서 날씨는 을씨년스럽고 흉물스러운 교수대와 까치가 보인다. 우리나라에서 까치는 길조지만, 플랑드르에서는 흉조다. 까치는 타인을 험담하고, 헐뜯는 사람을 상징한다. 브뢰헬은 시대를 반영하면서도 순응하지는 않았다. 교수대는 현실에 존재하지 않는 뫼비우스의 띠처럼 생겼다. 브뢰헬에게 진짜 현실이란 눈에 보이는 교수대가 아니라, 그 이후에 만나게 될 전능자의 앞이다. 그러므로 눈에 보이는 교수대 '따위'는 결코 우리를 가로막지 못한다. 오히려 교수대 위에 까치가 앉아 있다. 신앙인을 밀고해 형장으로 보낸 그들을 전능자의 심판대 앞에 세운 것이다.

흉물스러운 교수대 앞에서 사람들은 춤추고 있다. 심지어 교수대를 비웃기라도 하듯 왼편 끝에 있는 사람은 엉덩이를 드러내놓고 볼일을 보고 있다. 이들의 모습을 보면 성경 말씀이 떠오른다.

> 우리가 환난 중에도 즐거워하나니 이는 환난은 인내를, 인내는 연단을, 연단은 소망을 이루는 줄 앎이로다. **로마서 5장 3~4절**

'환난'의 원어는 '맷돌에서 곡식이 갈리는 상태'다. 신앙이란 종교에 익숙해진 상태나 교단의 관행이 아니다. 영혼을 '갈아 넣는' 상황에서도 견디고 맞설 수 있는 힘이다. 환난 속에서도 저항할 수 있도록 '작동'하는 것이 믿음이다. 피의 법정과 벨직 신앙고백서, 순교자들을 경험한 브뢰헬이 우리에게 묻는다. 당신의 신앙은 고난 앞에서 작동하는가?

2. 바벨탑을 쌓는 세상에서

바벨탑이란 무엇인가?

오스트리아 빈 미술사 박물관은 유럽 최고의 미술관 중 하나다. 이곳에 브뢰헬의 〈바벨탑〉이 있다.

〈바벨탑〉은 홀바인의 〈대사들〉처럼 '읽는 그림'이다. 우리는 그림의 상징을 읽을 줄 알아야 한다. 브뢰헬은 이 그림도 목숨을 걸고 그렸다. 그는 화가 길드에 이름을 올린 후 혈혈단신으로 알프스를 넘어 이탈리아 로마로 간다. 루터가 보고 접했던 것을 그도 접했을 것이다. 거룩한 도시 로마가 이단으로 규정한 종교개혁은 젊은 화가를 고민하게 만든다. 그는 종교개혁도 접했고, 로마 교회의 현실도 접했다. 로마를 방문한 후 고향으로 돌아온 화가 브뢰헬은 본격적으로 작품 활동을 시작한다. 물론 그가 접한 현실은 만만치 않았다. 플랑드르는 합스부르크의 침공과 그로 인한 가난, 기록적인 한파 등으로 고통을 겪고 있었다. 브뢰헬은 이 시기에 창세기의 내용을 토대로 〈바벨탑〉을 그렸다.

〈바벨탑〉의 하부가 익숙해 보인다. 로마의 랜드마크 콜로세움이다. 브뢰헬은 젊은 시절에 본 기억을 토대로 '대담한' 시도를 하고 있다. 로마를 바벨탑으로 표현한 시도는 목숨을 건 결단이다. 로마 가톨릭은 교황의 무오성(誤謬性)[57]을 토대로 그 오만함이 하늘에 닿았다. 이런 시도는 목숨을 위태롭게 했기에 브뢰헬은 자신의 서명을 대리석 사이에 꼭꼭 숨겨 두었다. 다른 그림의 서명과 확연히 다르다.

57 1214년 제 4차 라테란 공의회에서 교황 이노켄티우스 3세는 교황의 권한이 우월함을 천명하며 교회의 권위가 절정에 달했다. 이것이 유래가 되어 교황에게는 오류가 없다고 1869~1870년 제 1차 바티칸 공의회에서 결정했다.

피테르 브뢰헬, 〈바벨탑〉(1563)

이 그림은 로마 가톨릭만 겨냥하지 않았다. 그림의 모티브는 창세기지만 바벨탑은 시날 평지가 아닌 플랑드르의 대표 도시 안트베르펜에 있다. 안트베르펜은 플랑드르의 중심 도시로 무역, 금융, 상업이 발달한 북해의 항구 도시다. 교역, 증권, 은행, 보험업이 발달했기에 각국에서는 차관을 빌리기 위해 안트베르펜에 공관을 설치했다. 이곳에 세계 최초의 증권거래소가 생겼고, 세계 각국의 통화를 환전하기 위한 금융시장도 들어섰다. 다른 도시에서는 볼 수 없는 현상이다. 세계 각지에서 온 사람들로 시내에는 알아들을 수 없던 언어들이 넘쳐났다.

안트베르펜이 바벨탑을 연상시키는 것은 다양한 언어 때문만은 아니다. 루터파와 달리 칼뱅파는 '직업소명설'을 주장했다. 직업소명설에 따르면 직업은 하나님의 소명이기에 직업의 귀천이 있을 수 없었다. 이를 토대로 '프로테스탄트 자본윤리'가 형성되었다. 그러나 칼뱅의 의도와 달리, 금융이든, 대부(貸付)업이든, 심지어 투기나 고리대금이든, 수단과 방법을 가리지 않고 돈을 모으는 것조차 하나님의 소명과 축복이며, 근면함의 상징으로 여기는 부작용이 생겼다. 플랑드르에 칼뱅파가 우세했던 것은 바로 이런 배경과 무관하지 않다. 현실적으로 표현한다면 안트베르펜의 경제 구조에 칼뱅파가 잘 들어맞았다. 이렇게 마음속 깊은 곳에서 자라고 있던 실체가 바로 바벨탑이었다.

바벨탑은 탐욕을 상징한다. 그림 왼편 하단은 탐욕적인 현실을 폭로한다. 바벨탑 건축을 지시하는 한 무리가 서 있다. 왕 주변에는 각양각색의 옷을 입은 사람들이 굽신거린다. 옷은 그 시대를 상징한다. 회색 옷을 입고 왕 뒤에 있는 인물은 수도사다. 그렇지만 그에게 주(主)는 하나님이 아닌 듯 하다. 왕에게 건축의 진행을 설명하는 오른편 뚱뚱한 인물은 건축을 총괄하는 자본가다. 당시의 네덜란드를 상징하는 노란색과 빨간색의 복장의 인물은 네덜란드 귀족이다. 이들은 종교와 신분을 막론하고 자본이라는 왕 앞에 굽신거린다. 더욱 충격적인 것은 그 앞에 무릎을 꿇고 납작 엎드린 성직자다. 검은 옷을 입은 사람은 칼뱅파, 흰옷은 루터파 성직자다. 종교개혁 후예들의 현실을 보면 씁쓸해진다. 바벨탑 앞에 굴복하는 것은 비단 16세기 성직자들만이 아닐 것이다.

그럼에도 브뢰헬의 그림이 소망을 주는 이유는 종교개혁의 본질을 제시하기 때문이다. 교만하게 서 있는 왕과 굽신거리는 사람들 사이에서 아랑곳하지 않고, 대리석을 세우며 작업에 몰두하는 사람들이 있다. 그들이 붙잡고 있는 두 대리석은 다른 대리석들과 색깔이 다르다. 이들이 세우는 두 대리석만이 하얗다. 그들은 지금 신약과 구약을 세우고 있는 것이다.[58] 이는 브뢰헬이 종교개혁을 굳건히 붙들고 있다는 증거다. 세상은 바벨탑을 쌓고, 피의 법정을 세우지만, 성경 말씀은 현실의 고난을 견딜 수 있게 한다. 바벨탑 같은 시대에 그들은 목숨을 바쳐가며 《벨직 신앙고백서》를 붙잡았다.

브뢰헬은 '오직 성경'을 〈바벨탑〉 속에서 고백한다. 대리석 옆에서 붉은 옷을 입고 관객에게 손짓하는 사람이 보인다. 그가 손짓하는 방향은 그림 밖이다. 과연 그는 무엇을 외치고 있을까!

우리는 오직 이 책들(66권)만을 우리의 믿음을 구성하고 기초하고 확증하는 거룩한 정경으로 받아들입니다. 우리는 이 책들에 포함된 모든 것들에 대하여 어떠한 의심 없이 믿습니다. 왜냐하면 교회가 받아들이고 승인했기 때문이 아니라, 특별히 성령님께서 우리의 마음속에서 그 책들이 하나님으로부터 온 것임을 증거하고 있기 때문이며, 또한 그 안에 담겨진 내용들이 그 자체로 증거를 포함하고 있기 때문입니다. 그렇기에 심지어 눈 먼 자라 할지라도 그 책들 안에 예언된 모든 것들이 성취되고 있음을 알 수 있습니다. (《벨직 신앙고백서》 제 5조)

58 페테르 빈터호프 슈푸르크, 《바벨탑에 갇힌 세계화》, 배명자 역, (21세기북스, 2010), 151~153.

3. 참된 교회는 무엇인가?

참된 교회를 말하다

브뢰헬의 〈바벨탑〉은 시대에 저항하는 메시지이며, 목숨을 걸고 선포하는 설교다. 밖을 향해 손짓하는 사람 옆에는 뜬금없는 물건이 놓여있다. 루터와 루카스 크라나흐를 기억한다면 힌트를 얻을 수 있을 것이다. 대리석 위에 바구니가 있고, 다른 편에는 포도주가 놓여있다. 종교개혁 시대에 '보이는 말씀'을 상징하는 성만찬 도구다. 빵과 포도주는 그리스도를 상징한다. 예수께서는 성만찬을 통해 그를 기념하는 곳에 하나님 나라를 약속하셨다. 브뢰헬은 세상의 바벨탑이 아닌, 성만찬을 통해 하나님 나라를 바라보라고 지시한다. 우리가 성만찬을 나누는 그곳은 사도 요한이 밧모 섬에서 본 것과 스데반이 순교 직전에 본 것과 동일한 현장이 된다.

브뢰헬 시대의 성만찬은 교회를 구별 짓는 상징이었다. 브뢰헬은 바벨탑 앞에서 참된 교회가 무엇인지 우리에게 말한다. 참된 교회란 보이는 말씀을 통해서 하나님 나라를 드러내는 공동체다. 브뢰헬은 하나님 나라를 구체적으로 이렇게 알려준다.

〈농민의 결혼식〉은 레오나르도 다빈치의 〈최후의 만찬〉과 구도가 비슷하다. 레오나르도 다빈치의 〈최후의 만찬〉은 1495~1498년에 이탈리아 밀라노에서 완성했다. 이 작품은 균형미, 소실점, 원근법이 반영된 르네상스의 교과서와도 같다. 그래서 16세기에는 〈최후의 만찬〉의 영향을 받은 작품이 많다. 심지어 '최후의 만찬'이라는 제목으로 수많은 작품이 등장했다.

브뢰헬의 〈농민의 결혼식〉에도 시대의 흔적이 보인다. 이탈리아를 방문했던 그는 〈최후의 만찬〉을 봤을 것이다. 그렇지만 신분 사회에서 브뢰헬의 별명이 '농민의 화가'였다는 점은 여러 가지를 생각하게 한다.

〈농민의 결혼식〉에서 '농민'은 farmer가 아닌 peasant다. '농부'라기보다 '소작농'이다. 그가 '농민의 화가'로 불린 이유는 농민 출신이라서가 아니다. 브뢰헬의 전기 작가 카렐 반 만데르(Karel van Mander)에 따르면 그는 화가 길드에 속한 장인이었지만 사회의 약자였고 하층민이었던 농민들을 마음에 품었다고 한다. 그림을 주문할 능력도, 그림을 감상할 여유도 없었던 농민들이 모인 곳에 화가가 방문해 그림을 그린다는 것은 피차 부담이 되었을 것이다. 브뢰헬은 농민의 옷을 입고, 그들이 자주 모인 결혼식이나 축제에 천연덕스럽게 앉아서 그들을 관찰했다고 한다.

브뢰헬의 행동에는 이해할 수 없는 면이 있다. 어린이, 농민, 여성 같은 사회적 약자들이 그림을 주문했을 리 없다. 그렇지만 그들을 마음에 품지 않았다면 결코 그들의 그림을 그릴 수 없을 것이다. 계급 사회에서 소작농들에게 마음에 품었다는 것은 분명 화가의 개인 취향이 아니라 인격이다. 누구보다 종교개혁을 대변했던 신앙인에게 '농민의 화가'라는 별명은 영광스러운 호칭이리라. 칼뱅의 후예라는 것이 교리를 따르는 것에 국한되는 것일까? '오직 믿음'은 종파의 이데올로기가 아니라 인격과 성품이 반영된 결과라야 한다. 그래서 바울은 성령의 열매를 초자연적인 '현상'이 아닌, '열매'라고 표현했다. 그 열매가 브뢰헬에게 '농민의 화가'라는 별명으로 붙여진 것은 아닐까!

하나님 나라를 화폭에 담다

브뢰헬이 그린 〈농민의 결혼식〉은 소작농의 결혼식이기에 예식장이나 교회당을 기대할 수 없다. 벽면에는 지푸라기가 있고, 금이 가 있다. 창고가 결

피테르 브뢰헬, 〈농민의 결혼식〉(1567)

혼식장이다. 하인들은 떼어낸 문짝으로 음식을 나른다. 이들이 먹는 음식은 물 한 잔과 죽 한 그릇이 전부다. 브뢰헬은 농민이 입는 검은 옷을 입고 맨 오른편에서 이들과 함께하고 있다.

이 그림은 소실점, 원근법, 균형미가 있다. 그러나 정작 눈길을 사로잡는 것은 물을 따르는 신랑, 그 앞에 앉은 아이, 음식을 나르는 하인들이다. 신분과 계급, 차별은 찾아보기 어렵다. 잔치 자리에 여성과 어린아이, 심지어 개 한 마리도 하객으로 참여해 당당하게 식탁교제를 나눈다. 그렇기에 창고에서의 잔치지만, 이들의 얼굴에는 비루함과 초라함이 없다.

브뢰헬에게 성만찬이란, 교회의 예전(禮典)이 아니다. 성만찬은 일상에서 그리스도의 이름으로 나누는 식탁까지 확대된다. 그리스도 안에서는 여자나 남자나 종이나 자유인이나 차별이 없다(갈 3:28). 브뢰헬은 성경을 '보이는 말씀'으로 이렇게 증거하고 있는 것이다. 이것이 교회의 본질이며, 하나님 나라의 구체적인 모습이다. 신분 사회에서 브뢰헬의 그림은 충격적이었을 것이다. 브뢰헬과 우리는 성경과 종교개혁이라는 공통분모를 갖고 있다. 그렇지만 신분 사회를 살던 브뢰헬은 평등 사회를 사는 우리를 부끄럽게 한다. 성만찬이 '예전'으로만 그친다면 교회에서 하나님 나라를 느낄 수 없다.

브뢰헬이 말하는 교회의 본질을 《벨직 신앙고백서》에도 찾을 수 있다.

> 우리는 스스로를 교회라고 부르는 모든 분파들로부터 구별되어야만 하는 참 교회의 몸과 교제에 대해 말하고 있습니다. 참 교회는 다음의 표지들로 알아볼 수 있습니다. 참 교회는 순수한 복음 설교를 선포합니다. 참 교회는 그리스도께서 제정하신 대로 성례들의 순수한 집행을 계속해서 유지합니다. 참 교회는 죄를 교정하고 징벌하는 교회의 권징을 실행합니다. (29조)

《벨직 신앙고백서》 29조와 이것을 표현하는 브뢰헬의 그림은 종교개혁으로 교육할 수 있는 소재들이다. 교회란 건물이 아니라 성도들의 모임이며, 높음과 낮음이 없는 공동체다. 교회의 성만찬은 서로가 그리스도의 몸이라는 고백을 확인하는 것이며, 성만찬을 일상에 드러내는 것이란 차별 없는 식탁교제는 물론 지극히 작은 자에게 냉수 한 그릇을 대접하는 일이다(마 25:40).

4. 예수 그리스도는 누구인가?

예수 그리스도는 어디에 있는가?

예수 그리스도는 교회의 머리이고, 신앙의 핵심이다. 서구는 기독교 사회였다. 교회가 지배하는 사회였고, 어떤 건물도 교회보다 더 높이 건축할 수 없었다. 유럽을 여행하면 작은 마을에서도 가장 높은 건물은 교회다. 브뢰헬의 그림도 그렇다. 앞서 언급한 〈베들레헴 영아 학살〉 그림의 배경을 보라. 높은 첨탑이 세워진 교회 건물을 볼 수 있다. 브뢰헬도 교회의 머리이신 그리스도가 누구인지 고민했다. 브뢰헬은 자신의 고민을 〈골고다로 가는 행렬〉에 드러낸다.

많은 사람이 왼쪽에서 오른쪽으로 이동하고 있다. 목적지는 골고다이지만 그곳이 어딘지 정확히 찾기 어렵다. 더하여 사람들은 골고다로 가고 있지만 애통해하지도 않는다. 물리적으로 몸은 행렬 속에 있지만 다들 각자의 삶으로 분주하다. 골고다를 향하는 행렬 속에 그리스도를 찾기도 어렵다. 한참을 살펴보아야 십자가를 지고 가는 그리스도를 볼 수 있다. 그는 구경꾼에게 둘러싸여 있다. 팬인지 제자인지 구분하기 어려운 우리의 모습과 닮았다.

피테르 브뢰헬, 〈골고다로 가는 행렬〉(1564)

한 사람의 가치

한 여인이 잡혀 왔다. 음행의 현장에서 잡혀 온 여인은 돌에 맞아서 죽게 되었다. 그녀는 율법이 금하는 죄를 저질렀다. 현장에 있던 그리스도는 땅바닥에 글자를 썼다. "너희 중에 죄 없는 자가 먼저 돌로 치라(요 8:7)." 예수님의 이 말씀에 사람들이 하나둘 자리를 뜨기 시작했다.

이 사건은 두 가지 흥미로운 점이 있다. 첫째는 재판이 모순적이라는 것이다. 그녀가 잡혀 온 이유는 음행 때문이다. 음행은 여인 혼자서는 불가능하다. 음행에 동참한 남자는 없다. 그렇다면 이 여인은 음욕 때문에 현장에 끌려온 것이 아니다. 여인은 생계형 매춘을 했을 것이다. 예수 시대의 '과부'는 경제적으로 무능력했다. 과부와 고아, 병자가 사회적 약자의 대명사인 이유다. 그러나 어느 시대나 그렇듯 생계형 매춘에서 남성은 욕망을 구입하는 익명의 고객이 되고, 여성은 생계를 위해 평판을 희생해야 한다. 남자가 보이지 않고, 이 여인만을 정죄하는 사회는 정의로울까!

두 번째는 종교인의 모습이다. 이곳은 산헤드린 공회로 최고의 종교인들이 모인 곳이다. 그런데 종교인들의 모습이 해골 같다. 하나님의 이름을 내건 사람들의 얼굴에 죽음이 보인다. 이 시대의 '죄인'이란, 사회가 정한 통념 속에서의 죄인으로, 종교인들이 정한 죄인이다. 그리고 그 가운데는 매춘부와 세리들이 있다. 그런데 예수님께서 매춘부를 변호하신다. 예수님께서는 그녀가 '죄가 없다'라고 하지 않았다. '다시는 죄를 짓지 말라'고 하셨다. 예수님께서 분노하신 것은 여인의 죄 때문이 아니라 사회적 약자에 대한 종교인의 위선적인 태도 때문이다. 예수님께서는 죄인을 위해 목숨을 버리려고 이 세상에 오셨다. 자신의 목숨을 희생해서 한 여인의 목숨을 '교환'하셨다. 한스 홀바인의 〈무덤 속 그리스도의 시신〉의 일그러진 그리스도에게서 보이는

피테르 브뢰헬, 〈음행 중에 잡혀온 여인〉(1565)

'거래'를 브뢰헬은 '교환'으로 표현한 것이다. 하나님 아들의 가치를 지불하고 '무가치한' 한 여인의 가치를 교환했다. 한 인간 속에 하나님 아들만큼의 가치를 담은 것이다!

이 여인의 운명 속에 우리의 운명이 포함되어 있다. 이것이 그리스도를 향한 우리의 믿음이다. 브뢰헬은 이 여인에게 그만한 가치가 있다는 것을 고백한다. 여인을 보라. 그리고 〈골고다로 가는 행렬〉에서 애통하는 성모를 비교해 보라. 두 여인은 표정뿐만 아니라 고개의 각도까지 비슷하다. 그리스도는 우리에게 어떤 의미인지 계속 고민하는 브뢰헬의 질문에 《벨직 신앙고백서》는 대답한다.

> 완전히 자비로우시고 공의로우신 하나님께서 불순종이 범해진 본성을 취하게 하시고, 그 동일한 본성을 만족하게 하시며, 가장 지독한 고통과 죽음을 통해 죄에 대한 형벌을 담당하게 하시기 위해서 당신의 아들을 보내셨음을 우리는 믿습니다. (20조 중에서)

이것이 믿음이다. 그리스도께서는 고통과 죽음을 통해 자신을 우리의 영혼과 맞바꾸셨다. 그래서 그분은 우리 인생의 주인이시다.

5. 하나님의 나라가 이 땅에 임하소서

우리가 생각하는 하나님 나라는?

지금까지 성경, 교회, 예수 그리스도에 대해 종교개혁자들의 가르침과 브뢰헬의 메시지를 연결하였다. 그렇다면 우리는 이 땅에 하나님 나라를 어떻게 제시할 수 있을까?

한 교회에서 교회교육을 총괄하던 시절, 성경공부 교재를 모두 분석하였다. 충격적인 것은 교재가 윤리 책인지 성경교재인지 구분할 수 없었다. 너무 추상적이라 현실에 와 닿지 않는 내용도 많았다. 어린이 교재에 그려진 '하나님 나라'는 구름 위에 있는 '마법의 성'으로 표현되었다. 종교개혁자들과 우리가 같은 주기도문을 외우지만, 실제로 인식하는 것과 교육은 큰 차이가 난다. 하나님 나라란 죽은 이후에 가는 어떤 공간이 아니다. 그리스도는 그곳으로 가게 하는 티켓도 아니다. 브뢰헬 시대에도 하나님 나라를 이렇게 가르쳤던 성직자들이 있었다. 브뢰헬은 안타까운 현실을 〈게으름뱅이의 천국〉으로 표현했다.

그림을 보면 세 사람이 누워 있다. 이들이 입은 옷으로 보아 농부와 군인 같다. 왼편에는 농부와 군인이 잠들어 있다. 주변에는 음식이 널려있다. 삶은 달걀에 다리가 달려 있고, 통닭과 돼지고기가 뛰어다닌다. 이들은 배불리 먹고 곤히 잠들어 있다. 왼편에는 파이로 뒤덮인 지붕이 있는데 팔짱을 낀 병사가 지붕 아래에서 입을 벌린 채 파이가 떨어지기만을 기다린다. 저 멀리 누군가가 우유로 뒤덮인 호수에 배를 타고 건너와 옥수수빵으로 된 산을 통과한다. 숟가락으로 열심히 산을 통과해 '천국'으로 들어가는 장면이다. 이곳은 음식이 가득한 '천국'이다. 과연 하나님 나라는 이런 곳일까!

오른편에는 다리를 벌린 채 누워 있는 사람이 있다. 그는 책을 깔고 누워 눈을 뜬 채로 테이블 위 병에서 포도주 한 방울이 떨어지기를 기다린다. 당시에 책을 소유한 대표적인 사람은 성직자들이다. 음식으로 가득한 공간, 누워서 먹고 마시고, 잠만 자면 되는 공간이다. 그래서 이 그림의 제목은 〈음식의 천국〉, 혹은 〈게으름뱅이의 천국〉이다. 브뢰헬은 우리에게 묻는다. 이것이 우리가 바라는 천국의 실체인가? 이것이 '오직 믿음'의 결과인가?

피테르 브뤼헬, 〈게으름뱅이의 천국〉(1567)

그리스도의 흔적

주기도문은 예수께서 이 세상에 계시면서 사람들에게 가르쳐 주신 기도다. 주기도문의 핵심은 하나님 나라가 이 땅에 임하게 해 달라는 간구다. 하나님 나라는 '티켓'이 아니라 '임재'다. 브뢰헬에게 〈게으름뱅이의 천국〉은 주기도문의 본질을 오해하는 사람들에 대한 경고다. 그런 교회의 모습을 브뢰헬은 이렇게 표현했다.

브뢰헬은 〈베들레헴 호구조사〉라는 그림을 그렸다. 예수님께서 태어나시기 전, 요셉과 마리아는 베들레헴으로 향하고 있다. 이 그림 역시 2천 년 모습이 아닌, 5백 년 전 플랑드르의 모습이다. 사람들이 호구조사를 하기 위해 몰려든 곳의 건물 벽면에는 합스부르크 가문의 문장이 붙어 있다. 스페인이 플랑드르를 침공할 때의 상황을 성경의 모티브로 표현한 것이다.

베들레헴으로 호구조사를 하러 온 요셉과 마리아는 어디에 있는지 명확하게 드러나 있지 않다. 자세히 살펴보면 가운데 나귀를 탄 여인이 마리아이고, 나귀를 끌고 가는 남자가 요셉으로 보인다. 이 사람이 목수 요셉이라는 것을 알리기 위해 브뢰헬은 커다란 톱을 남자의 손에 그려놓았다. 플랑드르는 종교개혁을 받아 들인지 한 세대가 흘러가고 있었고, 종교개혁의 칼뱅파가 주류를 이룬 곳이지만 그리스도가 명확히 보이지 않는다. 이 점이 아이러니다. 곳곳마다 십자가 첨탑을 볼 수 있는 우리 사회에서 그리스도를 찾기가 쉽지 않다는 것이 닮았다.

브뢰헬은 요셉과 마리아의 목적지를 보여준다. 그곳에는 합스부르크의 지배로 인해 압제 받고 고통을 당하는 사람들이 몰려 있다. 그래서 건물 벽면에 합스부르크 가문의 문장이 있다. 하나님 나라는 음식의 천국이 아니다. 이웃을 사랑하고, 가르침에 순종할 때 나타나는 실체가 하나님 나라다.

이것이 종교개혁 화가가 우리에게 전하려는 요지다. 《벨직 신앙고백서》도 이렇게 말하고 있다.

> 우리는 이 거룩한 성례를 사용함으로 하나님과 우리의 이웃을 뜨겁게 사랑하도록 자극받게 되는 것입니다. 우리는 그리스도와 그의 사도들이 가르치신 규례로 만족해야 하고 그들이 말한 그대로 말해야 한다고 선언합니다. (35조 중에서)

하나님 나라는 교회 내에서 행하는 종교적 제의를 통해 나타나지 않는다. 우리의 일상에서 나누는 사랑과 위로 속에 임한다. 이것을 간과할 때, 그리스도를 식별하기가 어렵다. 브뢰헬의 지적처럼 말이다.

피테르 브뢰헬, 〈베들레헴 호구조사〉(1566)

6장

목숨을 걸고 고백한 '사도신경', 미켈란젤로를 만나다

종교개혁이 일어난 지 15여 년이 지난 1533년 미켈란젤로(1475~1564)는 교황 클레멘스 7세와 작품을 계약했다. 클레멘스 7세는 메디치 가문이 배출한 두 번째 교황이다. 미켈란젤로는 젊은 시절 피렌체에서 클레멘스 7세와 인연을 맺었다. 미켈란젤로는 시스티나 예배당 벽면에 〈최후의 심판〉을 그리기로 했다. 1536년 5월부터 그림 작업은 시작되었다. 그가 붓을 들기 시작한 때에는 루터의 콘텐츠가 유럽으로 확산되고 있었다. 미켈란젤로는 무엇을 결심했을까?

미켈란젤로는 아무도 보지 못하도록 커튼으로 그림을 가렸고 5년간 최후의 대작에 착수했다. 환갑이 넘은 그에게 두려운 것은 없었다. 그에게 이 작품은 돈벌이 수단이나 명예를 위한 방편이 아니었다. 그는 벽면에 그의 신앙고백을 '영원히' 남기려고 했다. 60년 그의 인생에 단테가 떠올랐고, 젊은 시절 신앙에 영향을 준 종교개혁가 사보나롤라도 떠올랐다. 루터는 이미 익

숙했다. 미켈란젤로는 하나님에게 간구했다.[59]

> 나의 허물을 당신의 순결한 귀로 듣지 마소서.
>
> 나를 향해 당신의 의로운 팔을 들지 마소서.
>
> 주여, 최후의 순간에 당신의 관대한 팔을 나를 향해 내미소서.

5년이 지났고 그림을 가렸던 커튼이 제거되었다. 5년간 자신의 신앙을 표현했던 〈최후의 심판〉이 1541년 12월 25일 성탄절에 공개되었다.[60] 사람들은 그의 신앙고백 앞에 압도되었다. 그림에는 미켈란젤로의 목숨을 건 흔적이 보인다. 그림 속 지옥 밑바닥에는 누구나 아는 얼굴이 그려져 있다. 마귀의 얼굴이 다름 아닌 교황청의 실세, 비아지오 다 체세나(Biagio da Cesena, 1463~1544) 추기경이었다. 〈최후의 심판〉을 본 사람들은 미켈란젤로의 탁월함에 압도되었지만 혼란스러웠다. 그의 그림에는 '루터적인 속물'도 뒤섞여 있었기 때문이었다.[61] 신앙을 고백하려면 목숨을 걸어야 하는 시대, 아니 신앙이란 오히려 목숨을 걸도록 우리를 붙잡는 능력이다.

1. 젊은 날에 찾아온 변화

1498년 5월 23일 피렌체 시뇨리아 광장에서 한 수도자가 화형을 당했다. 그의 이름은 지롤라모 사보나롤라(Girolamo Savonarola)다. 사보나롤라의 죽음은 미켈란젤로를 혼란스럽게 했다. 그는 조각가로서 가능성을 인정받았

59 김광우, 《레오나르도 다 빈치와 미켈란젤로: 르네상스의 천재들》, (미술문화, 2016), 350.
60 로맹롤랑, 《위대한 예술가의 생애》, 이정림 역, (범우사, 2007), 82.
61 로맹롤랑, 위의 책, 81.

고 피렌체 최고의 부호 메디치 가문의 지원도 받았다. 그런 메디치 가문를 맹렬하게 정죄한 이가 사보나롤라다. 미켈란젤로와 같은 장소, 같은 공간에 있었던 또 다른 젊은이가 있었다. 그보다 여섯 살 많았던 마키아벨리(Niccolò Machiavelli, 1469~1527)다. 두 젊은이는 같은 사건을 다르게 보았다. 마키아벨리는 사보나롤라를 광신도로 보았다.[62] 반면, 미켈란젤로는 사보나롤라를 통해 마음속에 변화가 생겼다.[63] 그리고 그런 수도사가 화형을 당한 것이다.

화형을 당하기 4년 전, 사보나롤라는 피렌체의 메디치 가문을 정죄하고 대중의 지지를 얻은 후 도시의 권력을 장악했다. 그는 1492년부터 거침없는 설교로 대중에게 영향력을 얻어 왔었다. 그는 교황청의 타락과 피렌체 시민들의 향락을 정죄했다.[64] 당시 교황은 알렉산데르 6세로 그는 〈군주론〉의 모델인 체사레 보르자의 부친이었다. 사보나롤라는 회개하지 않으면 하나님의 심판만이 있을 것이라고 경고했다. 수도사의 '예언'대로 1494년 프랑스의 샤를 8세가 침공했다. 사보나롤라는 샤를 8세를 가리켜 예언의 성취라고 외쳤다. 프랑스 군대는 피렌체를 떠났고, 사보나롤라는 '예언자'로서 피렌체의 실세가 되었다. 그는 르네상스 예술을 사탄의 문화로 정죄했고 '허영의 화형식'을 거행했다. 광장에 조각, 회화, 서적 등을 쌓아놓고 불태웠다. 메타버스를 통해 루터가 콘텐츠를 퍼뜨렸다면 사보나롤라는 메타버스를 파괴했다.

결국 1498년 로마 교황청은 사보나롤라를 파문했다. 파문은 사보나롤라 한 사람에게 국한되지 않았다. 파문된 사람을 동조하면 그 사람도 동일

62 김상근, 《마키아벨리》, (21세기북스, 2013), 69~88. 김상근은 사보나롤라를 '광기'에 찬 종교 지도자로 평가한다.

63 엔리카 크리스피노, 《미켈란젤로》, 정숙현 역, (마로니에북스, 2007), 30. 사보나롤라에 대해 미켈란젤로가 어떤 심정을 가졌는지 평가할 수 있는 직접적인 증거는 없다. 그러나 대체로 여러 저자들이 사보나롤라에 의해 미켈란젤로의 예술관이 변했다고 지적한다. 이것은 〈최후의 심판〉에서 사보나롤라의 흔적을 통해서도 짐작할 수 있다.

64 김상근, 앞의 책, 72~82. 피렌체가 르네상스 예술의 중심이 되었는데, 사보나롤라는 이것을 퇴폐적으로 보았다고 김상근은 말한다.

한 정죄를 당했다. 사보나롤라를 지지한다면 누구나 약탈해서 짓밟을 수 있었다. 그것이 파문의 효력이었다. 1498년 5월 23일 피렌체 시민은 로마 교황의 편에 서며, 4년간 피렌체의 실권자였던 사보나롤라는 죽음에 이르게 되었다.

사보나롤라에 대한 피렌체 사람들의 평가는 극명하게 나뉜다. 어떤 사람들은 그를 예언자요, 종교개혁자로 보았다. 그는 피렌체를 음란한 문화에서 정화하려 했다. 그의 추종자들은 허영의 화형식을 거행하며 불꽃 옆에서 춤을 추기도 했다.[65] 반면, 그를 광신도 지도자로 보는 이들도 있었다. 그의 정책은 정치, 사회의 분열을 초래했고[66] 마침내 교황의 파문을 받은 사보나롤라는 한 줌의 재로 사라졌다. 5일이 지난 후 마키아벨리는 사보나롤라를 반지성이 낳은 총아(寵兒)로 공포했다.[67]

독일 보름스에는 종교개혁 기념공원이 있다. 종교개혁자들의 조각상 중앙에는 마르틴 루터의 동상이 솟아있고, 주변에는 그에게 영향을 준 개혁자들의 동상이 있다. 얀 후스, 존 위클리프는 물론 사보나롤라도 있다. 수도사로서 교황을 비판하고, 회개를 촉구했던 사보나롤라는 몇 년 후에 수도사의 길을 걷던 루터에게 영향을 주었다.

사보나롤라가 영향을 준 인물은 루터만이 아니다. 대표적인 르네상스 화가 보티첼리는 그에 의해 르네상스의 스타일을 버리고 영적인 그림을 그렸다.[68] 그러나 '허영의 화형식'이 이루어졌던 피렌체는 메디치 가문의 후원을 받던 미켈란젤로에게 안전한 곳이 아니었다. 그러나 사보나롤라와 공존했던

65 로맹 롤랑, 앞의 책, 10~12.
66 엔리카 크리스피노, 앞의 책, 30.
67 김상근, 앞의 책, 82-83. 마키아벨리는 사보나롤라가 화형을 당하기 2달 전인 3월 9일의 편지를 인용하면서 사보나롤라에 대한 마키아벨리의 평가를 '광신도'로 언급했다.
68 클라우디오 감바, 에우제니오 바티스티, 《미켈란젤로》, 최경화 역, (예경, 2008), 30~31.

보름스 종교개혁 기념공원의 사보나롤라, 오른손을 든 남자가 사보나롤라다.

시간 동안 미켈란젤로의 예술은 변하기 시작했다.

2. 〈피에타〉는 '피에타'가 아니다?

1498년 사보나롤라가 화형을 당했을 때, 피렌체를 떠난 미켈란젤로는 불멸의 작품을 조각했다. 성 베드로 성당의 〈피에타〉이다. 물론 미켈란젤로가 사보나롤라에게 영향을 받았다는 직접적인 증거는 없다. 그러나 추측할 만한 흔적들이 남아 있다. 〈피에타〉 상에 '신의 은총으로만 구원받을 수 있다'라는 흔적이 있기 때문이다.[69] '피에타'는 '슬픔', '동정', '연민'이라는 뜻으로, 예술에서는 성모 마리아가 죽은 예수를 품에 안는 장면을 나타낸다.[70]

'피에타'는 예술 작품의 단골 주제이다. 예술 작품이 '슬픔과 동정'을 통해 종교심을 일으켜야 했기에 예수의 모습은 더 처참해야 하고, 성모의 슬픔은 더 처절해야 했다. 반면, 미켈란젤로의 〈피에타〉는 다른 피에타와는 사뭇 다르다. 성모의 얼굴에는 슬픔보다는 평안이 느껴진다. 예수를 낳을 만큼의 연륜도 느껴지지도 않는다. 오히려 예수보다 더 젊어 보인다. 미켈란젤로는 성모의 어깨끈에 자신의 이름을 새겨 넣었다. 자신의 이름을 새긴 유일한 작품이다. 이때는 사보나롤라가 순교한 1498년이었다.

관람객은 이 작품을 정면에서만 본다. 그러나 위에서 이 조각상을 내려다보는 시선에는 미켈란젤로의 진심이 숨어 있다. 예수는 미소를 짓고 있다! 〈피에타〉에 은혜(은총)가 스며들어 있다. 〈최후의 심판〉은 종교개혁의 냄새가 선명하게 드러나는 작품이다. 이 두 작품을 완성한 직후 미켈란젤로는

69 신준형, 《뒤러와 미켈란젤로》, (사회평론, 2013), 68~69.
70 조지 퍼거슨, 《르네상스 미술로 읽는 상징과 표징》, 변우찬 역, (일파소, 2018), 136.

1542년 루터의 〈그리스도의 은덕〉이라는 책을 읽고 감동했다. 이 책에는 인간의 선행을 최소화하고, 오직 신의 은총으로만 구원을 얻는다는 내용이 수록되어 있었다. 로마 교황청은 이 책을 금서로 지정했지만, 미켈란젤로는 이 책의 내용에 마음 깊이 공감했다.[71]

선행이 아니라 하나님의 은혜를 믿음으로 구원받는다면, 적어도 미켈란젤로에게 '피에타'는 슬픈 순간일 수 없다. 하나님의 계획이 실현된 사건이고, 막힌 담이 제거된 순간이기 때문이다. '오직 믿음'을 인정하는 사람만 예수의 얼굴이 이렇게 평안할 수 있다는 것에 공감할 수 있을 것이다. 미켈란젤로는 〈피에타〉를 완성한 후 1504년 피렌체에서 이런 시를 남겼다.

> 사랑의 하나님이여.
> 당신의 격렬한 힘에 거역할 수 있었을 때,
> 나는 얼마나 행복했던 것입니까?
> 아아, 그러나 지금
> 나의 가슴은 눈물에 젖어
> 당신의 힘이 얼마나 강한가를
> 깨달을 수 있을 듯합니다.[72]

이런 믿음을 가진 미켈란젤로가 신앙고백을 작품 속에 남겼다면 우리와 소통할 수 있을까? 우리의 사도신경과 공감이 될 수 있을까?

71 신준형, 앞의 책, 147~48.
72 로맹롤랑, 앞의 책, 40~41.

미켈란젤로, 〈피에타〉(1498~1499)

3. 미켈란젤로, 창조주를 고백하다

루터는 사도신경의 '창조' 항목에 대해 다음과 같이 언급했다.

"전능하사 천지를 만드신 하나님 아버지를 내가 믿사오며"

이것은 무슨 뜻입니까? 나는 믿습니다. 하나님은 나와 모든 만물을 창조하셨습니다. 하나님은 내 몸과 영혼, 눈과 귀, 몸의 모든 기관, 이성과 모든 감각을 나에게 주셨고, 지금도 돌보아 주십니다. 하나님은 입을 것과 신을 것, 먹을 것과 마실 것, 집과 뜰, 반려자와 아이, 경작할 땅과 가축, 그 밖의 모든 것을 나에게 주셨고, 살아가는 데 필요한 모든 것을 시시때때로 풍성히 더하십니다. 이는 나의 수고나 내가 잘나서 받는 것이 아니라, 오직 하나님 아버지의 선하심과 인자하심 때문입니다. 그러므로 이 모든 것을 나에게 주신 하나님께 감사하고 찬양하며, 섬기고 순종하는 것이 나의 마땅한 의무입니다. 이것은 확실한 진리입니다. (마르틴 루터, 《소교리문답》, 신조 중 제1조, '창조' 중에서)

종교개혁자들은 사도신경을 어떻게 가르쳤을까? 위의 내용을 공감할 수 없다면, 사도신경은 주문에 불과하다. 사도신경에서 루터는 창조주를 위와 같이 절절하게 고백했다. 창조는 우리 신앙의 근본이다. 루터는 이를 신앙교육의 핵심으로 여겼다. 그래서 《대교리문답》에서 이렇게 강조한다.

"어린아이들에게 필요한 핵심을 가르쳐야 합니다. 그것은 창조에 관련된 사항입니다. 그래서 우리는 '천지를 만드신 창조자'라는 말씀을 강조해야 합니다." **마르틴 루터, 《대교리문답》, 신조 중 제1조**

루터의 《소교리문답》을 이해했다면 우리는 가르칠 수 있어야 한다. 그렇다면 종교개혁 신앙을 공유하고 있던 미켈란젤로는 '창조'를 어떻게 표현했을까?

미켈란젤로는 5년간 시스티나 천장화를 작업했다. 미켈란젤로는 직접 비계(飛階)를 제작하여 매일 18시간씩 누워서 그림을 그렸다. 누워서 작업을 했던 탓에 물감과 안료가 눈으로 떨어져 들어갔고, 비정상적인 자세로 인해 몸은 기형이 되었다. 장화를 신고 작업을 하다가 잠이 들어 신발이 벗겨지지 않았기에 칼로 장화를 찢다 피부가 벗겨지는 고통을 겪기도 했다. 그의 고통을 '창조'와 맞바꾼 시간으로 나온 작품이 시스티나 천장화 〈천지창조〉다.

루터의 표현처럼 창조는 우리 신앙의 핵심이고, 창조주는 우리 인생의 근원이다. 미켈란젤로가 표현한 창조주와 아담의 모습은 우리에게 꽤 친숙하다. 하나님은 노인의 모습이다. 르네상스 시대는 고대 그리스로 돌아가자는 이상을 가졌기에 그가 그린 하나님은 제우스의 모습을 하고 있다.[73] 그러나 이것은 시대 예술의 틀이었을 뿐, 미켈란젤로는 이 틀 속에 본질을 담았다. 신의 손과 인간의 손이 맞닿고 있다. 아담과 신이 같은 인간으로 표현된 것은 제우스이기 때문일 수도 있다. 그러나 성경에서 하나님은 우리를 '하나님의 형상'이라고 선언했다. 하나님의 형상을 언급한 창세기 1장 26절에서 히브리어의 '형상'은 외형이 아닌 내적인 '본성'을 뜻한다. 중세 철학자 아퀴나스는 '하나님의 형상'이 비물질적인 지성과 이성을 의미한다고 했고, 칼뱅 역시 이것을 하나님의 성품이라고 표현했다.[74] 형상이라는 본질과 르네상스의 틀, 모두를 충족시키려면 이렇게 표현할 수밖에 없었을 것이다.[75]

미켈란젤로의 진심은 손가락에 드러나 있다. 인간이란 혼자서는 무기력한 존재다. 하나님이 제우스의 모습을 하고 있다고 하지만, 그리스 신화에서 인간을 창조한 신은 프로메테우스가 아니던가. 당시 가톨릭은 구원을 얻기

73 김용규, 《신》, (휴머니스트, 2010), 33~47. 김용규는 그의 책 《신》에서 하나님을 제우스로 표현했다고 말한다.

74 김용규, 위의 책, 52~54.

75 로맹롤랑, 앞의 책, 23.

미켈란젤로, 〈천지창조〉(1508-1512)

위해서는 선행을 통해 아래에서 위로 올라간다고 가르쳤다. 반면 루터는 구원은 위에서 아래로 하나님이 먼저 인간에게 다가오신 사건이다. 그래서 인간의 손가락은 무기력한 반면, 하나님의 손은 역동적이다. 오직 믿음이란, 하나님이 먼저 손을 내미신 것을 잡는 것이다. 이렇게 미켈란젤로는 성경과 르네상스를 아우르는 천재성을 발휘했다.

> 하나님이 우리를 구원하사 거룩하신 소명으로 부르심은 우리의 행위대로 하심이 아니요 오직 자기의 뜻과 영원 전부터 그리스도 예수 안에서 우리에게 주신 은혜대로 하심이라 **디모데후서 1장 9절**

그림 속 하나님 뒤편, 붉은 배경을 주목하자. 미켈란젤로는 많은 시체를 해부하며 인체를 연구했다. 붉은 배경은 뇌 혹은 심장처럼 보인다. 하나님이 우리의 뇌, 혹은 심장 같은 분이라는 고백은 루터의 《소교리문답》의 내용과도 통한다. 하나님 곁으로 아담과 하와가 있다. 아담을 홀로 있게 만든 것이 '실수'였기에 여자는 추가 항목인 것은 아니다. 미켈란젤로의 그림 속에는 창조의 순간에도 '여자'는 존재하고 있었다.

4. 미켈란젤로의 '신앙고백', 〈최후의 심판〉

신앙고백은 창조주 하나님에 대한 믿음으로 시작해 예수 그리스도에 대한 믿음이 대부분을 이룬다. 루터는 '예수는 나와 어떤 관계가 있는가?'에 대해 고민했다. 그는 다음과 같이 고백한다.

"둘째 조항에 나온 (그 외아들 우리 주) 예수 그리스도를 믿는다는 것은 당신과 무슨 상관이 있습니까?" 어떤 사람이 이렇게 질문하면 간단히 말하십시오. "나는 믿습니다. 예수 그리스도는 진실로 하나님의 아들이며, 나의 주가 되셨습니다." (마르틴 루터, 《대교리문답》, 신조 중 제2조)

그리스도에 대한 미켈란젤로의 신앙은 〈최후의 심판〉에 선명하게 드러난다. '심판'을 표현할 때, 르네상스 예술은 성모와 세례 요한을 중요 인물로 등장시킨다. 예수가 심판자라면, 성모는 예수의 어머니이므로 탄원자이어야 하고, 세례 요한은 십자가를 알리는 인물이므로 중재자이어야 한다. 따라서 십자가를 중심으로 양옆에 성모와 세례 요한이 대칭으로 등장하는 것이 르네상스 예술의 보편적인 표현 방식이다.[76]

그러나 미켈란젤로는 이러한 전통을 따르지 않았다. 구원은 신의 은총이었기에 중재자도 탄원자도 필요 없었다. 그래서 성모는 옆으로 밀려나고, 십자가를 중심으로 마리아 반대편에 있어야 할 세례 요한의 자리도 대칭이 아니다. 세례 요한은 성모의 뒤로 밀려나 있다.[77] 중앙에 예수 그리스도만이 유일한 심판자로 등장한다. 그의 두 손과 몸에는 선명한 고난의 흔적이 새겨져 있다. 그의 두 손은 종교개혁의 의미를 반영한다. 한 손은 위로 향하고 다른 손은 아래로 향한다. 오직 믿음에 따라 구원과 심판이 대조되는 것을 표현하고 있는 것이다.[78] 예수 그리스도의 모습은 오직 믿음을 표현하고 있다.

미켈란젤로의 작품 속 그리스도를 향한 믿음은 루터의 가르침과 맥을 같이 한다. 루터는 《소교리문답》을 통해 그리스도에 대한 의미를 다음과 같이 부여한다.

76 신준형, 《루터와 미켈란젤로》, (사회평론, 2013), 112.
77 신준형, 《뒤러와 미켈란젤로》, 38.
78 조지 퍼거슨, 앞의 책, 140.

"그 외아들 우리 주 예수 그리스도를 믿사오니, 이는 성령으로 잉태하사 동정녀 마리아에게서 나시고, 본디오 빌라도에게 고난을 받으사 십자가에 못 박혀 죽으시고, 장사하여 음부에 내리신 지 사흘 만에 죽은 자 가운데서 다시 살아나시며, 하늘에 오르사 전능하신 하나님 아버지 우편에 앉아 계시다가, 저리로서 산 자와 죽은 자를 심판하러 오시리라."

이것은 무슨 뜻입니까? 나는 믿습니다. 예수 그리스도는 영원한 아버지로부터 나신 참 신입니다. 또한 그분은 처녀 마리아에게 태어난 참 인간입니다. 그분은 나의 주님이십니다. 버림받아 저주에 묶인 나를 풀어 주셨고, 모든 죄와 죽음과 마귀의 권세에서 나를 건져 그분의 것으로 만드셨습니다. 금과 은으로 하신 것이 아닙니다. 그분의 거룩하고 값진 피, 무고한 고난과 죽음이 나를 구원했습니다. 이제 비로소 나는 내가 되었고, 주님이 다스리는 나라에서 의롭고 순결하며, 복되게 그분을 섬길 것입니다. 주님은 죽음에서 일어나셨고, 지금도 살아 계시며, 영원히 다스리십니다. 이것은 확실한 진리입니다. (마르틴 루터, 《소교리문답》, 신조 중 제2조, '구원' 중에서)

그리스도에 대한 믿음은 〈최후의 심판〉 전 영역에 드러난다. 왼편 상단의 천사들은 하나님께 나아가기 위해 십자가와 가시관을 들고 있다. 오른편 상단에는 그리스도가 고난을 받을 때 결박당했던 기둥을 들고 올라간다. 이는 '본디오 빌라도에게 받은 고난'을 표현하고 있다. 그리스도가 고난을 받았지만, 우리가 하나님께 나아갈 수 있다는 믿음이 '구속(Redemption)'이다. 예수 아래에는 천사들이 나팔을 불고 심판받을 사람들을 향해 있다. 로마 가톨릭에서 면죄부를 팔고, 연옥을 가르쳤던 것을 생각하면 이는 대중들에게 충격이었을 것이다. 천사들은 두 책을 펴서 죽은 사람들을 향하고 있다.

> 또 내가 보니 죽은 자들이 큰 자나 작은 자나 그 보좌 앞에 서 있는데 책들이 펴 있고 또 다른 책이 펴졌으니 곧 생명책이라 죽은 자들이 자기 행위를 따라 책들에 기록된 대로 심판을 받으니 **요한계시록 20장 12절**

미켈란젤로는 사람이 죽으면 면죄부가 필요한 것이 아니라 성경책과 생명책을 통해서 심판받는다는 사실을 고백한다. 사람이 죽으면 강을 건너 지옥으로 들어간다. 이것은 당시 그리스-로마 세계관을 반영한 것이다. 나루지기 카론(Charon)은 망자들이 스틱스 강을 건너가게 해 준다. 지옥 밑바닥에는 체세나 추기경의 얼굴이 선명히 새겨졌다. 미켈란젤로가 고객으로부터 주문받아 돈을 벌기 위해 제작했다면 결코 이런 시도는 하지 못했을 것이다. 이들의 반대편, 즉 왼편 하단에는 이미 죽었으나 마지막 나팔 소리를 듣고 부활하는 사람들이 보인다. 부활하는 사람 중 아래에는 수도사 복장을 한 사보나롤라가 있고, 왼편 끝에는 단테도 있다. 수도사 머리의 늙은 인물은 루터를 그린 것으로 보인다.[79] 그가 죽은 자들을 향하여 내민 두 손은 예수 그리스도의 두 손과 모양이 비슷하다. 〈최후의 심판〉은 그리스도를 향한 미켈란젤로의 '신앙고백'이다.[80]

여담이지만 체세나 추기경은 모든 인물이 나체로 그려진 〈최후의 심판〉에 소심한 복수를 한다. 나체가 '음란'하다며 트리엔트 공의회의 판결을 빌미로 그림에 등장하는 사람들에게 속옷을 덧칠시켰다. 결국 〈최후의 심판〉에 속옷을 덧칠했던 화가 다니엘레 다 볼테라(Daniele da Volterra)는 '팬티 화가'라는 별명을 들었다. 미켈란젤로가 그린 원래 그림은 속옷에 가려져 있다.[81]

79 김광우, 앞의 책, 355.
80 로맹 롤랑, 앞의 책, 104.
81 김용규, 앞의 책, 40.

미켈란젤로, 〈최후의 심판〉(1536~1541)

5. 미켈란젤로의 후일담

사도신경의 마지막은 '성령 하나님'에 관한 고백이다.

> 만일 누가 "'나는 성령을 믿습니다'라는 말의 뜻은 무엇입니까?"라고 묻는다면 이렇게 답변할 수 있습니다. "내가 성령을 믿는다는 것은 그 이름처럼, 성령이 나를 거룩하게 만든다는 것을 신뢰한다는 말입니다." (마르틴 루터, 《대교리문답》, 신조 중 제3조)

우리가 '성령을 믿습니다'라고 고백하는 것은 성령의 존재는 물론, 성령의 사역까지도 믿는다는 것을 의미한다. 무속인이 영을 부리듯이, 성령은 그런 존재가 아니다. 성령은 하나님이며, 지금 우리와 함께하신다. 성령의 사역은 우리로 하여금 하나님의 형상을 완성시킨다. 앞선 설명처럼 우리가 하나님의 형상대로 창조되었다면, 하나님의 성품을 닮아가도록 우리를 완성하시는 분은 성령 하나님이시다.

성령께서는 그의 백성들과 함께하시고, 그들을 거룩하게 만들어 가신다. 지금 우리에게도 동일하다. 앞서 살았던 성도들은 우리와 같은 성정(性情)으로 우리보다 고통스러운 환경 속에서 믿음의 사람으로 살아내었다. 그 이유는 성령께서 그들을 거룩하게 해주셨기 때문이다. 그러므로 우리가 성령 안에 거한다면 지금도 앞서간 그리스도인들과 영적인 소통을 하는 것이다. 이를 사도신경에서는 '성도의 교통'이라고 한다. 상상할수록 무척 영광스러운 일이다. 우리는 믿음의 선조와 같은 신앙고백을 나누며, 같은 성령 안에서 하나가 된다.[82] 그들이 바로 〈최후의 심판〉에서 그리스도의 주변에 있는 사람들이다. '교회'는 건물이 아니라 회중의 모임이다. 예수 그리스도를 중심으

82 신준형, 《루터와 미켈란젤로》, 137.

로 결합 된 모임이 성도의 교제다.[83] 그러므로 우리가 기도할 때, 루터와 함께 성령 안에 있으며, 우리가 고통을 받을 때는 베드로와 사도들이 우리를 바라보며 응원한다.[84] 그래서 루터도 이렇게 설명한다.

"성령을 믿사오며, 거룩한 공회와, 성도가 서로 교통하는 것과, 죄를 사하여 주시는 것과, 몸이 다시 사는 것과, 영원히 사는 것을 믿사옵나이다. 아멘"

이것은 무슨 뜻입니까? 나는 믿습니다. 내 이성과 힘으로는 예수 그리스도를 나의 주님으로 믿을 수 없고, 그분께 다가설 수도 없습니다. 복음으로 나를 부르신 분은 오직 거룩한 성령이십니다. 성령의 은사로 나를 밝혀 주셔서 바른 믿음 가운데 거룩하고 강건하게 지켜 주십니다. 같은 방법으로 성령께서는 땅 위의 모든 그리스도의 교회를 부르고 모으고 깨닫게 하고 거룩하게 만드시며, 그리스도 곁에서 바른 믿음, 하나 된 믿음으로 온 교회를 지켜 주십니다. 성령께서는 교회 공동체 안에서 나와 모든 신자가 매일 범하는 죄를 깨끗이 용서하시고, 종말의 때에 나와 죽어 있는 모든 자를 깨우실 것입니다. 그리하여 나와 그리스도 안에 있는 모든 신자에게 영원한 생명을 주실 것입니다. 이것은 확실한 진리입니다. (마르틴 루터, 《소교리문답》, 신조 중 제3조, '성화' 중에서)

그리스도께서 죄를 사하여 주셔서, 우리의 몸이 다시 살고, 영원히 사는 것을 믿는다. 그것이 우리의 참된 현실이다! 예수의 오른편 아래에는 복음을 전하다가 가죽이 벗기며 순교한 제자 바돌로매가 있다. 그는 한 손에 칼을 들고, 다른 한 손에는 자신의 육체의 가죽을 들고 있다. 그런데 가죽의 얼굴에는 미켈란젤로 자신의 얼굴을 넣고, 바돌로매 얼굴에는 당대 풍자 작가이자 '공갈범'이었던 피에트로 아레티노(Pietro Aretino, 1492~1556)의 얼굴을 넣었다. 아레티노는 미켈란젤로가 그의 작품을 루터의 속물로 표현한다고 집요하게 비난했었다. 미켈란젤로는 아레티노가 마치 자신의 가죽을 벗겨내

83 신준형, 《뒤러와 미켈란젤로》, 70.
84 스탠리 하우어워스, 《주여, 기도를 가르쳐 주소서》, 이종태 역, (복있는사람, 2006), 63~65.

는 것 같다고 느껴 이렇게 표현한 것이다.[85] 그럼에도 불구하고 가죽에 자신의 얼굴을 그려 넣음으로 육체가 끝이 아니라 영원히 존재하는 진정한 세계가 있음을 표현한다.

베드로가 응시하는 대상은?

불꽃 같은 인생을 살았던 미켈란젤로는 〈최후의 심판〉을 완성한 후, 교황 바오로 3세의 의뢰를 받아 〈성 베드로의 순교〉를 그렸다. 미켈란젤로가 이 작품을 남긴 곳은 파올리나 예배당이다. 이곳은 로마의 고위 종교인이 모여 예배를 드리는 곳으로 평소에 수많은 순례자들이 찾는 곳이다. 파올리나 예배당의 용도를 모를 리 없었던 미켈란젤로는 그림에 어떤 메시지를 남겼을까?

베드로는 교회 전승에 따라 십자가에 거꾸로 매달려 순교했다고 알려진다. 요한복음 21장에 따르면 베드로가 부활하신 예수님을 만났을 때, 예수께서는 '네가 나를 사랑하느냐?'라고 물어보셨다. 베드로가 그렇다고 답했다. 요한복음은 이렇게 기록하고 있다.

> 이 말씀을 하심은 베드로가 '어떠한 죽음'으로 하나님께 영광을 돌릴 것을 가리키심이러라. 이 말씀을 하시고 베드로에게 이르시되 나를 따르라 하시니 **요한복음 21장 19절**

미켈란젤로는 베드로의 '어떠한 죽음'을 그렸다. 그런 베드로에게 '나를 따르라'라고 예수님께서 말씀하셨다. 인생의 마지막 순간에도 베드로의 얼

85 신준형, 《뒤러와 미켈란젤로》, 181.

굴에는 두려움이나 후회는 찾아볼 수 없다. 오히려 몸을 비틀어서 관객들을 향해 시선을 던진다. 누구보다도 인체를 잘 알았던 미켈란젤로라였기에 이런 자세로 관람객을 보는 것이 불가능하다는 것을 잘 알았을 것이다.[86] 그럼에도 미켈란젤로는 관람객들에게 메시지를 전해야 했다. 분노의 표정으로 말이다.

파올리나 예배당을 찾는 순례자들에게 이곳은 '성지(聖地)'였다. 예배를 드리러 오는 사람들에게는 '성소(聖所)'였다. 무엇이 진정한 성지이고, 성소일까? 초라한 마구간이라도 예수님께서 계시면 그곳은 임마누엘의 장소이다. 또한 반란자의 처형 장소인 십자가는 거룩함의 상징이다.[87] 그리스도의 이름을 믿고 고백하는 곳이 성지다. '나를 따르라'라는 말씀에 순종하는 곳이 성소다. 화려한 옷을 입은 성직자들과 웅장한 장소가 결코 성지가 될 수 없는 이유다. 하나님 나라를 구름 위에 떠 있는 마법의 성처럼 가르친다면 미켈란젤로는 이 그림을 통해 우리에게 말할 것이다. 하나님 나라란, '지금 여기에서' 그리스도를 따르는 곳이라고 말이다.[88]

우리는 지금까지 얼마나 많이 사도신경을 외웠던가! 우리의 신앙고백 속에 그리스도를 따르려는 결단과 용기가 있는가? 어쩌면 우리는 웅장한 건물의 화려함을 '경건'이라고 생각할지 모른다. 군중 속에 그리스도가 있다고 생각했을지도 모른다. 종교개혁의 후예라고 자처하는 현대교회의 군중 속에 있다면 그는 이렇게 말할지도 모르겠다.

"쿠오 바디스 도미네(Quo Vadis Domine), 주여 어디로 가시나이까?"

86 김상근, 《카라바조, 이중성의 미학》, (21세기북스, 2016), 142.
87 김영준, 《명화들이 말해주는 그림 속 성경이야기》, (제이앤제이제이, 2015), 136.
88 김상근, 《카라바조》, 143.

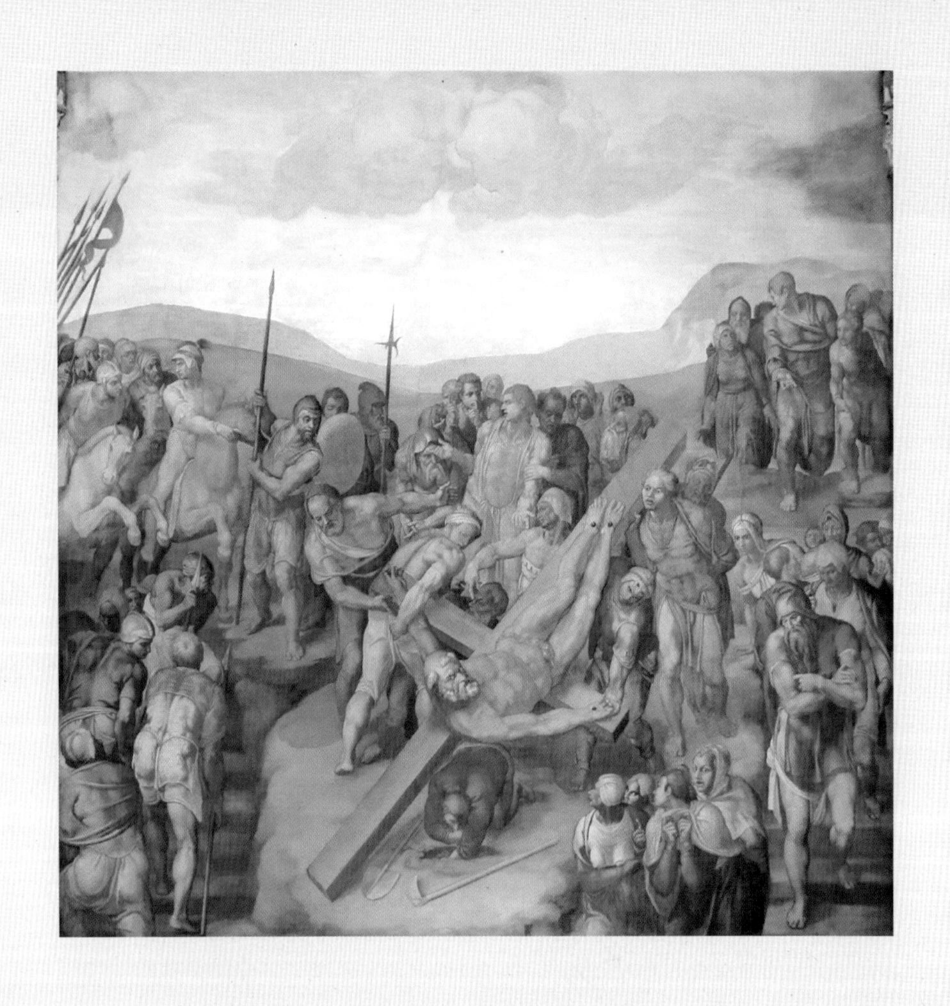

미켈란젤로, 〈성 베드로의 순교〉(1546-1550)

7장

'하나님 나라'를 사모했던 화가, 카라바조를 만나다

주기도문은 예수께서 친히 가르쳐 주신 유일한 기도다. 주문처럼 외우라고 가르쳐주신 기도가 아니다. 주기도문으로 기도하는 것은 하나님 나라의 의롭고 합당한 구성원으로 우리가 변해간다는 것을 믿음으로 고백하는 것이다.[89] 주기도문의 핵심은 '하나님 나라'다. 하나님의 나라가 이 땅에 임하게 하는 간구다.

그렇다면 하나님 나라는 어떻게 이 땅에 나타날 수 있을까? 하나님 나라는 언어로 설명할 수 있는 영역이 아니다. 하나님의 뜻이 이 세상의 정치, 경제, 사회 분야에 구체적으로 어떻게 실현될 수 있는지 구체적으로 보여주는 것이다.[90] 하나님 나라의 모습을 예수께서 친히 이 세상에 보여주셨다. 그는 경건한 종교인들과 화려한 성전이 하나님 나라의 핵심이 아니라고 하셨다. 하나님 나라가 이 땅에 임하게 해 달라는 구체적인 방법은 주문처럼 외우

89 스탠리 하우어워스, 앞의 책, 31.
90 스탠리 하우어워스, 앞의 책, 22, 83.

는 것이 아니라 세리, 빈민, 창녀들과 함께하는 삶이다. 이것을 가장 잘 표현한 화가가 카라바조(Michelangelo Merisi da Caravaggio, 1571~1610)다. 카라바조는 이렇게 말했다.

> "집시와 거지, 그리고 창녀들, 오로지 그들만이 나의 스승이며 내 영감의 원천이다."[91]

그가 표현하고자 했던 하나님 나라는 그의 그림만큼이나 중요하다. 미술사에서는 카라바조를 이렇게 평가한다.

> "카라바조 이전에도 미술이 있었고, 카라바조 이후에도 미술이 있었다. 그러나 카라바조 때문에 이 둘은 절대 같은 것이 될 수 없다."[92]

카라바조가 구현하려는 하나님 나라를 간과하고서는 그의 그림을 온전히 이해할 수 없다. 하나님 나라가 제거된 카라바조의 그림은 테크닉에 불과하다. 그렇다면 카라바조가 전하는 하나님 나라는 어떤 나라인가?

91 틸만 뢰리히, 《카라바조의 비밀》, 서유리 역, (레드박스, 2011), 8.
92 틸만 뢰리히, 위의 책, 5.

1. 혜성처럼 등장한 화가 카라바조

'미켈란젤로'라 불리던 화가

미켈란젤로를 사모해서 그와 같은 이름을 가졌던 예술가가 있다. 1571년 9월 29일 밀라노에서 태어난 '미켈란젤로 메리시 다 카라바조'다. 사람들은 그를 미켈란젤로 부오나로티와 구별해서 부르기 위해 그의 아버지 고향을 따서 '카라바조'라고 불렀다. 그는 평범한 중산층 계급 출신으로 성직자가 된 삼촌과 동생의 영향으로 어린 시절부터 성경을 접할 기회가 많았다. 밀라노에 전염병이 덮쳐 전 인구의 20%가 사망했을 당시 카라바조도 아버지와 삼촌을 잃었다. 그의 가정은 전염병을 피해 아버지의 고향으로 갔다. 어머니 혼자 가족을 부양했기에 그는 13세에 화가가 되기로 결심하고 어떻게 해서든지 가정에 보탬이 되길 원했다.

청소년기의 카라바조는 밀라노에서 신구교의 대립을 경험했다. 가톨릭은 루터의 '이단' 사상에 맞서기 위해서 경건한 종교화를 교회마다 걸었다. 이런 환경은 그가 종교개혁과 르네상스 예술을 동시에 접할 수 있게 했다. 밀라노에서 화가 수업을 마치고, 무작정 로마로 온 카라바조는 빈민이 되어야 했다. 먹고살기 위해 그림을 내다 팔며, 밑바닥 인생을 체험했다. 하지만 전염병과 가난, 사별, 그리고 빈민 생활은 오히려 예술에 눈을 뜨게 했다. 만일 이런 불행한 시간이 없었다면, 그의 작품들 속에 웅장함은 있었겠지만 압도적인 공감 능력은 없었을 것이다. 이것이 예술이 삶을 풍요롭게 하는 요소다. 그 후, 카라바조가 프란체스코 마리아 델 몬테(Francesco Maria del Monte, 1549~1626) 추기경의 눈에 들면서 그의 예술은 꽃을 피우기 시작했다.

사실 카라바조가 언제, 어떻게 신앙을 갖게 되었는지 확인할 수 있는 자료는 없다.[93] 그러나 그의 작품들은 종교개혁과 성경을 떠올리게 하고, 사람의 마음을 움직이게 한다. 그 이유는 그가 그림으로 신앙을 고백하기 때문일 것이다. 그는 어린 시절부터 그림을 배우기 위해서 성경을 줄줄 외워야 하는 환경에서 자랐다.[94] 당시 주류 예술은 종교화였다. 종교개혁 예술도, 이에 대응하는 가톨릭의 예술도 종교화였다.[95] 이런 환경에서 카라바조가 루터를 몰랐을 리 없다. 카라바조는 독일에서 일어난 종교개혁에 대해 자신만의 판단이 있었다.[96] 그의 작품 속에는 종교개혁의 냄새가 난다! 카라바조가 로마로 갔을 때, 로마도 밀라노처럼 웅장하고 경건한 예술 작품들이 교회를 수놓고 있었다. 로마 교회의 주문자들은 카라바조의 작품에 흡족해 했다. 그는 지금까지 누구도 시도하지 않았던 '명암'을 이용해서 드러내려는 대상을 탁월하게 부각시켰다. 카라바조가 표현한 작품은 많은 문맹자에게 성경을 가르쳤고, 교회의 권위를 드높였다. 그는 어느새 로마에서 가장 많은 고객을 둔 천재 화가가 되어 있었다.

그런데 균열이 생겼다. 고객의 이상적인 의도와 달리 카라바조는 사실적으로 그림을 그렸다. 작품 속에 등장하는 사람들은 이상적인 경건한 얼굴이 아닌, 실제로 길거리에서 마주치는 사람들이었다.[97] '성화(聖畫)'를 주문했는데, 등장인물은 고객이 기대했던 '거룩한' 얼굴이 아니라 매춘부와 빈민들의 얼굴이었다. 작품의 의뢰인은 불만을 터뜨리기 시작했다.[98]

93 신준형, 《루터와 미켈란젤로》, 274.
94 틸만 뢰리히, 앞의 책, 98.
95 틸만 뢰리히, 위의 책, 169-176.
96 김상근, 《카라바조》, 26.
97 신준형, 《루터와 미켈란젤로》, 276.
98 김태진, 《아트인문학:보이지 않는 것을 보는 법》, (카시오페아, 2017), 121.

주기도문을 가르쳐 주신 빈들에서

우리는 예수께서 가르쳐 주신 주기도문을 사랑한다. 주기도문을 되뇌일 때마다 평안이 깃드는 이유는 기도의 능력이 스며있기 때문이다. 주기도문은 골방에서 주문처럼 만든 기도가 아니다. 가난한 사람과 함께했던 빈들에서 그들에게 가르쳐 주신 기도다. 우리는 주기도문을 사랑하지만 빈들에서 가르쳐주셨던 방식으로 사용하지 않는다. 예배당에서 순서를 마무리하는 용도로도 주시지 않았다. 주기도문은 가난하고 고통받는 사람들과 함께하는 '맥락'에서 능력이 발휘된다. 그럴 때 '하나님 나라'는 빛을 발하게 된다. 그러므로 주기도문은 '빈들', '빈민'을 제거하면 주문이 된다. 예수께서 주기도문을 가르쳐 주신 사람들은 일용할 양식이 없어서 배고팠고, 서러웠다. 그들은 종교인들의 무시와 혐오를 받았다. 그중에는 세리와 창녀도 있었다. 그래서 카라바조는 로마와 나폴리의 빈민을 그림 속에 등장시켰다. 적어도 이런 사람들이야말로 예수님 주변에서 주기도문을 듣던 사람들이 아니었던가![99]

2. 카라바조가 그린 하나님 나라

누가 더 경건한가?

로마 교회는 트리엔트 공의회를 거치면서 '경건의 모양'을 갖춰나갔다. 교회마다 경건한 예술 작품을 비치했고, 사람들은 웅장한 건축물에 압도당했

99 김상근, 《카라바조》, 241-243.

다. 화려하고 거대한 예배당을 보며 이곳이라면 하나님이 계실 것처럼 느껴졌다. 경건함이란 무엇일까? 분위기인가, 규모인가, 사운드인가, 복장인가? 카라바조는 경건의 모양이 아닌 경건의 능력을 고민했다. 그리고 로마 교회를 향해 이런 저항의 메시지를 그렸다.

카라바조는 점점 '경건한' 로마 교회를 불쾌하게 했다. 〈로자리오의 성모〉 작품 중앙에는 성모가 아기 예수를 안고 있고, 양옆에는 성직자들이 서 있다. 그들 앞에는 빈민들이 몰려 있다. 때 묻은 발은 빈민들의 궁핍함을 드러낸다. 이런 사실적인 표현은 경건함을 표방했던 교회의 취지와는 거리가 멀다.

그림 속의 성모는 냉담한 표정이다. 그녀와 성직자는 서로를 응시한다. 그 이유를 그림에서 읽을 수 있다. 성직자는 빈민들 앞에서 두 손을 펼쳐 보인다. 자신은 줄 수 있는 것이 아무 것도 없다고 말하는 것이지만 사실 묵주를 걸고 있다. 묵주 기도는 이들로부터 400년 전 성 도미니크(Saint Dominic, 1170~1221)가 시작했다. 묵주로 기도한다는 것은 도미니크처럼 기도하고 살아간다는 의지의 표현이다. 도미니크는 가난한 사람들을 돕기 위해 자신의 모든 것을 팔았던 성인이다. 옷과 소유물은 물론, 성경의 필사본까지 팔아서 가난한 사람들을 도왔다. 그는 죽은 후 1234년에 성인으로 시성되었다.[100] 그림 속 성직자는 양손에 묵주를 들고 있다. 하지만 성모를 향한 태도에는 성 도미니크처럼 살겠다는 의지가 보이지 않는다. 오히려 할 만큼 했다는 뻔뻔한 태도다.

이 성직자 반대편에 있는 또 다른 성직자는 성모를 향해 손가락질하고 있다. 성모는 그들에게는 성인인데, 성모를 향한 그의 눈빛에는 존경이 없다. 그들 사이에서 검은 후드를 쓴 인물은 카라바조 자신이다. 빈민들 앞에

100 김영준, 앞의 책, 170.

카라바조, 〈로자리오의 성모〉(1605~1607)

서 벌어지는 냉담한 갈등, 그 속에서 카라바조의 고민하는 표정이 역력하다. 냉담한 표정의 성모 품에 안겨 있는 아기 예수는 관객을 바라보면서 천진한 표정을 짓고 있다. 마치 하나님 나라는 어린아이와 같다는 말씀을 아기 예수가 말하는 듯하다. 과연 하나님 나라의 주인은 누구인가?

그림을 보며 주기도문을 가르쳐 주신 상황을 생각하게 된다. 기도란 행위인가, 시선인가? 예수님께서 말씀하신 주기도문은 타인을 향한 시선이다. 타인을 향한 시선이 없다면 '기도 행위'라는 위선만 남는다. 이 그림의 주문자처럼 보이는 사람이 관객의 눈치를 보다 아무래도 안 되겠는지 성직자의 옷을 잡아당기고 있다. 빈들과 빈민을 망각하고 주기도문을 순서의 마무리처럼 암송하려는 우리의 옷깃을 누군가가 잡아당긴다면, 그것은 성령의 작용일 것이다. 그 소리에 귀 기울일 때 하나님 나라가 이 땅에 임할 수 있다.

3. 하나님 나라를 제시하는 주기도문

주기도문에는 예수님께서 원하시는 의미들이 담겨 있다. 주기도문을 암기하기 전에 각 구절을 곱씹으며 그 의미를 되새겨 보자. 카라바조와 루터의 가르침을 느낄 수 있을 것이다.

하늘에 계신 우리 아버지, 성 마태오의 소명

주기도문은 '우리 아버지'로 시작한다. 2천 년 전에 신(神)을 향해 '우리 아버지'라고 부르는 것은 혁명적인 일이었다. 그레코-로만 시대에 신은 숭배의 대상이었다. 신들은 각기 주관하는 영역이 있기에 인간이 무언가를 원하면 그것을 제공해 주는 존재이다. 그리고 신과 인간은 종교적인 제의(祭儀)로 맺어진 관계이기에 인격적인 관계라는 것은 상상할 수도 없다. 그러나 예수님께서는 우리에게 하나님을 '우리 아버지', 심지어 '아빠'라고 소개한다. 미켈란젤로가 〈아담의 창조〉를 그리면서 하나님을 노인으로 표현한 것도 이런 관계에서 생각해 볼 수 있다. 노인은 르네상스 시기에 '제우스'를 표현했을 수도 있다.[101] 그러나 적어도 제우스는 연약한 인간에게 먼저 찾아오지도 않았고, 자신의 형상으로 인간을 만들지도 않았다. 그래서 미켈란젤로는 르네상스 형식을 취하면서도 종교개혁의 향기를 드러낸 것이다.

카라바조의 〈성 마태오의 소명〉이라는 그림에는 미켈란젤로의 의도가 반영되어 있다. 먼지와 티끌에 지나지 않는 존재에게 아버지가 먼저 손을 내미셨듯이, 혐오할 만한 세리에게 하나님의 아들이 손을 내밀고 있다. 그래서 두 손은 닮았다. 이것이 인간을 향한 하나님의 마음이다![102] 카라바조의 그림은 우리 가슴을 뜨겁게 한다. 그림 속에서 세리 마태는 도박판에 앉아 있다. 예수님께서 세리와 창녀를 부르셨다면, 카라바조 시대에는 매춘부, 노름꾼, 집시, 빈민들을 부르시는 것은 당연하다. 이것이 카라바조가 말하고 싶었던 '우리 아버지'에 담긴 의미다.

종교란, 신과 인간 사이의 상호작용이다. 그리스-로마 종교에서 마태 같은 인물에게 신이 찾아올 리 없다. 주기도문의 하나님이 우리 아버지인 이유는 마태 같은 나에게 찾아오셨기 때문이다. 신들이 거하는 천상 세계인 '하늘에 계신' 존재가 말이다! 마태의 표정을 보라. 천상에 계신 신께서 자신에게 찾아올 리 없다는 표정이다. 하지만 하나님은 우리의 어떠함과 상관없이 우리를 그분의 자녀로 부르셨다. '너희가 나를 택한 것이 아니요, 내가 너희를

101 앞의 미켈란젤로 부분에서 김용규의 《신》이라는 책을 언급한 부분이다.
102 김영준, 앞의 책, 149~151.

택하여 세웠나니(요 15:16).' 그래서 루터는 인격적인 관계로 '하늘에 계신 우리 아버지여'를 언급한다.

> '하늘에 계신 우리 아버지여'란, 하나님은 이 말씀을 통해 그분이 우리의 참 아버지이시고, 우리는 그분의 참 자녀임을 믿으라고 권유하십니다. 그리하여 사랑하는 아이가 아버지에게 하듯, 담대함과 확신을 가지고 하나님께 기도하게 하십니다. (루터, 《소교리문답》 중에서)

이름이 거룩히 여김을 받으시오며

예수께서는 하나님의 이름이 이 세상에서 거룩하게 되기를 원하신다. 거룩하게 된다는 것은 구별되는 것이고, '다름'을 보여주는 것이다. 예수님은 왜 하나님의 이름이 이 세상에 거룩하게 되기를 원하셨을까?

예수님 시대의 유대인은 로마의 지배를 받고 있었다. 그들이 인식한 현실은 로마 체제였다. 그러므로 이들은 로마를 몰아내야 하나님 나라가 임한다고 믿었다. 로마가 건재하는 한 하나님 나라는 드러날 수 없다고 생각했다. 예수님께서 하나님의 이름을 구별되도록, 즉 거룩하게 하신 이유는 분명한 실체를 보여주시기 위함이었다. 하나님 나라는 환상이나 꿈속의 세계가 아니다. 눈으로 볼 수는 없지만 분명히 이 세상에 있는 실체다. 때로는 이 세상의 고난으로 인해 하나님 나라를 인식하는 믿음이 흔들릴 때가 있다. 세례 요한이 밧모 섬에 있을 때, 스데반이 돌에 맞고 있을 때, 그들은 실패자로 보였고, 그들의 인생은 형편없다고 여겨졌다. 그렇지만 스데반은 보좌 우편에 계신 그리스도를, 요한은 영광스러운 보좌를 바라보았다. 그들이 본 것은 환상이 아니라 실체였다.

카라바조, <그리스도의 체포>(1602)

하나님의 이름이 거룩하게 되어야 하는 이유는 하나님의 체면이나 위신 차원이 아니다. 스데반과 요한이 본 그 실체를 이 세상에 보여주시기 위해서다. 이 목적을 위해 예수님께서는 겟세마네로 향하셨고, 십자가에서 죽으셨다. 그러나 제자들은 로마를 제거해야 하나님 나라가 임한다고 믿었다. 카라바조의 그림은 제자들의 기대가 겟세마네에서 한순간에 무너지는 찰나를 보여준다. 예수님의 뒤편에 두 팔을 벌리고 달아나는 제자가 보인다. 예수님과 친분이 가장 가깝다고 과시했던 요한이다. 요한은 이 순간 하나님 나라의 소망이 사라졌다. 그림 중앙에는 가룟 유다가 예수님께 입 맞추고 있다. 입맞춤은 로마 군사에게 체포해야 할 대상이 누구인지 알려준 암호였다. 그가 스승을 배신한 이유는 돈 때문이다. 일부 학자들은 예수가 로마를 제거할 기대가 사라지자 가룟 유다가 배신했다고 본다. 이것이 제자들이 인식한 현실이었다.

그러나 사도들은 예수님께서 십자가에서 처형당한 후 세상에 하나님 나라를 전했다. 하나님 나라는 사라진 것이 아니라 오히려 강력하게 전파되었고, 로마 제국을 정복했다. 어떻게 하나님의 이름이 거룩해지고, 하나님 나라가 로마 제국을 이길 수 있었을까? 카라바조는 등불을 들고 있는 자기의 얼굴을 그렸다. 카라바조에게 예수는 누구였던가? 카라바조는 빛을 가룟 유다와 예수님께 비춘다. 음흉한 가룟 유다와 묵묵히 견디는 예수님의 얼굴이 대조된다. 절규하며 도망치는 요한도 눈에 띈다. 카라바조는 빛을 예수님의 두 손에 비춘다. 이것이 하나님의 이름이 거룩해진 비결이다. 초대교회 성도들은 무력으로 투쟁하지 않았다. 그들은 하나님의 이름을 대변했다. 사도들은 이렇게 로마 제국 속에서 하나님 나라를 전했다. 로마 시민들이 평가한 그리스도인들은 거짓말, 사기, 중상모략, 비방, 살인, 간음, 도둑질하지 않는 사람이었다. 하나님이 거룩한 것처럼 그들은 거룩했고, 그렇게 하나님 나라는 로마 사회를 변화시켰다.

우리는 하나님 나라를 이 세상에 드러내는 대사(大使)들이다. 그리스도의 손을 우리가 세상에 드러낼 때, 하나님의 이름은 거룩해지고, 하나님 나라의 실체는 밝게 빛난다. 세상이 교회를 손가락질하고, '개독교'라고 불러도 하나님의 정체성은 변하지 않는다. 그분은 여전히 거룩하시다. 하나님의 나라가 '우리를 통해' 이 세상에 드러난다는 사실이 영광스럽다. 그 목적을 위해 우리를 부르셨다. 그리스도께서 이렇게 견디셨듯이 우리도 세상을 향해 손을 모을 때다. 카라바조가 로마의 소외받는 사람들을 주목했던 것처럼 말이다.[103] 루터는 이를 다음과 같이 정리한다.

> 하나님의 이름은 그 자체로 거룩합니다. 그러나 우리는 이 간구를 통해 그분의 이름이 우리 가운데서 거룩하게 되기를 기도합니다. 하나님의 말씀이 순수하고 진실하게 가르쳐지고, 하나님의 자녀인 우리가 그 말씀대로 거룩하게 살아갈 때, 그분의 이름이 거룩하게 됩니다. (루터, 《소교리문답》 중에서)

나라가 임하옵시며

도마는 의심의 아이콘이다. 일생 그리스도에 대해 고민했던 카라바조에게 도마는 그의 분신이었다.[104] 카라바조의 의심은 도마에게 이입되어 손가락을 예수님의 상처 속에 넣고 있다. 그러나 그림은 의심하는 모습이 강조된 것이 아니라 카라바조의 믿음을 더욱 분명히 드러낸다. 도마가 손가락을 넣기보다 예수님께서 도마의 손목을 잡아 상처에 넣고 계신다. 하나님 나라는

103 김상근, 《카라바조》, 190.
104 신준형, 《루터와 미켈란젤로》, 286.

우리가 찾는 것이 아니다. 엄밀히 말해서 하나님 나라가 우리의 삶 속에 임하시는 것이다. 그리고 그 순간 도마의 얼굴은 전율로 변했다.[105]

사실주의 화가 카라바조는 이 그림을 그리기 위해서 모델을 구했다. 그림에 나오는 모델이 낯익다. 앞서 〈그리스도의 체포〉에 나오는 가룟 유다의 역할을 맡은 바로 그 모델이다. 두 그림은 1602년에 그려졌다. 천재 화가였고 많은 고객이 있었던 화가가 같은 모델에게 다른 배역을 맡기는 것을 몰랐을 리 없다. 이 또한 카라바조의 의도이다.

그리스도를 배반하고 팔았지만 그리스도는 끝까지 인내하셨다. 우리가 그랬고, 카라바조가 그랬으며, 도마가 그랬다. 우리가 가룟 유다처럼 그리스도를 팔았던 것이 어디 한 두 번이던가? 그렇지만 우리를 향해 그리스도는 두 손을 잡고 계셨고, 그 손으로 우리의 손을 상처로 끌어당기셨다. 도마의 손톱에 낀 때가 실감 나게 묘사되어 있는데, 그 더러운 손톱이 거룩한 성흔에 닿아 있다.[106] 도마의 역할을 맡은 모델은 천대받으며 고된 일상을 살아가는 빈민이었다. 도마와 함께 전율하며 상처를 지켜보는 사람들도 그렇다.[107] 하나님 나라는 그분의 전적인 은혜와 은총으로 임한다. 그리스도의 은혜로 우리는 하나님 나라를 본다.[108] '하나님 나라가 임하옵시며'의 구체적인 모습은 이렇게 우리의 손목을 잡으셔서 이끄시는 부르심이다.[109]

도마는 하나님 나라가 임할 때, 이렇게 고백했다. "나의 주님이시요, 나의 하나님이시니이다." '주님'이라는 호칭은 당시 오직 로마 황제에게만 부여할 수 있는 명칭이었다. 그렇기에 그리스도를 주님이라고 고백하는 것은 이 세

105 신준형, 《루터와 미켈란젤로》, 288.
106 김영준, 앞의 책, 153.
107 김상근, 《카라바조》, 183.
108 신준형, 《루터와 미켈란젤로》, 289.
109 김상근, 《카라바조》, 184.

카라바조, 〈의심하는 도마〉(1602)

상에 분명한 또 다른 실체가 있음을 선언하는 것과 같다. 영광스러운 실체를 요한과 스데반이 보았기에 장애물과 위협은 전혀 고난이 되지 않았다.

> 우리의 기도가 없더라도 하나님의 나라는 분명히 도래합니다. 그러나 우리는 이 간구를 통해 그분의 나라가 우리 가운데 임하기를 기도합니다. 하늘에 계신 우리 아버지께서 그분의 성령을 주셔서, 그분의 은혜가 거룩한 말씀을 믿게 하고, 우리가 그 말씀대로 살 때, 그분의 나라가 지금 여기로부터 영원무궁히 임하게 됩니다. (루터, 《소교리문답》)

뜻이 하늘에서 이룬 것 같이 땅에서도 이루어지이다

카라바조의 〈그리스도의 매장〉은 성 필립 네리(St. Philip Neri, 1515~1595)가 세운 예배당에 전시되어 있다. 네리는 형식에 빠져 있었던 가톨릭의 쇄신을 위해 노력하던 인물이다. 이 그림은 성스러운 그리스도의 죽음을 가난하고 평범한 로마 빈민들의 시각에서 그려내고 있다.[110] 묘석이 거대하게 표현된 이유는 성 필립 네리의 노력처럼 경건한 신앙과 헌신 위에 교회가 세워져야 한다는 것을 의미한다. 바로 예수님의 죽음 위에 교회가 세워졌기 때문이다.[111] 작품의 위대함을 알았던 탓인지, 나폴레옹은 1797년에 이 그림을 파리로 가져갔고, 그가 권력에서 물러난 1815년에 이탈리아로 반환되었다.

〈그리스도의 매장〉에도 미켈란젤로의 영향이 스며들었다. 예수님의 모습은 미켈란젤로의 〈피에타〉와 닮아있다.[112] 〈피에타〉의 예수님은 고난에 멈추지 않고 하나님에게 나아가는 통로였다. 그래서 우리가 그리스도의 육체를 기념하여 성찬식을 행하는 이유다. 〈그리스도의 매장〉에서 그리스도를 부

110 김상근, 《카라바조》, 194.
111 김상근, 《카라바조》, 194~195.
112 김상근, 《카라바조》, 195.

카라바조, 〈그리스도의 매장〉(1603-1604)

둥켜안고 몸을 구부리는 모습은 성찬식에서 떡을 받기 위해 몸을 숙이는 모습이다. 〈피에타〉처럼 마리아는 하나님과 교통하는 통로의 역할을 하며 두 손을 들고 있다. 그리스도를 통해 하나님과 소통하는 곳은 반석으로 표현된 교회다.

카라바조는 그림으로 우리가 어떻게 하나님의 뜻을 이 땅에 드러낼 수 있을지 보여준다. 우리가 그리스도처럼 성스러운 떡이 되어 사람들과 함께할 때, 그곳에 하나님 나라가 임하며, 하나님의 뜻이 교회를 통해 이 땅에 드러난다는 것이다. '뜻이 하늘에서 이룬 것 같이 땅에서도 이루어지이다'는 우리가 친히 그리스도의 떡이 되겠다는 의지다. 우리를 통해 죄와 어둠을 무너뜨리겠다는 결단이기도 하다.

> 우리의 기도가 없어도 하나님의 선하고 자비로운 뜻은 분명히 이루어집니다. 그러나 우리는 이 간구를 통해 그분의 뜻이 우리 가운데 이루어지기를 기도합니다. 하나님은 그분의 이름을 더럽히고 그분의 나라를 방해하는 모든 악한 말과 의지를 부수고 무너뜨리십니다. 하나님은 마귀와 세상, 그리고 우리의 정욕을 꺾으시고, 말씀과 신앙으로 끝까지 우리를 강하고 든든하게 붙드십니다. (루터, 《소교리문답》 중에서)

4. 일상을 견디게 하는 주기도문

오늘날 우리에게 일용할 양식을 주옵시고

카라바조의 신앙과 그림을 살펴볼수록 루터의 생각이 묻어난다. 그렇지만 카라바조의 고객은 가톨릭교회였다. 교회의 기대와 카라바조의 의지가 충돌하는 것은 시간문제였을 것이다. 그중에서 가장 논란이 된 그림이 〈성 마태오의 영감〉이다. 이 그림은 두 가지 버전이 있는데, 이 그림은 두 번째 버전이다. 첫 번째 버전은 논란이 더 컸다. 성스러운 천사가 마태에게 너무 다정하게 앉아 있는 모습은 천박했고, 발가락의 때는 불결해 보였다. 이런 묘사는 '성스러운' 가톨릭교회를 불쾌하게 만들었다. 그래서 카라바조는 〈성 마태오의 영감〉을 다시 그려야 했다. 하지만 '성인' 마태는 처음 그대로 그렸다. 마태의 모델 역시 빈민 중 한 사람이었고, 발가락의 때는 지우지 않았다. 초라한 옷을 입은 그는 하루하루를 힘겹게 살아가는 전형적인 빈민이다.[113] 로마 교회는 이 그림이 예배당에 걸기에는 부적합하다고 결정했다.

카라바조가 마태를 로마 교회의 입맛대로 그렸다면, 고객은 만족시켰겠지만 우리에게 감동을 주지는 못했을 것이다. 성스러움이란 결벽증에 걸린 것처럼 티끌조차 묻지 않는 것이 아니다. 진정한 성스러움은 삶에 부대끼면서도 견뎌내는 것이다. 그림 속 마태는 천사를 매개로 하나님으로부터 영감을 받아 〈마태복음〉을 기록하고 있다. 그가 하는 일은 성스럽지만 발에 낀 때를 통해 본 그의 현실은 상스럽다. 성스러운 로마 교회는 이 그림을 상스럽게 생각했기에 거부한 것이다.[114]

우리의 기도가 없어도 하나님은 '일용할 양식'을 분명히 주십니다. 우리뿐 아니라 악한 사람들에게도 주십니다. 그러나 우리는 이 간구를 통해 매일의 양식을 주시는 분이 하나님이심을 깨닫고, 감사하며 받기 위해 기도합니다. 먹을 것, 마실 것, 옷, 신발, 집, 뜰, 토지, 가축, 돈, 물건, 건실한 배우자와 자녀, 믿음직한 일꾼, 선한 통치자와 정부, 좋은 날씨와 평화, 건강, 교육, 명예, 좋은 친구와 선한 이웃 등 살아가는 데 필요한 모든 것을 뜻합니다. (루터, 《소교리문답》 중에서)

113 김상근, 《카라바조》, 161.
114 김상근, 《카라바조》, 162.

카라바조, 〈성 마태오의 영감〉(1602)

예수님께서는 사람이 떡으로만 살 것이 아니라 하나님의 말씀으로 산다고 하셨지만, 주기도문에는 일용할 양식을 달라고 간구하라고 하셨다. 일용할 양식은 결코 천박하거나 세속적이지 않다. 우리에게 맡겨주신 삶을 견뎌내게 하는 성스러운 도구이다. 하나님은 우리의 먹고사는 문제는 물론, 사소한 부분들까지 책임지신다고 약속하셨다. 오늘 주어진 일용할 양식은 하나님의 응답이다. 그래서 일용할 양식을 구하는 것은 삶을 맡기는 고백이다.

우리가 우리에게 죄 지은 자를 사하여 준 것 같이 우리 죄를 사하여 주옵시고

빈민을 모델로 하고 성인의 더러운 발가락을 그리는 등의 시도는 로마 교회의 심기를 불편하게 만들었다. 그렇지만 〈성 마태오의 영감〉과는 비교가 되지 않을 정도로 교회로부터 비난받은 그림이 〈성모의 죽음〉이다.[115] 그림 속 성모가 죽었고, 그 옆에는 제자가 흐느끼고 있다. 그저 평범한 성화처럼 보인다. 하지만 충격적인 것은 성모의 모델이 로마의 매춘부라는 사실이다. 카라바조는 물에 빠져 죽은 매춘부의 시체를 보기 위해 직접 시체 안치소까지 찾았다. 그녀는 임신한 상태였고, 매춘부였기에 그녀의 시신을 책임지려는 사람도, 애통해 하는 사람도 없었다. 카라바조는 그녀를 모델로 〈성모의 죽음〉을 그렸다.

예수님께서 세리와 창녀의 친구가 되셨다면 이 가련한 여인도 예수님의 친구가 되었을 것이다. 이것이 카라바조의 믿음이었다. 사실 신약 시대의 창녀는 음란한 여인이라고 치부할 수 없다. 당시 여성은 경제활동이 박탈된 사회였기에 매춘은 여인이 먹고 살기 위해 할 수 있는 마지막 선택이었다. 카

115 프란체스카 마리니, 《카라바조》, 최경화 역, (예경, 2008), 42.

라바조 시대의 매춘부도 이와 같다. 그림을 보며 우리는 질문할 수 있을 것이다. '이 여인은 왜 매춘부가 되어야 했을까?' '누가 이 여성을 임신시켰을까?' '여인은 뱃속 아이가 누구의 아이인지 알았을까?' '그녀는 왜 물속으로 뛰어들었을까?' 수많은 질문을 남기며 여인은 사회에서 내몰렸고, 세상에서도 내몰렸다.[116] 〈성모의 죽음〉은 종교인들을 분노하게 했다. 로마 교회는 카라바조의 그림을 신성모독이라며 당장 철거하라고 명령했고, 카를로 사라체니(Carlo Saraceni, 1579~1620)의 그림으로 대체했다.[117] 예배당에서 매춘부의 그림을 철거한 것인지, 아니면 여성들을 사회에서 철거한 것인지 우리는 질문에 대답해야 한다. 루터는 로마에서 '성스러운' 성직자들이 매춘부들로부터 욕망을 채우는 '성(性)스러운' 현실을 목격했다. 그런 성직자들이 카라바조의 그림을 철거한 것이다!

〈성모의 죽음〉이 감동을 주는 이유는 하나님의 마음이 느껴지기 때문이다. 하나님은 영적인 매춘부 같은 우리를 그의 성전에서 '철거'하지 않으셨고, 우리를 그분이 거하시는 '성전'으로 삼으셨다. 만일 하나님이 우리를 매춘부처럼 대하셨다면 어느 누구도 하나님 앞에 설 수 없을 것이다. 하나님이 우리 죄를 사하여 주신 것을 믿으면, 우리 역시 죄를 사하지 못할 사람이 없다. 이것이 세상에 반사해야 할 그리스도의 빛이다. 카라바조는 로마 교회도 거들떠보지 않는 여인을 보며 마음으로 기도하고 있었다. "가련한 이 여인에게 구원의 빛을 내리소서!!"[118] 그렇게 카라바조는 '성모' 주변에 애통하는 사람들을 그렸다. 현실은 시체 보관실에 여인 혼자 덩그러니 방치되었을 텐데 말이다.

우리에게 찾아온 하나님의 손길은 기적이다. 하나님은 우리를 향해 애통

116 김영준, 앞의 책, 157.
117 김상근, 《카라바조》, 201.
118 김상근, 《카라바조》, 202.

카라바조, 〈성모의 죽음〉(1604~1606)

해하셨기 때문이다. 그래서 우리가 세상을 향해 흘리는 눈물은 하나님 나라로부터 흘러나오는 강물이 된다. 세상의 완고함은 눈물을 통해 철거된다.[119] 루터는 이렇게 말했다.

> 우리는 이 간구를 통해 하늘 아버지가 우리의 죄를 뚫어지게 응시하시면 그 죄를 이유로 우리의 간구를 거절하지 말아 주실 것을 기도합니다. 우리는 우리가 기도하는 그 어떤 것도 받을 자격이 없고 바랄 수도 없습니다. 우리는 매일 죄를 지으며, 매를 벌어들입니다. 그럼에도 불구하고 하나님은 우리가 기도하는 모든 것을 주고 싶어하십니다. 이것이 하나님의 은혜입니다. 그 때문에 우리도 우리에게 죄지은 자를 진심으로 용서하고 기꺼이 선을 베풀어야 합니다. (루터, 《소교리문답》 중에서)

우리를 시험에 들게 하지 마옵시고

카라바조 작품 중 루터의 종교개혁을 가장 잘 표현한 작품은 〈성 바울의 회심〉이다. 루터는 '오직 의인은 믿음으로 구원을 받는다'라고 말했다. 카라바조는 바울이 회심한 순간을 그렸다. 신성한 빛이 한 사람, 바울을 비추고 있다. 하나님의 빛이 인간에게 은혜로 임하는 것이다.[120] 미켈란젤로의 〈성 바울의 회심〉에서는 다른 사람들도 바울의 빛을 감지한다. 반면 카라바조는 사실주의 화가답게 그렸다. 우리가 만약 다메섹에서 바울과 함께 있었다면 그가 본 빛을 볼 수 없었을 것이다. 바울만 그 빛을 보았고, 우리는 땅바닥에 쓰러진 바울을 보았을 것이다. 바울에게 임한 빛은 한 개인에게 임한 초자연적인 빛이다.[121]

미켈란젤로의 그림에서 표현된 신비로운 빛이 카라바조에게는 없다. 구

119 김영준, 앞의 책, 158.
120 김상근, 《카라바조》, 149.
121 프란체스카 마리니, 앞의 책, 110.

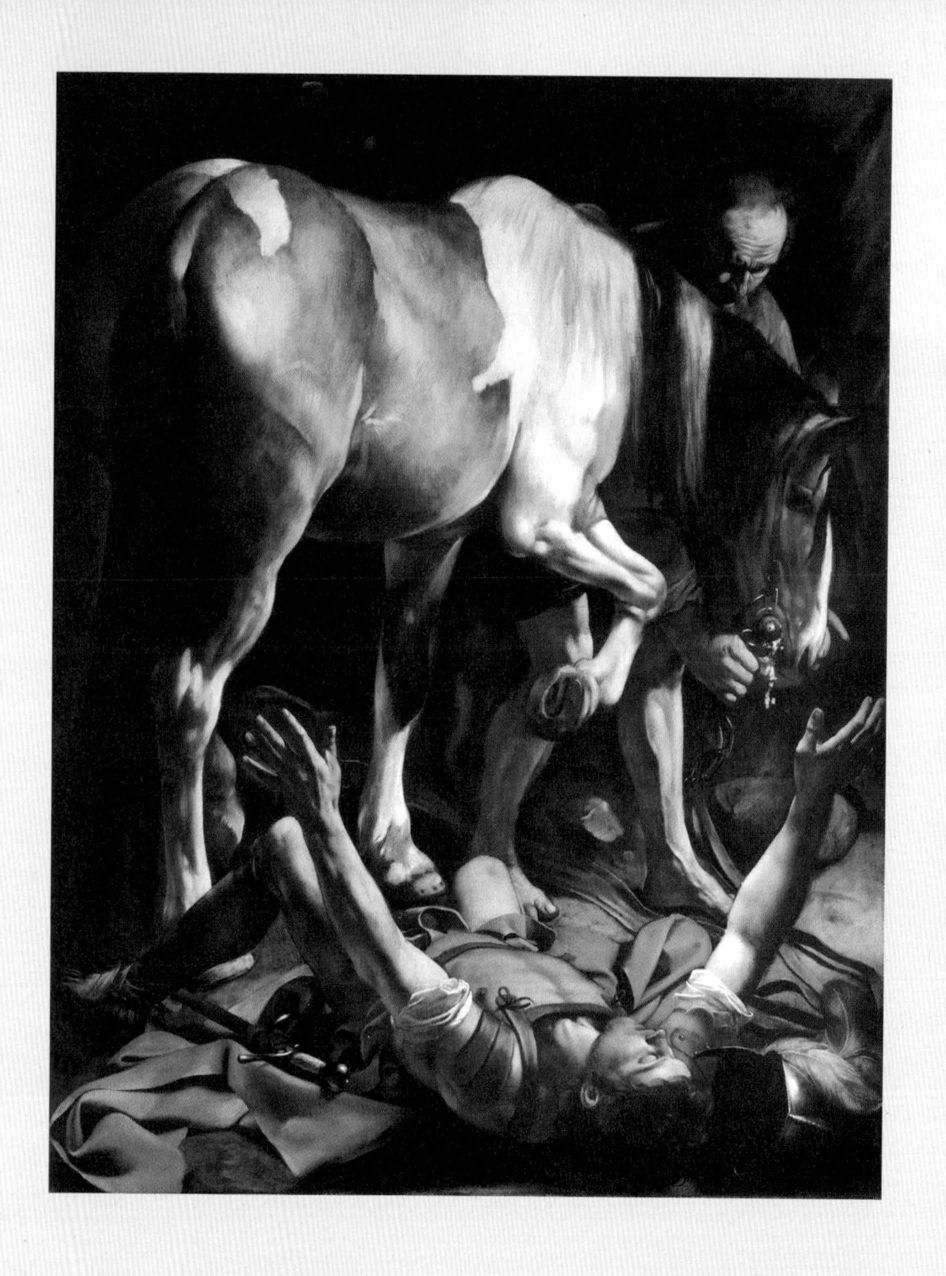

그림, 카라바조, 〈성 바울의 회심〉(1601)

원은 믿음을 가진 한 사람과 하나님 사이에 일어나는 작용이다. 그러나 우리의 믿음은 구원받을 때만 작용하지 않는다. 믿음은 구원에 이르게 하고, 구원을 완성하게 한다. 우리가 살아가는 모습은 바울이 허우적대는 모습과 비슷하다. 그러나 바울에게 분명한 빛이 임했고, 그의 삶 속으로 하나님의 나라가 들어오셨다. 비록 우리는 시험과 고난을 반복하며 살아가지만, 절대로 망하지 않는다. 하나님 나라가 임했기 때문이다. 그래서 우리는 시험 중에도 전진할 수 있다.

> 하나님은 아무도 유혹하지 않으십니다. 그러나 이 간구를 통해 하나님께서 우리를 지키고 보호해 주시기를 기도합니다. 그분은 우리가 마귀와 세상과 우리의 정욕에 넘어가지 않게 하시고, 불신과 의심, 그 밖에 커다란 수치와 방탕의 꾐에 빠지지 않게 하십니다. 이런 시련이 닥쳐 기도할 때, 우리는 결국 승리를 얻습니다. (루터, 《소교리문답》 중에서)

다만 악에서 구하옵소서

주기도문의 마지막은 악에서 건져 달라는 간구다. 선과 악의 개념을 카라바조의 그림에서 발견할 수 있다. 〈엠마오에서의 저녁식사〉 속 예수님의 얼굴은 성스럽지 않고, 근엄함을 나타내는 수염도 없다. 르네상스 예술처럼 후광도 없다. 엠마오에서 저녁 식사를 하고 있지만, 이 음식은 로마에서 평범하게 먹을 수 있는 음식이다. 사람들의 옷도 로마 빈민들 차림이다. 오른편 제자의 가슴에 조개껍데기가 달려 있는데, 이는 전통적으로 순례자를 상징한다.[122] 배경이 설정된 장소는 엠마오지만, 사실 카라바조가 살던 당시의 시공간을 그린 것이다.

122 김상근, 《카라바조》, 179.

왼편에서 비추고 있는 빛을 받지 못한 과일은 말라가고 있다. 바구니는 식탁에서 떨어지기 직전이다. 바울의 회심에 나타난 빛은 이 그림에도 연결된다. 진리의 빛에서 멀어지면 모든 것은 시들고, 우리의 인생도 저물어 가는 것을 보여주는 것이다.[123] 그런 삶이라면 식탁의 바구니처럼 언제든지 떨어질 수밖에 없다. 그림의 상징과 구도는 트리엔트 공의회에서 결의한 것과는 거리가 멀다. 성스럽지도 않고, 웅장하지도 않다.[124] 그러나 예수님께서는 손을 들어 우리에게 말하고 있고, 한 제자도 그의 손을 뻗어 관객을 식탁으로 초대하고 있다.

카라바조는 그림으로 선과 악의 통념을 뒤집는다. 경건하고 웅장한 것이 더 이상 선이 아니다. 오히려 '지극히 작은 자'를 향해 환대를 베푸는 것이 선임을 보여준다. 초라하고 궁핍한 것이 악이 아니다. 오히려 이를 업신여기는 것이 위선이고 악이다. 예수님께서 우리를 '악에서 구하소서'라고 하신 의미는 분명해진다. 악이란, 위선과 혐오며, 미움과 분리의 장벽을 세우는 일이다. 반대로 선이란 그리스도께서 식탁으로 우리를 초대하신 것처럼 세상을 향해 손을 내미는 것이다. 그것이 악에 빠지지 않고 위선에서 우리의 영혼을 구할 수 있는 비결이다.

이 간구는 결론입니다. 하늘에 계신 아버지는 우리의 몸과 영혼, 재산과 명예에 붙어 있는 모든 악에서 우리를 구하시고, 때가 차서 복된 임종의 시간이 되면 그분의 은혜로 모든 아픔에서 건져 하늘로 인도하십니다. (루터, 《소교리문답》 중에서)

123 김상근, 《카라바조》, 86.
124 프란체스카 마리니, 앞의 책, 118.

카라바조, 〈엠마오에서의 저녁식사〉(1601)

나라와 권세와 영광이 아버지께 영원히 있사옵나이다

마태는 카라바조 작품 속 가장 많이 등장한 인물이다. 마태는 사도가 된 이후 에티오피아에서 복음을 전하다 순교했다고 알려진다. 〈성 마태오의 순교〉는 마태가 순교 당하는 장면을 그렸다. 이 작품 역시 그림의 배경은 에티오피아가 아니라 대리석이 깔린 로마 예배당이다. 주변인 역시 당대 사람들이다. 지금 마태는 로마의 예배당에서 죽임당하고 있다!

마태의 죽음에 놀라는 사람도 있지만 조롱하며 지켜보는 사람도 있다. 예수님께서 가르쳐 주신 마지막 문장은 하나님의 나라와 권세와 영광이 하나님께 영원히 있기를 고백한다. 나라와 권세와 영광이라는 말을 들었을 때 떠오르는 생각은 무엇인가? 카라바조는 〈성 마태오의 순교〉를 통해 주기도문의 핵심을 전한다. 카라바조는 마태를 처형하는 사람 뒤에 자기의 얼굴을 그려 넣었다. 그림 속 카라바조는 마태가 실패한 삶을 산 것은 아닌지 고민하며 바라보고 있다. 더하여 카라바조는 순교를 당하는 마태와 하나님 사이에 천사를 그렸다. 천사의 손에는 종려나무 가지가 있다. 하나님은 마태의 인생을 진정한 승리라고 선언하고 계신다.[125]

비참하게 죽임당한 예수님이 하나님에게는 영광이 되셨다(요 13:31~32). 하나님은 마태의 인생을 영광으로 여기셨다. 하나님 나라는 이렇게 확장되기 때문이다. 만일 마태가 예수님의 부름에 응하지 않았더라면 그는 순교를 당하지도 않았고, 부유한 삶으로 생애를 마쳤을 것이다. 예수님께서 십자가에서 죽지 않았더라면, 12군단도 더 되는 천사들을 동원했더라면, 고통도 없이 로마를 무찌르는 영광도 누렸을 것이다. 하지만 그랬다면 하나님 나라는 결코 우리에게 오지 않았을 것이다. 하나님 나라가 확장되는 것이 하나

125 프란체스카 마리니, 앞의 책, 106.

카라바조, 〈성 마태오의 순교〉(1599~1600)

님께 영광이다. 하나님 나라가 나타나는 곳에 하나님이 다스리시는 권세가 있기 때문이다. 만일 우리가 고통 속에 있다면 어쩌면 영광스러운 순간일지도 모르겠다. 우리는 하나님의 권세 속에 살아가고 있으니 말이다.

우리가 기도하는 모든 간구를 하늘에 계신 아버지께서 받아 응답해 주실 것을 확실히 믿는 의미로 '아멘'이라고 합니다. 그렇게 확신하는 이유는 하나님께서 우리에게 이렇게 기도하라고 명령하셨고, 우리의 기도를 경청하겠다고 약속하셨기 때문입니다. 그러므로 '아멘'이라는 말은 '예, 진실로 그렇게 될 것입니다!'라는 뜻입니다. (루터, 《소교리문답》 중에서)

8장

눈에 보이는 '십계명', 렘브란트를 만나다

스페인의 무적함대가 네덜란드에 상륙했다. 스페인과 네덜란드의 80년간의 전쟁(1568~1648)으로 많은 사람이 피의 법정에서 처형당했고, 물리적으로 맞서는 동안 쥐와 말을 잡아먹으며 버티기도 했다. 침입자 스페인도 전쟁으로 힘든 것은 마찬가지였다. 전쟁 비용을 끌어모으느라 스페인은 부도 직전이었다. 80년 전쟁은 시간이 갈수록 명목상으로 흘렀다. 스페인의 족쇄가 느슨해지면서 네덜란드는 억압받던 개신교가 오히려 억압하는 종교로 군림했다.

스페인의 침공이 약해진 사이 두 부류의 개신교파가 대립하기 시작했다. 프란치스코 호마루스(Francisus Gomarus, 1563~1641)와 야코부스 아르미니우스(Jacobus Arminius, 1560~1609) 사이에 논쟁이 벌어졌다. 호마루스를 지지하는 자들은 예정설을 주장한 칼뱅주의자들로 이들로부터 장로교가 유래되었다. 반면 아르미니우스는 하나님의 주권이 아닌 인간의 자유의지를 강조했다. 그의 가르침은 현재 감리교의 신학과 맞닿아 있다. 스페인의 칼날 아래에서 신음하던 시절, 장로교와 감리교의 구분은 의미가 없었다. 하지만 스페인이 사라진 지금, 양측은 서로를 사탄으로 몰아붙였다. 결국 1618~1619년에 네덜란드 도르트에서 도르트 신조를 체결했고, 칼뱅주의자들은 아르미니우스주의자들을 이단으로 정죄했다. 감리교가 '마귀'가 된 것이다.

렘브란트는 바로 이 시기의 화가이다. 렘브란트의 그림 속에는 십계명이 녹아 있다. 십계명을 관념이 아닌 그가 경험한 현실 속에서 해석해야 한다. 렘브란트의 그림과 16세기의 신앙의 박해 속에서 피어난 《하이델베르크 교리문답》을 연결하여 지금 이곳에 살아있는 십계명으로 해석할 수 있다.

1. 왕관 대신 터번을 쓴 바빌론의 왕

도르트 신조가 체결된 이후, 암스테르담은 칼뱅의 영향 아래에 있던 16세기 제네바와 비슷하게 변했다. 칼뱅이 정죄한 사람들은 이단이 되었고, 예술과 악기가 교회에서 사라졌다. 17세기 암스테르담도 비슷했다. 감리교도로 살아가기가 쉽지 않았다.[126] 감리교도들의 모임이 발각되는 순간 장로교 군중이 가만히 내버려 두지 않았다. 군중은 무섭게 고함을 질러댔고, 이단들이 모인 집을 향해 무엇이든 던졌다. '하나님의 영광'이라는 이름으로 말이다.[127] '오직 말씀'이라는 구호를 내세운 교회는 문자 그대로 '말씀'만 남았다. 음악은 마귀가 일으키는 감정을 유발한다고 생각했기에 교회에서 오르

126 감리교는 18세기에 만들어진 교파다. 그러나 아르미니우스주의자라고 하면 독자들에게 생소하기에 감리교라고 표현했다. 아르미니우스주의에 영향을 받아서 존 웨슬리의 감리교 신학이 만들어졌기 때문이다.

127 헨드릭 빌렘 반 룬, 《렘브란트1》, 박웅희 역, (들녘, 2003), 128~132.

간을 없앴다. 하나님의 주권이면 모든 것에서 충분하다고 생각했다. 암스테르담은 장로교 신앙이 지배하는 도시가 되었다.

암스테르담에 새로운 유행이 생겨났다. 네덜란드는 오래전부터 튤립을 재배했는데 당시 튤립은 외국에서 들어온 잡초일 뿐이었다. 1630년 '거룩한' 나라가 미쳐 돌아가기 시작했다. 튤립의 거래가 늘어나기 시작하더니 어떤 구근은 같은 무게의 금보다 더 비쌌다. 튤립 한 뿌리가 금값이 되고, 튤립 한 뿌리가 집 한 채보다 비싸게 거래되었다. '잡초'에 투자해서 '건물'을 획득한 사람은 축복받은 사람이 되었다. 사람들은 이를 하나님의 축복이라고 간증했고, 앞다투어 튤립을 주문했다. 역사는 이를 튤립 거품(Tulip Bubble)이라고 부른다. 이 거품은 곧 꺼지고 말았다. 튤립은 다시 잡초로 되돌아왔다. 튤립 때문에 재산을 잃은 사람들은 삶을 비관해 자살하기도 했다. 튤립 거품은 암스테르담의 불편한 진실이다.

20년 전에 감리교를 추방한 곳을 튤립이 채웠고 튤립 거품은 곧 사라졌다. 이 사실을 어떻게 받아들일 수 있을까? 이런 현실은 한국교회의 데자뷰 같다. 조금이라도 다르면 상대방을 헐뜯고 비방하면서 독실함을 과시하지만, 투기에 대해서는 관대하다. 이 시기 렘브란트는 〈벨사살 왕의 연회〉라는 그림을 남겼다.

이 그림은 다니엘서 5장을 토대로 시대를 예리하게 풍자했다. 바빌론의 벨사살은 느부갓네살이 예루살렘에서 탈취한 성전의 기물을 꺼내서 바빌론 신에게 바치는 제의의 도구로 활용했다. 당시의 '연회'는 신들을 향한 종교 행위였다. 연회가 한창이던 순간에 손가락이 나타나 벽에 글자를 새겼다. 렘브란트는 왕이 깜짝 놀라는 모습을 자세하게 그렸다. 왕의 목걸이는 흔들렸고, 옷에 단추는 떨어졌다. 렘브란트는 찰나를 실감 나게 표현했는데 글자를 바라보는 사람들의 얼굴은 사색이 되었다. 오른편의 여인은 놀란 나머지

렘브란트, 〈벨사살 왕의 연회〉(1635)

술을 팔에 쏟고 있다. 바빌론 최고의 학자들을 동원했지만, 벽에 새긴 글의 뜻을 알 수 없었다. 결국, 관리들은 다니엘을 떠올렸다. 다니엘은 선대에 활약하던 고위 관리로 현재는 백발의 은퇴한 노인이었다. 그가 벨사살 왕 앞으로 소환되었다. 그 글자는 다음과 같다.

"메네 메네 데겔 베레스(우바르신)"

'메네'는 하나님이 이미 왕의 나라의 시대를 세어서 그것을 끝나게 하셨다는 뜻이고, '데겔'은 왕을 저울에 달아보니 부족함이 보였다는 뜻이며, '베레스'는 왕의 나라가 나뉘어 메대와 바사 사람들에게 준 바 되었다는 뜻이다. 즉 하나님이 역사와 주관자들을 통치하시고 심판하신다는 말이다. 세계를 호령하던 바빌론은 다음 날 역사의 뒤안길로 사라졌다. 여기까지 성경의 내용이다.

렘브란트는 역사를 통해 현실을 폭로한다. 벨사살은 왕관이 아닌 터번을 쓰고 있다. 바빌론 왕이 페르시아의 터번을 쓰고 있는 이유는 무엇일까? 페르시아어로 '터번'은 '튤립'이다. 튤립 열풍과 무관하지 않음을 보여준다. 벽에는 '메네 메네 데겔 우바르신'을 히브리어로 새겼다. 평소에 유대인과 가까운 관계를 맺었던 렘브란트가 이 글자를 모르거나 혹은 착각했을 리가 없다. 왜냐하면 랍비들에게 얼마든지 확인할 수 있기 때문이다. 그렇지 않으면 덧칠하면 그만이다. 그런데 '우바르신'에 해당되는 맨 마지막 알파벳은 영어로 비유하면 n이 아니라 숫자 7을 의미하는 알파벳으로 표기되었다. 이 시기의 숫자 7은 스페인에 대항해 독립 전쟁을 벌였던 네덜란드 7개 주를 상징한다. 바빌론 왕의 머리에 있는 튤립과 벽에 새겨진 숫자 7은 시대를 향한 렘브란트의 일침이었다. 교리를 통해 이단을 제거한 교회가 '바알' 앞에서

휘청이고 있는 모습인 것이다. 사람들의 놀란 표정은 글씨가 아닌 튤립에 놀란 표정과 반응이 아니었을까!

교리는 어떤 집단의 수칙이나 정관이 아니다. 적어도 렘브란트에게 교리란 세상을 바라보는 가치관이고 렌즈다. 조금 더 좁혀서 십계명은 교리 역할을 한다. 십계명은 구원받기 위해 지켜야 하는 조건이 아니다. 직분을 받기 위해 외워야 하는 것도 아니다. 우리에게 십계명은 어떤 의미인가?

2. 십계명을 박살 내는 모세

시내 산에서 십계명을 받은 모세의 얼굴은 수심으로 가득하다. 그는 하나님으로부터 직접 받은 십계명 돌판을 집어 던지려고 한다. 모세가 '불경한' 행동을 하는 이유는 무엇일까? 이스라엘 백성은 하나님과 대면하기를 원했지만 모세가 산에 있는 동안 금송아지를 만들었다. 이들은 하나님 대신 금송아지를 섬긴 것이 아니다. 금송아지가 자신들을 이집트로부터 그곳까지 인도한 하나님이라고 믿었다. 그러면서 풍요와 번영의 신이었던 '아피스(Apis)'를 금으로 만들었다. 아피스를 만든 이들은 우상 숭배로 죽을 것이다. 십계명이 우상 숭배를 금했기 때문이다. 모세는 동족들을 살리기 위해서 십계명을 깨뜨렸다.

> 이제 그들의 죄를 사하시옵소서. 그렇지 아니하시오면 원하건대 주께서 기록하신 책에서 내 이름을 지워 버려 주옵소서. **출애굽기 32장 32절**

모세는 이스라엘 백성들을 구하기 위해 하나님께 이렇게 간구했다. 모세

렘브란트, 〈돌판을 깨는 모세〉(1659)

는 하나님과 이스라엘 사이의 중재자가 되었다. 이것은 십자가를 예표한다. 그리고 우리가 따라야 할 십자가의 길이기도 하다. 또한 중재자 모세가 십계명을 통해 세상을 대하는 태도이기도 하다. 모세는 하나님과 세상을 중재했다. 하나님은 이스라엘 백성을 '제사장 나라(출 19:6)'로 삼으셨다. 하나님은 우리가 하나님과 세상의 중재자가 되어 하나님 나라를 증거하는 제사장이 되길 원하신다.

사람들에게는 소속된 나라가 있고, 그 나라에는 법이 있다. 대한민국에서는 헌법을 지켜야 한다. 법은 나라의 실체가 있다는 상징이다. 우리가 이미 사라진 고조선 8조법과 로마 시대의 법을 따를 필요가 없는 것은 더 이상 실체가 없기 때문이다. 십계명을 주신 이유는 이 세상에 분명한 하나님 나라의 실체가 있음을 드러내시는 것이다. 이 세상에 하나님 나라가 선명하지 않고 교회가 손가락질 받는 이유는 법이 존재하지 않기 때문이다. 법을 따르지 않으면 실체는 흐려진다. 그래서 신앙교육이 중요하다. 십계명은 하나님 나라의 핵심이다. 종교개혁자들은 십계명을 해마다 교회에서 가르쳤고, 화가들은 십계명을 그림으로 구체적으로 표현했다. 우리와 종교개혁자들은 같은 십계명을 암송하고 배우고 있지만, 같은 교육을 하지는 않는다. 오히려 우리의 교육은 렘브란트의 그림 속 모세처럼 십계명을 내던지고 있는 형편이다.

십계명 교육의 핵심 : 공감의 창문 만들기

지금까지 십계명 교육은 대부분 암기였다. '구원의 확신'이 열풍처럼 유행하던 시기에 렘브란트처럼 십계명을 내팽개치기도 했다. 구원을 위해서는 믿음만 중요했기 때문이다. 십계명은 암기하는 것이 아니라 공감하는 것이다. 십계명의 제3계명을 떠올려 보고 우리 삶의 맥락에서 무엇을 말하는지 우리의 언어로 한 줄로 요약해 보자. 이것은 결코 쉽지 않다. 그래서 가장 쉬운 것이 암기다. 아이들의 맥락에서 '번역'하려면 고민해야 한다. 번역이 되면 다양한 형태로 교육할 수 있다. 올바른 번역에서 올바른 교육이 나온다.

번역은 아이들의 사고력을 촉진시킨다. 지금까지 교육 현장에서 경험한 학생들과 교사들은 이런 접근을 어색하게 느끼지만, 시간이 지나면서 점차 탁월하게 반응한다. 삶의 맥락을 사고력을 통해서 말씀으로 채워간다. 관점이 바뀌면 교육이 바뀐다. 공감의 창문으로 렘브란트와 소통해 보자.

3. 하나님과 우리를 연결하는 십계명

1계명. 너는 나 외에는 다른 신들을 네게 있게 말지니라

〈갈릴리 호수의 폭풍〉은 바다를 소재로 렘브란트가 그린 유일한 그림이다. 바다에 배 한 척이 떠 있다. 밤이지만 렘브란트는 빛을 배 위에 드리운다. 배는 절반이나 기울어져 침몰하기 직전이다. 렘브란트는 빛을 활용해 제자들을 양분한다. 기울어진 돛대를 중심으로 왼편에 있는 제자들은 빛에 노출되었고, 폭풍에 맞서서 사투를 벌이고 있다. 반대편 어둠 속에 있는 제자들은 예수님 주변에 있지만 체념하고 원망한다. 빛을 통해 우리의 내면을 드러내는 렘브란트의 표현력이 돋보인다. 빛에 노출된 제자들의 모습은 풍랑 앞에서 우리가 취하는 보편적인 반응이다. 고난의 파도 앞에서 우리는 이렇게 사투를 벌인다. 어둠 속의 제자들은 우리의 내면이다. 원망과 분노, 체념을 예수께 쏟아붓는다.

렘브란트, 〈갈릴리 호수의 폭풍〉(1633)

배 중앙에 한 손으로 모자를 잡고 관객을 보는 인물이 있다. 렘브란트 자신이다. 그는 우리에게 말을 건네고 있다. 당신은 어떤 제자인지 묻고 있는 것이다. 이것이 공감된다면 다른 질문을 던져보자. 우리의 믿음은 언제 발휘되는가? 예배 시간에 찬양과 기도에 몰입했을 때인가, 고통의 한가운데에 있을 때인가? 십계명의 제1계명이 우리에게 묻는 핵심이 이것이다. 우리의 삶 속에서 하나님은 어떤 의미인가? 중요한 일들을 다 마치고, 주말에 안부를 전하는 존재인가? '주(主)'라고 고백한다면 우리의 삶에서도 실제로 주인인가? 그래서 하나님은 이스라엘 백성들에게 다음과 같이 물으셨다.

> 이 백성이 입으로는 나를 가까이하고, 입술로는 나를 영화롭게 하지만, 그 마음으로는 나를 멀리하고 있다. 그들이 나를 경외한다는 말은 다만, 들은 말을 흉내내는 것일 뿐이다. **이사야 29장 13절(새번역)**

십계명의 제1계명은 겉모습으로 드러나지 않는다. 우리가 하나님을 주인으로 섬기고 있는가를 묻는다. 그래서 루터와 칼뱅은 이렇게 말한다.

> 이 말은 오직 하나님만 섬기고 다른 신을 섬기지 말며, 너희 마음을 오직 하나님께만 두라는 뜻입니다. (마르틴 루터, 《대교리문답》)
>
> 우리의 삶 속에서 다른 것이 아닌 완전히 하나님만 신뢰해야 합니다. (칼뱅, 《기독교강요》)

2계명. 너는 너를 위하여 새긴 우상을 만들지 말라

십계명 제2계명에서 '우상'이라 하면 '형상'을 떠올리곤 한다. 신상(神像)을 가리켜 우상으로 정의하면 결국 타종교를 혐오하는 태도로 이어진다. 물론, 이것이 배제되는 것은 아니지만 출애굽기의 형상은 다른 의미다. 이집트 사람으로 살아가던 모세는 수많은 이집트 신들을 경험했다. 이집트에는 삶을 주관하는 신이 많이 있었고, 그 신들은 저마다 다양한 형상을 하고 있었다. 그래서 뼛속 깊이 이집트 사람과 다를 바 없었던 이스라엘 백성이 모세가 없었을 때, 금송아지 형상을 만든 것이다. 그들이 풍요의 신 아피스를 만들었을 때, 하나님은 그들의 인식 속에 풍요와 번영의 영역으로 갇혀 계신다. 그렇다면 제2계명의 본질은 형상 자체를 넘어서, 하나님을 탐욕의 도구로 만들지 말라는 의미가 아닐까!

바울이 형상으로 가득한 아테네에 갔을 때, 바울은 사람들이 제2계명을 어겼다고 분노하지 않았다. 오히려 그들과 소통하려고 노력했던 모습이 사도행전 17장에 나온다. 바울은 우상을 '탐욕'으로 정의한다(골3:5). 우리는 '우상'을 어떻게 적용할 수 있을까? 십자가 자체도 우상이라면서 예배당에서 제거한 교단도 있지만, 오늘날은 어느새 '맘몬'이 주인의 자리에 앉아있다. 그래서 루터와 칼뱅도 다음과 같이 지적한다.

> 돈에게 네 마음을 두지 말고, 참 신이신 하나님께 두십시오. 돈과 재물이 있는 자들이 말하기를 "나는 낙원 한가운데 앉아 있는 것처럼 안전하고 행복하여 아무것도 두렵지 않다"고 말합니다. (루터, 《대교리문답》)
>
> 우상 숭배하는 사람들이 만든 형상들은 하나님을 대신할 수 없습니다. 그들은 마음대로 형상을 바꿉니다. 게다가 그들은 매일 새로운 형상들을 만듭니다. 그러나 자기들이 새로운 신들을 만들고 있다고는 생각하지 않았던 것입니다. (칼뱅, 《기독교강요》)

렘브란트의 작품 〈어리석은 부자〉는 '우상 숭배'의 전형이다. 한 부자가 촛불을 켜고 있고, 주변에는 온갖 장부가 산처럼 쌓여 있다. 촛불이 밝히는 곳은 부자가 시선이 미치는 곳의 한계다. 그의 주변에는 우상의 형상도 보이지 않을뿐더러, 우상을 만들지도 않았다. 하지만 그는 우상숭배를 하고 있다. 도르트 회의(1618~1619)에서 칼뱅주의 교리를 확정하고, 다른 사상들은 이단으로 정죄한 지 불과 10년도 안 된 시기에 렘브란트는 이 작품을 그렸다. 엄격한 종교적인 사회였지만, 그의 오른손은 희생의 상징인 촛불마저 가린다. 심판을 상징하는 저울은 그에게는 아무런 위협도 되지 않는다. 돈에는 관대하고 '다름'에는 엄격한 태도는 지금도 여전하다.

3계명. 하나님의 이름을 망령되게 부르지 말라

바울은 로마서의 말씀을 통해 십계명 제3계명의 개념을 설명한다.

> 율법을 자랑하면서도, 왜 율법을 어겨서 하나님을 욕되게 합니까? 성경에 기록된 바 '너희 때문에 하나님의 이름이 이방 사람들 가운데서 모독을 받는다' 한 것과 같습니다. **로마서 2장 23~24절(새번역)**

제3계명은 이교도들이 하나님의 이름을 모독한다는 의미가 아니다. 하나님의 이름을 대표하는 사람들이 세상에서 하나님의 이름을 욕되게 하는 것이다. 이를 잘 보여주는 작품이 렘브란트의 〈스데반의 순교〉다. 스데반은 신약 최초의 순교자다. 스데반 앞에는 그림의 절반을 차지할 만큼 위협이 어둡게 드리워 있다. 사형을 집행하는 사람이 말을 타고 위압적으로 서 있다. 스데반 주변의 사람들은 분노에 가득 차 커다란 돌덩어리를 들고 스데반을 내리치려고 한다.

렘브란트는 두 사람을 대비시킨다. 순교를 당하면서도 영광의 빛을 바라보는 스데반과 그 뒤에서 처형을 지시하는 바울, 즉 회심 전의 사울이 있다.

렘브란트, 〈어리석은 부자〉(1627)

렘브란트, 〈스데반의 순교〉(1625)

스데반과 사울은 같은 방향을 보지만 표정은 다르다. 스데반은 고통 중에서도 영광스러운 표정이다. 그는 지금 그리스도를 보고 있다. 그의 영광은 순교의 고통보다 훨씬 크다. 같은 방향을 보고 있지만 사울은 그 빛의 정체가 무엇인지 모른다. 스데반 바로 뒤에 있는 인물은 렘브란트 자신이다. 렘브란트는 대조를 보여주며 '누가 승리자인지'[128] 우리에게 묻는다. 아마 스데반의 처형장에 있었던 사람들이라면 사울이 승리자로 보였을 것이다. 그러나 스데반에게는 영광의 빛이 비치지만, 사울의 눈에는 아무것도 보이지 않는다. 하나님의 영광을 위한다고 생각했던 사울, 심판을 당하는 스데반. 무엇이 영광이고 무엇이 심판인지 질문한다. 정말 하나님의 이름을 욕되게 하는 사람은 누구인지 되묻고 있다. 혹시 우리가 사울처럼 하나님의 영광을 외치면서 실제로는 하나님을 욕되게 하는 것은 아닌지, 루터와 칼뱅은 그 모습을 지적한다.

하나님의 이름을 망령되게 부르지 말라는 말씀은 오남용의 금지뿐만 아니라 바른 사용을 위한 명령이기도 합니다. 하나님이 우리에게 자신의 이름을 알려 주신 이유는 그 이름을 잘 사용하고, 쓰라는 것입니다. (마르틴 루터, 《대교리문답》)

이 계명의 뜻은 다음과 같다. 하나님은 우리가 너무나 사랑하고 두려워해야 할 분이기 때문에 우리는 어떤 경우에도 지극히 거룩한 그의 이름을 욕되게 해서는 안 된다는 것이다. (칼뱅, 《기독교강요》)

4계명. 안식일을 기억하여 거룩하게 지키라

주일은 안식일일까? 주일성수가 제4계명을 지키는 것일까? 엄밀히 말하면 안식일과 주일은 다르다. 바울은 분명히 말하기를, 안식일은 장래 일의 그

128 노성두, 《빛의 유혹에 영혼을 던진 렘브란트》, (미래엔아이세움, 2003), 43

림자이며, 그 실체는 그리스도라고 했다(골 2:16~17). 유대인들이 구약 시대에 지키던 안식일은 그리스도를 통해서 재해석된다. 그렇다면 하나님이 안식일을 통해 원하시는 것은 무엇인가?

> 그리고 예수께서는 그들에게 말씀하셨다. "안식일이 사람을 위하여 생긴 것이지, 사람이 안식일을 위하여 생긴 것이 아니다. 그러므로 인자는 또한 안식일에도 주인이다." **마가복음 2장 27~28절(새번역)**

마가복음에서도 안식일의 주인은 인자, 즉 그리스도라고 말한다. 안식일을 지키는 이유는 유대인처럼 노동하지 않고, 심지어 안식일에 엘리베이터 버튼도 누르지 말라는 의미가 아니다. 우리의 참된 안식은 그리스도를 통해 하나님 안에 있음을 기억하라는 의미다.

렘브란트의 가장 유명한 작품은 〈돌아온 탕자〉다. '탕자의 비유'는 익숙한 이야기다. 둘째 아들은 행복을 찾기 위해 아버지를 떠났지만 결과는 비참했다. 결국 그는 참된 안식이 아버지에게 있음을 깨닫고 돌아온다. 그의 신발 하나는 사라졌고, 그의 몰골은 온갖 고통을 겪은 듯 엉망이다. 그를 껴안는 아버지는 시력을 잃고 기력이 쇠한 노인으로 변해 있다. 아버지의 얼굴에는 한평생 아들을 그리워하던 마음이 묻어 있다. 아들을 껴안는 손을 보자. 한 손은 크고 거칠지만, 다른 한 손은 여인의 손이다. 아들을 맞이하는 한 인간에게 아버지와 어머니의 마음이 동시에 담겨 있다는 의미다. 아버지 품에 안긴 아들의 얼굴을 보라. 그는 어머니 뱃속의 태아의 모습이다. 파란만장했던 인생을 살았던 렘브란트는 진정한 안식이 하나님에게 있음을 이 그림을 통해 고백한다. 그의 진심은 수많은 사람에게 안식과 위로를 준다.

어떻게 하나님 안에서 안식을 누릴 수 있을까? 예배를 통해 하나님이 참

렘브란트, 〈돌아온 탕자〉(1669)

된 안식을 주시는 분임을 아는 것이다. 종교개혁자들에게 오직 믿음으로 예배하는 삶이 안식의 핵심이었다. 예배란 그분께 안기는 삶이다. 종교개혁자들은 다음과 같이 말한다.

안식일이 필요한 가장 큰 이유가 있습니다. 그것은 바로 하나님께서 당신을 위해 일하실 예배의 기회와 시간을 주려는 목적입니다. 예배란, 사람이 함께 모여 하나님의 말씀을 듣는 것입니다. (마르틴 루터, 《대교리문답》)

유대인들의 율법과 외적 제사는 폐기되었지만, 우리는 하나님이 원하셨던 계명의 진리를 보유하고 있다. 그것은 바로, 우리는 하나님을 경외하고 사랑해야 하는 고로 그분 안에서 우리의 안식을 찾아야 한다는 것이다. (칼뱅, 《기독교강요》)

5계명. 네 부모를 공경하라

대개 십계명의 제1~4계명은 하나님에 대한 계명으로, 제5~10계명은 사람들에 대한 계명으로 나눈다. 그러나 루터는 제5계명을 하나님에 대한 계명으로 해석한다. 루터는 부모를 하나님의 대리자로 인식했다.

> 주님께서 말씀하신다. "이 백성이 입으로는 나를 가까이하고, 입술로는 나를 영화롭게 하지만, 그 마음으로는 나를 멀리하고 있다. 그들이 나를 경외한다는 말은, 다만, 들은 말을 흉내 내는 것일 뿐이다." **이사야 29장 13절(새번역)**

성경은 외연으로 나타나는 모습이 사랑의 구체적인 표현이 아니라고 말한다. 진정한 하나님 사랑은 이웃사랑으로 드러난다. 대표적인 사랑의 대상이 부모다.

공경하라는 것은 단순히 부모에게 친절하고 공손한 말로 대하라는 말이 아닙니다. 무엇보다 온 마음과 정성을 다해 부모를 대하고 그렇게 행동하면서 하나님 다음 자리에 계신 높은 분으로 여기라는 것입니다. 그러므로 젊은이들은 부모를 '하나님의 대리자'로 여기십시오. (마르틴 루터, 《대교리문답》)

하나님은 우리가 사랑하고 두려워해야 하는 분이기 때문에 우리는 우리의 부모를 무시하거나 어떤 식으로 노엽게 해서도 안 됩니다. 오히려 우리는 그들에게 커다란 경의를 표해야 하며, 그들을 존경하고 명예롭게 해야 하며, 주님의 뜻에 따라 순종해야 합니다. (칼뱅, 《기독교강요》)

이것이 성경과 종교개혁자들이 강조했던 사항이다. 렘브란트의 그림 〈요셉의 꿈〉을 보자. 베들레헴에서 태어난 아기 예수를 죽이기 위해 헤롯은 갓난아기들을 죽이라고 명령한다. 그때 하나님의 명령을 전하는 천사가 요셉에게 찾아와 속히 이집트로 도망가라고 한다. 그림의 구도는 좌우로 양분되어 있다. 왼편은 휑한 벽면뿐이고, 오른편은 마구간처럼 보인다. 하나님으로부터 천사가 내려왔다. 정확히 그사이에 요셉이 졸고 있다.

우리는 황량한 세상에 던져진 존재다. 하나님은 부모를 통해서 우리에게 사랑의 실체를 보여주신다. 그래서 루터의 표현처럼 부모는 하나님의 대리자다. 하나님께 사랑을 고백하는 것도, 믿음을 구체적으로 나타내는 것도 입술이 아니라 부모를 사랑하는 것을 통해서 하나님께 진심을 보일 수 있다. 부모를 공경하는 것은 유교에서 말하는 효도 차원이 아니라 그것을 넘어서는 것이다. 우리의 믿음을 증명하는 기준이다.

렘브란트, 〈요셉의 꿈〉(1645)

4. 하나님과 이웃을 연결하는 십계명

하나님은 십계명으로 하나님과 우리의 관계를 제시하며 사람들 사이의 관계도 말씀하셨다. 우리는 이 세상에서 어떻게 사람들을 대할 수 있을까?

6계명. 살인하지 말라

그리스도인 대부분은 제6계명이 자신과는 상관없다고 말한다. 실제로 살인을 저지르지 않았기 때문이다. 그러나 성경에서는 남의 생명을 해치는 것만 살인이라고 하지 않는다. 탐욕에 이끌려 타인에게 해를 끼치는 모든 행위가 제6계명의 범주에 들어간다. 야고보서는 자신의 욕심에서 비롯된 동기를 살인 속에 포함한다.

> 사람이 시험을 당하는 것은 각각 자기의 욕심에 이끌려서, 꾐에 빠지기 때문입니다. 욕심이 잉태하면 죄를 낳고, 죄가 자라면 죽음을 낳습니다. **야고보서 1장 14~15절(새번역)**

종교개혁자들은 살인뿐 아니라 폭력, 저주는 물론, 불공정까지 살인의 범위에 넣었다.

렘브란트의 〈에스더의 연회에 참석한 아하수에로와 하만〉은 그리스도인이 제6계명을 어떻게 지켜야 하는지를 잘 보여준다. 하만은 유대인에 대한 잔인한 계획을 준비하고 있었다. 에스더는 연회를 베풀어 아하수에로 왕과 하만을 초대했다. 에스더는 그 자리에서 하만의 계략을 폭로하고 무고한 유대인을 보호한다. 결국 나쁜 계획을 실행하려던 하만은 죽임을 당한다.

렘브란트, 〈에스더의 연회에 참석한 아하수에로와 하만〉(1660)

마음에 분노가 가득 차고 피가 솟구쳐 올라 복수를 다짐하는 사람들은 어떻습니까? 저주와 폭력이 시작되고, 결국에는 재난과 살인이 따라올 수도 있습니다. (마르틴 루터, 《대교리문답》)

하나님은 우리가 사랑하고 두려워해야 하는 분이기 때문에 우리는 어떤 종류의 행위로도 다른 사람에게 해를 끼쳐서는 안 됩니다. 어떤 사람도 불공정하게 대해서는 안 되며, 누구를 공격하거나 아무에게 폭력을 가해서도 안 됩니다. (칼뱅, 《기독교강요》)

그리스도인은 제6계명이 자신과 무관하다고 생각할 수 있다. 그러나 제6계명의 에스더처럼 불공정한 세상에 사는 무고한 수많은 약자를 변호하고, 보호해야 할 책임이 있음을 말한다. 에스더 시대처럼 이 세상은 여전히 폭력과 거짓이 난무한다. 무전유죄, 유전무죄의 논리가 상식처럼 되었다. 그 이유는 야고보서의 말씀처럼 사람들 속에 욕심이 가득하기 때문이다. 어쩌면 우리는 에스더와 같은 처지에 있는지도 모른다. 왕비라는 '권력'에 안도할 수도 있지만, 이 세상의 불의에 저항할 수도 있다. 그러나 시대의 불의에 눈을 감는 것은 살인의 범주에 포함된다. 그런 까닭에 우리가 제6계명과 무관하다고 말할 수 없다.

7계명. 간음하지 말라

간음은 결혼한 사람이 배우자 외의 관계에서 범하는 성적(性的)인 범죄다. 제6계명과 더불어 제7계명 역시 우리와 무관하다고 생각할지도 모른다. 바울은 고린도전서에서 이 범죄를 매우 심각하게 다룬다.

음행을 피하십시오. 사람이 짓는 다른 모든 죄는 자기 몸 밖에 있는 것이지만, 음행을 하는 자는 자기 몸에다가 죄를 짓는 것입니다. 여러 분의 몸은 여러분 안에 계신 성령의 성전이라는 것을 알지 못합니까? 여러분은 성령을 하나님으로부터 받아서 모시고 있습니다. 여러분은 자신의 것이 아닙니다. 여러분은 하나님께서 값을 치르고 사들인 사람입니다. 그러므로 여러분의 몸으로 하나님을 영화롭게 하십시오.

고린도전서 6장 18~20절(새번역)

바울은 대단히 강한 어조로 성적인 문제를 피하라고 경고한다. 이 범죄는 차원이 다른 범죄이다. 바울은 우리의 육체를 하나님이 거하시는 '성전'이라고 정의했다. 따라서 성적인 범죄는 성전을 침해하는 죄라고 경고한다. 이것의 모형이 된 사람이 구약의 '나실인'이다. 그들은 시체를 만지지 않고, 술을 입에 대지 않으며, 머리카락을 자르지 않는 규례를 지키면서 자신이 하나님이 거하시는 처소가 되기를 서약했던 사람들이다. 나실인의 대표적인 인물은 삼손이다. 자신의 신분을 망각한 삼손은 결국 머리카락이 잘리고, 눈도 뽑히며 노예 신세가 되었다.

렘브란트의 〈눈이 멀게 된 삼손〉에는 블레셋 병사들이 삼손을 붙잡고 눈을 뽑고 있다. 뒤에는 들릴라가 가위를 들고 삼손의 자른 머리카락을 움켜쥐고 있다. 삼손의 머리카락 속에는 힘을 주는 성분이 있는 것이 아니었다. 머리카락은 나실인으로서의 약속이다. 하나님과 동행하기로 서약한 사람이 약속을 어길 경우, 하나님은 동행하지 않는다.

제7계명이 그렇다. 우리가 성적인 죄를 짓는 순간, 우리의 영적인 눈은 기능을 상실하고, 하나님이 거하시는 처소로서의 자격도 상실한다. 우리가 영적으로 무기력한 여러 이유가 있겠으나 주로 성적인 문제가 우리 마음에 가득하기 때문이다. 그래서 종교개혁자들도 이를 경고한다.

렘브란트, 〈눈이 멀게 된 삼손〉(1636)

육체적인 간음뿐 아니라 모든 정결치 못한 말과 행위, 생각까지 금하십시오. 우리가 살아가는 세계는 파렴치하고 수치스러운 결합과 악하고 비열한 쓰레기 같은 것들로 가득합니다. 어떤 이름으로 불리든지 간에 이 계명은 정결하지 못한 모든 것을 겨냥합니다. 단순히 보이는 행위만 금하지 않습니다. 부정한 모든 종류의 원인, 동기, 수단과 방법을 모두 금지합니다. 그러므로 당신의 마음과 입술, 육체를 정결히 하십시오. 부정한 것에는 틈도 주지 말고, 돕거나 장려해서도 안 됩니다. (마르틴 루터, 《대교리문답》)

제7계명의 의미는 이것입니다. 하나님은 우리가 사랑하고 두려워해야 하는 분이기 때문에 우리는 일생을 통해 우리의 모든 행위를 순결하고 자제심 있게 말하고 행해야 합니다. 그리고 순결은 하나님의 특별한 선물인 까닭에 우리 각자는 그에게 주어진 것이 무엇인지를 알아야 합니다. (칼뱅, 《기독교강요》)

8계명. 도둑질하지 말라

성경에서 '도둑질'은 남의 것을 훔치는 것뿐 아니라 거짓말과 사기로 남의 소유를 빼앗는 것까지 포함한다. 우리가 살아가는 시대는 '작은돈을 훔치면 좀도둑이 되지만 큰돈을 훔치면 영웅이 된다'라는 말이 있을 정도로 물질 중심의 사회가 되어버렸다. 폭력으로 남의 지갑을 빼앗으면 강도가 되지만, 금융과 상거래를 통해 폭리를 취하는 사람들은 전문가 소리를 듣는다. 성경은 다양한 방면으로 도둑질을 경고한다.

부자들은 들으십시오. 여러분에게 닥쳐올 비참한 일들을 생각하고 울며, 부르짖으십시오. 여러분의 재물은 썩고, 여러분의 옷들은 좀먹었습니다. 여러분의 금과 은은 녹이 슬었으니, 그 녹은 장차 여러분을 고발할 증거가 될 것이요, 불과 같이 여러분의 살을 먹을 것입니다. 여러분은 세상 마지막 날에도 재물을 쌓았습니다. 보십시오. 여러분의 밭에서 곡식을 벤 일꾼들에게 주지 않고 가로챈 품삯이 소리를 지르고 있습니다. 그래서 그 일꾼들의 아우성소리가 전능하신 주님의 귀에 들어갔습니다. **야고보서 5장 1~4절(새번역)**

야고보는 남의 소유를 빼앗는 것부터 임금 체불, 사기 등을 도둑질이라 경고한다. 그 이유는 우리의 탐욕 때문이다. 발람은 거액의 유혹을 받고 이스라엘 민족을 저주하러 길을 나섰다. 잠깐 양심을 속이면 평생이 보장된 걸음이었다. 조용히 길을 가던 나귀가 갑자기 주저앉았다. 나귀 앞에 천사가 칼을 들고 서 있지만 발람은 천사를 볼 수 없었다. 발람은 당나귀를 괴롭히며 갈길을 독촉했다. 하나님이 발람의 눈을 열 때, 그는 자신의 탐욕을 깨닫게 될 것이다.

지갑을 훔치는 자만 도둑이 아니라, 이웃을 속여 이익을 도모하는 자 또한 도둑입니다. 도둑질이란, 타인의 소유물을 부정한 방법으로 취하는 것이기 때문입니다. 다른 말로 하면, 도둑질은 자기 이득을 취하기 위해 이웃에게 손실을 입히는 모든 거래 행위라고 할 수 있습니다. (마르틴 루터, 《대교리문답》)

제8계명의 뜻은 다음과 같습니다. 우리는 하나님을 두려워하고 사랑해야 하기 때문에 우리는 다른 사람에게 속한 것을 사기로 도둑질하거나 폭력으로 움켜잡지 말아야 합니다. 우리는 장사하거나 계약할 때, 다른 사람의 무지를 악용하지 말아야 합니다. 즉 물건값을 알지 못하는 사람에게 너무 비싸게 팔거나 혹은 너무 싸게 구매하지 말아야 한다는 것입니다. 또한 우리는 어떤 종류의 속임수로 다른 사람의 재산에 손을 대지도 말아야 합니다. (칼뱅, 《기독교강요》)

우리는 누구나 발람과 같은 모습을 하고 있다. 물론 우리 주변에는 당나귀도 없고, 천사도 보이지 않는다. 이것을 볼 수 있게 하는 것이 제8계명이다. 오늘날은 달콤한 보상에 눈이 멀어 양심과 신앙을 저버리는 시대다. 그

렘브란트, 〈발람과 나귀〉(1626)

때문에 '당나귀'는 괴롭힘을 당한다. 이 시대의 '갑질'로부터 고통받는 당나귀들은 우리의 탐욕으로 생겨난 사람들이 아닐까!

9계명. 네 이웃에 대하여 거짓 증거하지 말라

렘브란트의 〈베드로의 부인〉은 마음을 먹먹하게 한다. 베드로는 사람들에게 둘러싸여 있다. 젊은 여성이 베드로에게 속삭이고 있고, 그 앞에 로마 병사가 있다. 예수님은 반란자로 체포되어 십자가에서 죽임을 당할 예정이다. 따라서 베드로가 예수와 한 무리라는 것을 인정하면 베드로 역시 십자가에서 죽을 수도 있는 절체절명의 순간이었다. 평소에 누구보다 예수님에 대한 충성과 애정을 과시했던 베드로였지만, 이 절박한 순간에 자신은 예수와 아무런 상관이 없다고 단호하게 말한다. 심지어 예수를 저주하기까지 한다. 렘브란트는 그 순간 오른편 뒤에서 베드로를 바라보는 예수님의 모습을 그려 놓았다. 베드로를 바라보는 예수님는 우리의 삶도 이렇게 바라보신다.

우리는 하루에도 수많은 거짓말을 한다. 제9계명은 거짓말은 물론, 거짓 증거, 사기, 속임, 위증까지도 금지한다. 성경은 다음과 같이 표현한다.

> 속이는 저울은 하나님께서 미워하셔도, 정확한 저울추는 주님께서 기뻐하신다. 교만한 사람에게는 수치가 따르지만, 겸손한 사람에게는 지혜가 따른다. 정직한 사람은 성실하게 살아 바른 길로 가지만, 사기꾼은 속임수를 쓰다가 제 꾀에 빠져 멸망한다. **잠언 11장 1~3절(새번역)**

속이는 저울, 사기, 거짓은 직접적으로 타인에게 피해를 준다. 위증은 무고한 사람을 유죄로 만들고, 사기는 타인의 재산을 빼앗는다. 성경은 속이

렘브란트, 〈베드로의 부인〉(1660)

는 저울을 하나님이 미워하시고, 정확한 저울을 하나님이 기뻐하신다고 표현한다. 즉 거짓의 순간에 하나님이 우리를 바라보고 계신다는 것이다. 만일 렘브란트의 그림처럼 우리의 삶을 예수님께서 지켜보고 계신다면 우리는 지금처럼 거짓말을 할 수 없을 것이다. 종교개혁자들은 '하나님의 면전(面前)에서'라는 '코람데오'를 주장했다. 우리가 코람데오를 의식한다면 결코 속이는 저울을 꺼낼 수 없다. 그래서 종교개혁자들은 다음과 같이 제안한다.

> 우선 '너희는 거짓 증거하지 말라'는 말 그대로 이 계명의 우선되고 분명한 의미는, 가난하고 무고한 자들을 향해 거짓증언하고 고소하며 중상모략을 일삼는 자들에게 공적으로 법을 집행하는 것을 강조합니다. 우리는 모든 사건을 정직하고 공평하게 다루어야 합니다. 옳은 것은 옳다고 해야 합니다. 돈이나 재물이나 명예나 권력 때문에 정의를 왜곡하거나 숨기거나 억압해서는 안 됩니다. 이것이 바로 이 계명의 핵심입니다. (마르틴 루터, 《대교리문답》)
>
> 제9계명의 뜻은 다음과 같습니다. 우리가 하나님을 경외하고 사랑해야 하기 때문에 어떤 사람에 대해 거짓된 비난을 하지 말아야 한다는 것입니다. 우리는 어떤 사람의 평판에 손상을 주어서는 안 되고, 험담하거나 독설에 귀를 기울여서도 안 되며, 어떤 사람에 대해 의심하거나 악의를 가져서도 안 됩니다. 이 계명은 또한 우리가 어떤 거짓말도 기뻐하지 않으며, 그럴듯한 아첨을 하지 않으며, 무익한 잡담을 하지 않는 것까지 포함합니다. (칼뱅, 《기독교강요》)

10계명. 네 이웃의 소유를 탐내지 말라

십계명의 마지막 계명은 남의 소유를 탐내지 말라는 명령이다. 탐욕으로 남의 소유를 빼앗는 것은 고대 시대로부터 강자의 몫이었다. 약자가 부자의 소유를 빼앗는 것은 목숨을 건 행동이었기에 궁지에 몰린 절박한 상황이 아니고서는 거의 일어나지 않았다. 하나님은 이웃의 소유를 탐내지 말라고 하신 것은 권력을 이용해 약자의 소유물을 탐내고, 빼앗는 것을 금하신 것이다. 우리가 남의 것을 탐내는 동기는 질투와 욕심에서 비롯된다. 그러나 빼앗기는 약자에게는 파멸과 몰락을 의미한다. 세금은 권력자들에게는 부를 축적하는 방편이지만 농민에게는 피와 살을 빼앗기는 일이다. 전쟁을 벌이는 것은 이웃 나라의 식량과 토지를 얻는 목적이지만, 전쟁에 동원된 사람들은 목숨을 담보로 하는 일이다. 탐욕을 금지하는 것은 약자들을 보호하라는 명령이다.

렘브란트의 〈음행 중에 잡혀온 여인〉은 두 개의 화면이 있다. 앞부분에는 예수님 앞으로 음행 중에 잡혀 온 여인이 있고, 주변에는 여인을 정죄하며 죽이려 하는 이들이 모여있다. 뒤편에는 또 다른 무대가 펼쳐진다. 대제사장 앞에 제물을 바치며 죄를 속죄받으려는 사람이 무릎을 꿇고 있다. 두 무대를 비교하면서 렘브란트는 마치 연립방정식처럼 의미를 전한다. 예수님은 대제사장으로서 죄를 용서해 주시는 분이다. 예수님 옆에서 여인을 고발하고 있는 사람이 있듯이, 뒤편 대제사장 옆에서 범죄한 사람을 고소한 검은 옷을 입은 사람이 있다. 뒤편의 무릎을 꿇은 사람은 희생제물을 바치며 죄를 용서받으려고 한다. 반면, 앞쪽에는 범죄한 여인을 희생제물로 데리고 와 처형하려고 한다. 이 여성은 철저하게 무기력한 약자로 희생제물과 같다.

여기에서 우리는 질문을 던질 수 있다. 앞서 브뢰헬의 그림에서 언급했듯 음행한 남자는 보이지 않는다. 여인을 고발했던 사람들이 음행에 연루된 남자는 찾지 않는다. 그림의 앞과 뒤의 무대는 연결된다. 예수님과 대제사장, 앞뒤의 고발자, 여인과 희생제물이 연결된다. 그렇다면 뒤편의 희생제물을 놓고 무릎을 꿇고 사죄한 사람들처럼 앞 무대에 있는 사람들은 어떻게 해야 하는가? 렘브란트는 약자를 짓밟으며, 한 여인을 희생제물로 만들고 있는 모습을 그림으로 꼬집었다.

렘브란트, 〈음행 중에 잡혀온 여인〉(1644)

사회에서 탐욕의 대상이 되는 사람들은 사실 희생제물과 같은 사람들이다. 혹시 자신도 탐욕에 눈이 멀어 남의 소유를 빼앗으려는 것이 있는지 살펴야 한다. 탐욕은 그 입에도 담지 말아야 한다고 성경은 말한다.

> 음행이나 온갖 더러운 행위나 탐욕은 그 이름조차도 여러분의 입에 담지 마십시오. 그렇게 하는 것이 성도에게 합당합니다.
> 여러분은 이것을 확실히 알아두십시오. 음행하는 자나 행실이 더러운 자나 탐욕을 부리는 자는 우상 숭배자여서, 그리스도와 하나님의 나라를 상속받을 몫이 없습니다. **에베소서 5장 3, 5절(새번역)**

그뿐만 아니라 종교개혁자들은 다음과 같이 제10계명을 새롭게 제시한다.

> 제10계명이 특별히 강조하는 것은 '질투'와 '소유욕'을 물리치는 데 있습니다. 하나님은 이 계명으로 이웃에게 해를 끼치는 모든 뿌리와 근원을 제거하고자 하십니다. 그래서 아주 분명하게 이 말씀을 하십니다. "탐내지 말라!!" (마르틴 루터, 《대교리문답》)
>
> 다른 사람의 소유물들을 탐내는 것을 금하는 이 규칙은 또한 각 사람이 자기의 소명을 따라 자신의 과업을 완수하며 자기 직분에 관계된 것을 다른 사람에게 주도록 하는 방식으로도 적용되어야 합니다.
> 통치자들은 자기 백성을 돌보고, 정의를 구현하며, 공공의 안녕과 질서를 유지하고, 선한 자들을 보호하며, 악한 자들을 징벌해야 합니다. 그리하여 마치 최후의 왕이시고 재판장이신 하나님께 자신들의 봉사에 대한 회계를 곧 해야 할 것처럼 모든 것을 관리해야 합니다. (칼뱅, 《기독교강요》)

스토리텔링으로 공감의 창문 만들기

지금까지 종교개혁 콘텐츠와 그림을 연결하여 그 시대의 가르침을 살펴보았다. 그림은 예체능 차원이 아니라 메시지를 전하는 설교라는 것을 보게 된다. 종교개혁자들은 그림뿐 아니라 다양한 방편으로 사도신경, 십계명, 주기도문을 가르쳤다. 그 중의 대표적인 방법이 스토리텔링이다. 그림에는 각각의 이야기가 포함되었다.

사도신경, 십계명, 주기도문이 효과를 발휘하기 위해서는 암기가 아니라 맥락 속에서 스토리를 알아야 한다. 그래야 '지금, 여기' 우리의 맥락 속에서 스토리텔러가 될 수 있다.

Part III

위대한 역사, 위대한 도전, 위대한 세대

종교개혁의 교육은 16세기에 국한되지 않았다. 번역이라는 형태로 문화, 예술, 교육으로 확대되었다. 나아가 그 시대의 정신과 문화가 되었다. 예술은 역사와 무관한 진공상태에서 만들어지는 것이 아니라 시대의 얼굴이다. 종교개혁의 정신을 계승하며 번역했던 도전들은 역사 속에서 이어졌다. 시대마다 '얼굴'은 달랐지만 '오직 성경'을 번역하는 의미에서 본질은 같다. 같은 본질의 다른 얼굴을 이해한다면 우리 시대에도 다른 얼굴을 만들어 낼 수 있다. 그럴 때 위대한 세대를 볼 수 있기 때문이다.

종교개혁자들은 '중세 교회'라는 성채에 직면했다. 근대는 산업과 이성의 성채를 마주해야 했다. 20세기에는 세계대전의 그늘을 겪었고, 21세기는 이 모든 것을 합친 느낌이다. 과연 다음 세대는 빅데이터 시대에서 살아남을 수 있을까? 인공지능의 파도 속에서 침몰하는 것은 아닐까? 이미 포노 사피엔스들은 'ChatGPT 목사님'의 출현을 보고있다.

지금까지 가르치던 주입식 교육방식으로는 절대 시대를 이길 수 없다. 그러나 우리에게는 승산이 있다. 인공지능과 관련된 드라마는 이런 실마리를 준다.

인공지능은 우리보다 탁월하고, 더 똑똑하며, 더 잘 가르친다. 그러나 인공지능은 우리와 공감하지도 않고, 우리를 사랑하지도 않는다.(영국 드라마 〈Humans〉 중에서)

9장

스토리텔링, 내면의 얼어붙은 바다를 깨라

1911년 8월 21일 〈모나리자〉가 사라졌다. 사람들은 루브르 박물관으로 몰려들었다. 도난당한 〈모나리자〉 자리의 빈 벽을 보기 위해서였다. 빈 벽을 보기 위해 달려온 작가도 있었다. 《변신》의 작가 프란츠 카프카다. 우리 시대도 빈 벽에 사람들이 몰려든다. 주변에 가득한 십자가 속에 '모나리자'는 사라졌고, 향기도 느껴지지 않는다. 오히려 '관한' 것들만 넘쳐난다.

번역 없이 누군가의 말을 되풀이하는 '빈 벽' 설교가 넘쳐나는 동안 우리의 내면과 신앙은 얼어붙은 바다가 되었다. 프란츠 카프카는 "한 권의 책은 우리 내면의 얼어붙은 바다를 깨는 도끼여야 한다"라고 말했다. 빈 벽이 아니라 모나리자를 말할 수 있어야 한다. 그럴 때 얼어붙은 바다가 깨진다. 이것이 문학의 힘이다. 많은 작품이 그리스도의 이야기를 번역으로 제시한다. 문자에 갇히지 말고 번역을 통해 내면의 얼어붙은 바다를 깨뜨리자.

1. 얼어붙은 '믿음'을 깬 땜장이의 이야기, 존 번연

종교개혁이 일어난 지 100년이 지났다. 영국에서는 왕당파와 의회파 간의 내란이 벌어졌다. 승기를 잡은 의회파는 찰스 1세의 목을 잘랐다. 이어서 청교도 혁명이 일어났다. 영국 역사에서 유일한 공화정이었지만, 올리버 크롬웰이 죽자 왕정은 복고(1660)되었다. 청교도 혁명 이전으로 되돌아갔다. 심사율(1673)이 제정되면서 영국 국왕을 교회의 머리로 선언하지 않는 비국교도들은 공직도, 대학 진학도 할 수 없었다. 청교도들에게 이 시기는 황량한 사막이었다.

이 무렵 당국의 허가를 받지 않고 설교했다는 이유로 감옥에 갇힌 사람이 있었다. 청교도 땜장이 출신 존 번연(John Bunyan, 1628~1688)이다. 그는 젊은 시절 방탕한 삶으로부터 회심하고, 회중교회의 설교자가 되었다. 그러다 무려 12년간 감옥에 갇혔다.

아내는 남편이 속히 석방되기를 기도했지만, 그녀의 기도는 응답되지 않았다. 하나님은 존 번연에게 특별한 역할을 맡기셨다. 땜장이였던 번연처럼 수많은 영국인은 성경을 읽을 수 없었다. '오직 성경'을 스토리텔링으로 써 내려가기 시작했다. 12년간 감옥에 갇혀 완성했던 것이 《천로역정》이다. 존 번연이 틴데일처럼 영어로 성경을 번역했다면 그것을 이해할 수 있는 땜장이는 얼마나 될까? 존 번연은 자신의 언어로 스토리텔링을 전했다.

천로역정의 원제는 《순례자의 여정(Pilgrim's Progress)》이다. 1895년 캐나다 선교사 제임스 게일(James Gale)이 우리나라에 소개하면서 《천로역정》이 되었다. 1895년의 우리나라는 제대로 된 학교조차 없었다. 수많은 '땜장이'가 있던 시절이었다. 17세기 영국과 19세기 우리나라는 그래서 스토리텔링이 필요했다. 영국의 땜장이들에게 라틴어 성경이나 킹 제임스 성경이나 어

존 번연이 갇혔던 감옥의 흔적

렵기는 마찬가지였다. 틴데일 성경의 어휘는 여러 성경과 셰익스피어 문학 속에 흡수되었다. 영국인들이 셰익스피어의 스토리텔링에 열광했을 때, 존 번연은 틴데일의 어휘로 구원의 이야기를 번역했다.

《천로역정》은 주인공 크리스천이 멸망의 도시에서 빠져나와서 천국에 이르는 동안 만나는 다양한 사람들과 사건들을 우화 형식으로 전하는 스토리텔링이다. 우화로부터 우리의 삶을 돌아보는 이유는 스토리텔링에서 '모방'이 일어나기 때문이다.[129] 실제로 번연은 그의 인생에서 만난 사람들을 《천로역정》의 등장인물로 그려냈었다. 우리에게 '좁은 길'이라고 하면 모호하지만, 번연은 실제로 감옥에 갇혔고, 모진 시련을 겪었으며, 좁은 길을 걸었다. 그래서 《천로역정》은 뜬구름 잡는 이야기가 아니라 성경을 현실 속에서 살아 움직이게 한다. 그래서 그가 겪었던 좁은 길을 구체적으로 경험하게 된다. 그리스도를 따르는 것은 주인공 크리스천처럼 고통과 눈물의 연속이다. 하루하루를 그리스도인으로 살아가는 것은 번연이 보증하듯 지극히 정상적인 길을 가는 일이다. 그래서 《천로역정》을 읽는다는 것은 얼어붙은 관념 속의 믿음을 깨는 것과 같다. 이제 우리의 '천로역정'을 만들 때다.

2. 얼어붙은 '소망'을 깬 두 형제의 이야기, 그림 동화집

'기독교적', '성경적'이라는 단어는 흔하다. 그렇다면 '기독교적'이란 구체적으로 무엇을 말하는 것일까? '오직 성경'이 모호했던 것처럼, '기독교적'이란 말도 모호하기는 마찬가지다. 그런데 이를 잘 설명해 준 작가가 있다. 바

129 '모방'이란, 아리스토텔레스가 말한 개념이다. 모방은 '표절'의 의미가 아니라, 문학과 예술을 통해 우리의 현실을 떠올리게 하는 힘을 말한다. 그럴 때 예술은 우리의 삶을 풍요롭게 하고, 현실을 변화시키는 도구가 된다.

로 《그림 동화집》을 쓴 야코프 그림(Jacob Grimm, 1785~1863)과 빌헬름 그림(Wilhelm Grimm, 1786~1859) 형제다. 그가 살았던 18세기 독일은 가난과 전쟁의 연속이었다. 게다가 아버지까지 돌아가시며 형제는 무척이나 힘겨운 삶을 살아내야 했다. 그림 형제가 청소년이 되었을 때, 19세기가 시작되었다. 나폴레옹의 침공으로 독일은 압제를 받았고, 정치와 경제는 민중을 신음하게 했다. 그림 형제가 살았던 독일은 종교개혁이 일어난 나라다. 그림 형제의 아버지는 독실한 칼뱅주의 신자였기에 근검, 절약, 청빈은 그들의 가치관이 되었다. 그림 형제는 종교개혁의 가치를 스토리텔링으로 아이들에게 전하기 위해 평생을 바쳤다.

엄밀히 말해 비스마르크가 등장했던 19세기 후반까지 '독일'은 존재하지 않았다. 루터의 독일어 성경을 통해 독일어를 구사하는 30여 개의 공국들의 연합체가 있을 뿐이다. 그림 형제가 살던 독일은 영국, 프랑스, 오스트리아에 비해 열등한 국가였다. 그림 형제는 과거로부터 전해져 내려오는 민담들을 재구성해서 《그림 동화집》을 편찬했다. 〈헨젤과 그레텔〉, 〈브레멘 음악대〉, 〈하멜른의 피리 부는 사나이〉 같은 이야기들이 그림 형제의 손을 거쳐서 이야기로 탄생했다. 독일 민담과 그림 형제들이 만든 이야기 속에는 독일 정신과 성경의 가치관이 스며들었다. 황폐한 사회와 막막한 현실 속에서 태어난 《그림 동화집》는 어린이들에게는 유일한 베드타임 스토리였다. 아이들은 침대에서 이야기를 들으며 꿈을 꾸었고, 부모들은 이야기를 읽으며 꿈을 꾸었다. 종교개혁의 정신은 아이들의 침대맡에서 이루어졌다. 그래서인지 그림 형제는 독일의 가장 비싼 지폐에 얼굴을 새겼다.

> 1284년 6월 26일 일요일. 성 요한과 성 바울의 날에 다양한 색깔의 옷을 입은 피리 부는 사나이가 하멜른에서 태어난 130명의 아이들을

유혹해 코펜 근처에서 사라져 버렸다.

1440년 독일 고문서인 뤼네부르크 필사본(The Lüneburg manuscript)에 기록된 내용이다.[130] 누가, 왜, 어디로 아이들을 데려갔는지는 확실하지 않지만, 고문서에 기록된 내용을 토대로 문헌학자였던 그림 형제는 이야기를 재구성하여《하멜른의 피리 부는 사나이》를 집필했다. 의미심장한 것은 1284년 6월 26일은 일요일이었고, 어른들이 예배당에 간 사이에 피리 부는 사나이가 아이들을 데리고 사라졌다. 왜 아이들만 집에 방치되었을까? 요람에서 무덤까지 교회의 지배를 받던 시절인데 어른들은 예배당에 갔고, 아이들은 왜 집에 방치되었을까?

하멜른 이야기는 지금도 반복된다. 다음 세대를 위해 교회가 책정한 예산과 공간, 시간이 얼마나 비중이 높은지 물었을 때 부끄러운 현실을 보게 된다. '다음 세대'를 강조하지만, 아이들을 위한 예산은 '다음'으로 미룬 것이다. 그 결과 '피리 부는 사나이'는 아이들을 데리고 사라졌다!

그림 형제가 구현하고자 했던 '독일 정신'은 종교개혁의 가치를 드러내는 것이었다. 근면과 검소함, 작은 것에 대한 소중함, 한 인간에 대한 존엄성을 발휘하는 것이 그림 형제의 펜에서 묻어나는 '기독교적'의 실체다. 교회의 언어와 행동을 하고, 교회에 출석하는 것이 '기독교적'은 아니다. 〈브레멘 음악대〉에는 이런 대목이 나온다.

죽음보다 나은 어떤 것을 넌 찾을 수 있을 거야. 너는 훌륭한 목소리를 지녔고, 우리가 함께 연주하면 좋을 거야. 우리와 함께 브레멘으로

130 손관승,《그림 형제의 길》, (바다출판사, 2015), 163.

HIER LIEGT
HERMAN GRIMM
LUX AETERNA LUCEAT EIS
HIER LIEGT
RUDOLF GRIMM
GEB. 31. MÄRZ 1830
GEST. 13. NOVEMBER 1889
BEATI MUNDO CORDE
HIER LIEGT
WILHELM GRIMM
GEB. 24. FEBRUAR 1786
GEST. 16. DECEMBER 1859.
HIER LIEGT
IACOB GRIMM
GEB. 4. IANUAR 1785
GEST. 20. SEPTEMBER 1863.

베를린, 그림 형제 무덤

가자. 《그림 동화집》 중에서[131]

늙은 당나귀가 쓸모없어진 수탉에게 제안했다. 효용 가치를 상실한 당나귀, 개, 고양이, 수탉은 버림을 받았다. 이 이야기가 감동을 주는 이유는 이들의 '쓸모' 때문이 아니라, 이들이 '동행'을 하기에 진정한 '쓸모'를 발견한다는 점이다. 효용 가치를 상실하면 가차 없이 버리는 행태는 종교개혁의 나라 독일에서는 관행이었다. 어쩌면 지금도 이런 행태가 교회에서 반복되기에 '가나안 성도'가 생기는 것은 아닐까! 그림 형제가 녹여낸 〈브레멘 음악대〉는 가나안 성도들을 향한 우리의 얼어붙은 마음을 깨도록 돕는다. 쓸모가 있으면 인정하고, 효용 가치가 떨어지면 '브레멘 음악대'를 양산하는 현실 속에서 '한 영혼이 천하보다 귀하다'는 표현은 말이 되지 않는다. 오히려 그 표현마저 전도라는 '쓸모'를 위한 수사적 표현이기 때문이다.

그림 형제가 〈브레멘 음악대〉를 통해 성경의 '소망'을 독일 사회에 던졌다면, 우리의 1920년대 암울한 시대에 이야기를 번역한 인물은 소파 방정환 선생이다. 일제 시절 방정환 선생은 스토리텔링으로 시대의 얼어붙은 소망을 깼다. 그림 형제의 이야기가 실린 《사랑의 선물》이라는 책 서문에 방정환 선생은 다음과 같이 그 의도를 밝힌다.

> 학대받고, 짓밟히고, 차고 어두운 속에서 또 우리처럼 자라는 어린 영(靈)을 위하여 그윽히 동정하고 아끼는 사랑의 첫 선물로 나는 이 책을 짰습니다.[132]

131 손관승, 위의 책, 171.
132 손관승, 위의 책, 174.

무엇이 기독교적이고, 무엇이 소망인가? 용어 자체를 외치는 것이 '오직 성경'이 아니다. 삶의 이야기로 번역할 때, 얼어붙은 바다는 깨지지 시작할 것이다.

3. 얼어붙은 '사랑'을 깬 기자의 이야기, 찰스 디킨스

19세기 빅토리아 시대의 영국은 해가 지지 않는 나라였다. 세계에서 가장 강력한 국가였고, 세계 기독교를 주도하던 선교의 나라였다. 영국 국기가 꽂히지 않은 지역이 없었고, 영국 선교사가 발을 들여놓지 않은 곳이 없었다. 미국 선교사가 들어오기 전에 대동강변에서 순교를 당한 로버트 토머스(Robert J. Thomas) 선교사와 최초로 한글 성경을 번역한 존 로스(John Ross) 선교사 모두 영국 출신이다. 그렇지만 영국 총리를 지낸 윌리엄 글래드스턴(William E. Gladstone)은 국회의원으로 "우리 영국이 이렇게까지 타락한 적이 있었는가?"라며 분개했던 시기이기도 하다. 산업혁명의 문명 속에서 인간의 존엄성은 사라졌고, 공장 굴뚝이 인간보다 더 중요했다. 중국 사람들에게 아편을 공급하며 아편전쟁을 벌였던 것도 19세기에 벌어진 물질문명의 광기에서 비롯되었다.

1834년에 영국 의회는 '신빈민구제법'을 가결하였다. 이 법의 요지는 길거리의 가난한 빈민들을 구빈원에 몰아넣어서 최소한의 생계만 제공해 주고, 그들의 노동력을 착취하는 게 목적이었다. 빈민들에 대한 근본적인 해결책이라기보다 길거리의 치안, 위생, 구제, 이 세 가지를 확보하려는 목적으로 사람들을 한 곳으로 쓸어 넣은 것이다. 이런 부당함에 맞서서 펜을 들었던 한 무명 작가는 이 시대를 한 소년으로 표현했다. '올리버 트위스트'다. 고아

원에서 세 숟가락의 묽은 죽을 한 끼 식사로 제공받으면서 하루 종일 고된 노동을 하는 것이 올리버의 삶이었다. 영화 〈올리버 트위스트〉를 보면 고아 아이들이 식사하는 식당 벽면에는 "하나님은 거룩하시다", "하나님은 사랑이시다"라는 문구가 적혀 있다. 이 무명 작가의 이름은 찰스 디킨스(Charles J. H. Dickens)다. 찰스 디킨스가 세상의 부당한 장벽을 향해 쏘아 올린 공은 균열을 만들기 시작했다. 무엇이 한 아이의 인생을 변화시킬 수 있는지 시대에 화두를 던졌다. 기본적인 끼니, 생계의 기술, 노동은 생명을 연장시킬 뿐 결코 한 사람을 변화시킬 수는 없다. 인생을 변화시키는 것은 신뢰와 사랑이라고 찰스 디킨스는 일관되게 말한다.

올리버의 어머니는 죽어가며 올리버를 위해서 기도한다.

> "이 고통스러운 세상에서 친구가 되어 줄 사람, 누구라도 마련해 주소서. 그리고 홀로 이 세상에 던져진, 의지할 데 없는 고아에게 자비를 베풀어 주소서"

하나님은 구빈원에나 들어갈 그 여인의 기도에 응답하셨다. 그녀가 상속받은 곳은 구빈원이 아니라 하나님 나라였다. 그녀의 기도를 통해 모진 인생을 살았던 올리버는 자비를 얻었고, 결국 그의 삶이 변화되었다. 《올리버 트위스트》의 절정은 올리버를 빈민굴에서부터 괴롭히던 악당 페긴스가 사형 선고를 받았을 때, 감옥까지 찾아와서 그에게 간청하던 올리버의 기도다.

> "페긴스 아저씨. 저하고 함께 기도드려요. 어서 기도드려요. 단 한 번이라도 좋으니 저와 함께 무릎을 꿇고 기도드려요. 오 하나님! '이 가엾은 사람을 용서해 주세요.'"

소년은 부르짖으며 울음을 터뜨렸다.

이렇게 세상의 완고함에 균열을 낸 작가는 《크리스마스 캐럴》로 장벽을 허물어 버렸다. "하나님은 사랑이다"라는 구호가 세상을 바꾸는 것이 아니다. 찰스 디킨스는 어떻게 세상을 변화시킬 수 있는지 직접 보여주었다. 《크리스마스 캐럴》은 1843년에 발표한 작품이다. 이 작품 역시 신빈민구제법의 부당함을 가감 없이 묘사한다. 동시에 '하나님의 사랑'이 무엇인지 구두쇠 스크루지 영감을 통해 보여준다. 그는 세계에서 가장 기독교적인 나라였지만 성경적인 나라는 아닌 곳에서 하나님의 사랑을 구체적으로 제시했다. 그는 가난한 고아들에게 사랑을 전하기 위해 성탄절을 앞둔 12월 19일에 이 책을 출판했다. '메리 크리스마스'라고 인사를 나누고, 성탄절 선물을 전하며, 그리스도의 사랑을 베푸는 것이 성탄절의 진짜 의미라는 것을 작품에서 말하고 있다. 작가 한 명으로 인해 크리스마스의 의미가 변한 것이다!

찰스 디킨스는 어떻게 세상을 변화시킬 수 있는지 우리에게 보여준다. 구호나 훈계로 세상은 바뀌지 않는다. 비판과 지적을 통해 영향력이 드러나는 것도 아니다. '사랑'을 번역한 스토리텔링으로 세상은 변하기 시작했다. 찰스 디킨스가 이렇게 작품을 쓸 수 있었던 비결은 어린 시절에 접한 교회교육과 무관하지 않다. 감옥에 들어간 아버지 대신에 그는 구두약 공장에서 일을 하며 가족을 부양해야 했던 소년 가장이었다. 그는 암울한 어린 시절을 겪어야 했고, 제대로 된 교육도 받지 못했다. 그러나 그의 삶에 희망의 빛을 비춰준 인물은 주일학교의 이름 없는 목회자였다. 디킨스가 접한 희미한 빛은 '위대한 유산'이 되어 세상을 밝혔다.

찰스 디킨스는 웨스트민스터 사원의 문학가 코너에 잠들어 있다. 세상은 그를 다음과 같이 기억하고 있다.

He was a sympathiser to the poor, the suffering, and the oppressed; and by his death, one of England's greatest writers is lost to the world.

그는 가난하고 고통받고 박해받는 자들의 동정자였으며
그의 죽음으로 인해 세상은 영국의 가장 훌륭한 작가 중 하나를 잃었다.

4. 공감의 창문, 스토리텔링에 도전하자

이야기는 마음을 움직이는 힘이 있다. 성경은 하나님의 사랑 이야기이고, 믿음은 선진들이 걸어온 이야기다. 소망은 고통과 아픔 속에서 우리를 견디게 하는 이야기다. 스토리텔링을 시도해 보자. 스토리텔링은 아무 것이나 말하는 것이 아니다. 스토리텔링의 구체적인 방법은 Part I에서 메타인지, 메타버스, 메타메시지를 통해 설명했다. 핵심을 다시 설명하면 다음과 같다.

① 성경: 내가 말하려는 근거는 성경에서 시작한다.
② 번역: 그 의미를 내 언어, 내 맥락으로 표현한다. 인용과 전달은 효과를 일으키지 않는다.
③ 이유: 왜 그 이야기를 하려는가? 왜 그것이 중요한가? 이것이 '스토리텔링'의 방아쇠다. 소설에서는 이것을 '위기'라고 한다. 스토리텔링은 위기를 극복해서 목적지에 도달한 이야기다.
④ 표현: 표현하는 것은 스피치만 있는 것이 아니다. 그렇다면 교육이 더 자유로울 수 있다.

이는 종교개혁자들이 '오직 성경'을 다양한 방편으로 사람들에게 전했던 콘텐츠 원리다. 존 번연, 그림 형제, 찰스 디킨스 모두 이런 구조를 통해 스토리텔링으로 번역했기에 공감이 일어나고, 이야기가 힘을 가지게 되었다. 여전히 어려워하는 독자들을 위해 교회교육 현장에서 위와 같은 형태로 시도했던 사례들을 소개하고자 한다.

(1) 구원의 확신 : 동화 속 성경 이야기

'구원의 확신'이란 '하나님 형상, 자유의지, 성육신, 칭의'가 포함된 개념이다. 교회에 출석하는 행위가 구원과 동일시될 수 없다. 구원의 확신을 위한 교육이 되어야 한다. 네 요소가 어렵다고 회피해서는 안 된다. 회피한 결과 현재 교회학교의 교재는 윤리적인 메시지만 남았다. 이를 종교개혁의 콘텐츠로 제시하면 다음과 같다.

하나님 형상: 미켈란젤로 〈천지창조〉 + 안데르센 〈미운 오리 새끼〉
자유의지: 뭉크 〈절규〉 + 카를로 콜로디 〈피노키오〉
성육신: 살바도르 달리 〈성 요한의 그리스도의 십자가〉 + 마크 트웨인 〈왕자와 거지〉
칭의: 반 고흐 〈별이 빛나는 밤〉 + 빅토르 위고 〈레 미제라블〉

이런 콘텐츠를 제시할 때, 아이들은 성경의 핵심 가치를 자신의 맥락에서 받아들이며 구원의 확신을 고백한다. 앞의 Part II에서 미켈란젤로의 이야기를 나눴고, 나머지 그림들은 이어지는 장에서 다루었다. 다만 내용을 그대로 전달하기보다는 자신의 언어로 표현하도록 시도해야 한다. 교사가 먼저 자기의 언어로 번역해야 학생들도 복음을 이해하고 표현하는 데 적극적으로 참여할 수 있다.

(2) 예수님 이야기 : 구원으로 가는 9개의 이야기 계단

예수님을 소개할 때도 백과사전식이나 성경의 사건을 일부 떼어 와서 제시해서는 안 된다. 대부분 교재가 이런 방식이다. '이야기'의 요소는 아이스브레이킹에만 나올 뿐이다. 그런 까닭에 베드로의 예수님은 접하지만, 구체적으로 오늘날 현실의 '베드로'는 모호해진다.

예수님께서 우리에게 행하신 구원의 은혜를 9가지의 질문으로 나눠서, 각각의 질문을 묵상하고 고민했던 9명의 작가와 그들의 이야기를 제시했다. 아울러 16세기 종교개혁 화가로 시대를 일깨웠던 화가 피테르 브뢰헬의 그림과 함께 9개의 이야기 계단을 밟아나가는 형식이다. 9번의 이야기를 거치면서 아이들에게 예수님이 어떻게 선명해지는지 지켜보는 것은 무척 설레는 일이다. 이 속에는 ① 생텍쥐페리의 《어린 왕자》, ② 모리스 마테를링크의 《파랑새》, ③ 헤르만 헤세의 《나비》, ④ 로버트 스티븐슨의 《지킬 박사와 하이드씨》, ⑤ 찰스 디킨스의 《크리스마스 캐럴》, ⑥ 한스 크리스티안 안데르센의 《어머니 이야기》, ⑦ 오스카 와일드의 《행복한 왕자》, ⑧ 권정생의 《강아지똥》, ⑨ 요한나 슈피리의 《하이디》를 수록했다.

9개의 이야기가 아니라 90개, 900개의 이야기를 만들어 다음 세대에게 성경을 전해야 한다. 이는 종교개혁자들도 사활을 걸었던 목표였다. 한 아이가 초등학교 6년간 교회를 다닌다면, 300번의 성경이야기를 들을 수 있다. 영아부부터 고등부까지의 20년의 시간은 약 1천 번의 주일을 접한다. 실로 엄청난 시간이다. 지난 3년간의 팬데믹 기간 동안 우리는 150번의 시간을 흘려보냈다!

《동화 속 성경 이야기》와 《구원으로 가는 9개의 이야기 계단》

10장

예술, 오감으로 전하는 말씀

인공지능이 발달할수록 사고력과 문해력은 낮아진다. 앞으로 이런 현상은 더욱 심해질 것이다. 더 큰 문제는 기독교가 붕괴될 수 있다는 점이다. 이런 시기일수록 예술의 효과는 커진다. 단언컨대 종교개혁 시대보다 훨씬 큰 위력으로 나타날 것이다. 종교개혁 시대의 예술은 말씀을 구체화하는 수단이었다면 우리 시대에는 무뎌진 감정과 사고를 다시 작동하게 하는 유일한 요소가 될 것이다. 조지 오웰에게 '쓰기'가 저항이었다면, 우리 시대의 예술은 또 다른 저항이다.

예술을 자신과는 별개의 이야기로 생각해서는 안 된다. 우리가 쉽게 사용하는 관념에 박힌 단어들을 일상으로 끌어오는 작업이 예술이다. 성경의 내용이 관념에 갇히면 일상에서 적용할 수 없다. 성경의 단어들이 손에 잡히고, 감정으로 느낄 수 있을 때, 예배와 교육은 살아 움직일 수 있다. 앞으로 살펴볼 내용은 예술 작품 속에 얼마나 많은 성경의 메시지와 감정이 스며들었는지 보게 될 것이다. 이를 공감한다면 우리도 현장에서 사용할 수 있고 창작할 수 있다.

1. 얼어붙은 십자가, 뭉크

십자가는 기독교 신앙의 핵심이다. 그러나 우리의 인식 속에서 십자가는 얼어붙어 있다. 십자가는 교회 건물 꼭대기에 상징이 되었고, 관념이 되었다. 극장과 교회의 차이를 느끼지 못하는 이유는 관람을 위해 집결해 있을 뿐이다. 극장에서 옆 사람은 나와 관계가 없다. 관람이 끝나면 타인(他人)이 된다. 교회의 대중도 그렇기는 마찬가지다. 이런 현실에서 외치는 십자가는 정보의 한 파편에 불과하다. 십자가란 백과사전의 지식이 아니다. 십자가는 하나님과 인간 사이의 단절된 장벽이 제거되고, 보좌 앞으로 나아갈 수 있게 하는 통로다. 동시에 십자가는 사람과 사람 사이를 이어주는 연결고리다. 극장과 교회를 구분 짓는 것이 십자가다.

〈절규〉의 작가 뭉크(Edvard Munch)가 경험한 십자가는 얼어붙어 있었다. 〈골고다〉 속 파란색 배경은 그가 살았던 환경이 냉랭했다는 것을 표현한다. 십자가에 예수님이 달려 있고, 그 앞에 군중이 있다. 사람들의 표정은 하늘의 색깔만큼 냉랭하고 냉소적이다. 뒤에 계신 예수님의 표정은 일그러져 있다. 십자가의 고통 때문이 아닌 것은 분명해 보인다. 어쩌면 우리가 가르치는 십자가 그리고 교회에서 경험하는 십자가의 실체가 이렇게 냉랭한 것은 아닌지 묻게 된다. 뭉크의 〈골고다〉는 현실을 구체적으로 표현했다. 그렇기에 우리는 이 그림으로 뭉크와 연결되고, 거울처럼 우리의 얼굴을 보게 된다.

십자가 앞에서 서로 소외되는 이유는 삶에서 겪는 고난 때문이다. 십자가는 하나님과의 관계가 회복된 상징이기에 고난 속에서도 하나님의 샬롬

뭉크, 〈절규〉(1893)와 〈골고다〉(1900)

(평화)을 준다. 그러나 우리는 '고난'을 추상적으로 생각한다. 고난과 환난 속에서도 하나님을 바라보라는 기도와 찬양이 홍수처럼 넘쳐나지만, 고난은 추상적인 옷을 입었고 현실은 비관적인 옷을 입었다. '실패는 성공의 어머니다'라는 명언은 고상하게 느끼지만 내가 겪는 비루한 일상은 하찮게 느껴진다. 이런 이중적인 태도가 성경과 일상을 분리한다. 나아가 우리와 타인을 구분하는 소외 현상으로 나아가게 한다.

에드바르 뭉크의 삶은 고난 그 자체였다. 개신교 국가 노르웨이 태생이지만, 그는 모진 가난과 부모님의 죽음, 가족의 질병을 경험하며 성장했다. 이런 환경은 뭉크에게 정신 질환과 우울증을 안겨 주었다. 그러나 그에게 진짜 고통은 육신의 질병이나 정신 질환이 아니었다. 사회로부터 단절된 소외감이었다. 뭉크에게 그림이란 삶을 긍정할 수 있는 유일한 수단이었다. 뭉크는 화가로서 세상과 소통하기를 원했다. 그의 첫 전시회에서 이 소통을 가로막았던 이들은 노르웨이 화가들이었다. '미친' 사람에게 전시회는 과분한 것이었다.

뭉크의 〈절규〉는 우리 내면의 고통을 길어 올린다. 〈절규〉를 통해 우리의 절규가 움직인다. 한 인물이 얼굴을 감싸며 울부짖고 있다. 하늘마저 붉게 물들었고, 주변은 요동친다. 그를 절규하게 만드는 요소를 어렵지 않게 찾을 수 있다. 두 사람이 다가오고 있지만 얼굴도, 형체도 분간하기 어렵다. 절규하는 사람에게는 움직이는 물체 그 이상도, 그 이하도 아니다. 뭉크는 1892년 1월 22일에 다음과 같은 일기를 썼다.

> 나는 두 친구와 함께 길을 걷고 있었다. 해가 지고 있었고, 약간 우울한 기분이 들었다. 그때 갑자기 하늘이 핏빛으로 변했다. 나는 심한 피로감에 멈춰 서서 난간에 몸을 기댔다. 불타는 듯한 구름이 짙푸른 피

오르드와 도시 위로 피 묻은 검처럼 드리워져 있었다. 친구들은 계속 걸어갔지만 나는 불안으로 몸을 떨며 서 있었다. 자연을 꿰뚫는 거대하고 끝없는 절규가 들리는 듯했다.[133]

우리의 진정한 고통이 바로 이것이다. 극심한 우울, 정신적 고통은 자연을 꿰뚫는 절규를 듣게 한다. 삶에 회의감이 드는 이유도, 가나안 성도가 되려는 생각도, 주변 사람은 움직이는 물체이고, 십자가는 첨탑 장식물에 불과하기 때문이다. 이런 상태로 십자가의 '정보'를 가르치는 것은 의미가 없다. 뭉크는 우리에게 〈절규〉 왼편 상단에 희미하게 속내를 토로한다. 사람들은 누군가가 이 그림에 낙서한 것이라고 생각했지만, X-ray로 분석한 결과 뭉크의 글자임이 밝혀졌다. '미친 사람만 그릴 수 있는 그림'이라는 희미한 글자가 새겨졌다. 뭉크는 그 시대에서 소외된 채 우리와 소통하고 있었다.

뭉크는 100년 전의 인물이지만 그의 고난과 십자가가 공감을 불러일으키는 것은 예술이 가진 힘 덕분이다. 십자가가 관념에서 벗어나 소통할 수 있으려면 이 그림을 통해 타인의 절규에 귀를 기울여야 한다. 아이들에게 고난을 가르치려고 하지 말고, 절규에 귀를 기울여 보라. 무엇이 아이들을 절규하게 하는지 다가가 보라. 그럴 때 고난은 관념의 감옥에서 걸어 나와서 우리에게 얼굴을 마주할 것이다. 고통에 마주 설 때 십자가는 우리에게 공감으로 다가온다. 〈골고다〉와 〈뭉크〉를 통해서 아이들과 소통해 보자. 막연히 죄인이라고 가르치는 것과 전혀 다른 반응을 볼 수 있다. 소통될 때 십자가로 나아갈 수 있다. 고난이 공감된다면 십자가를 제시할 가능성이 높아진다.

133 이리스 뮐러 베스테르만, 《뭉크, 추방된 영혼의 기록》, 홍주연 역, (예경, 2013), 38.

2. 살아서 움직이는 십자가, 살바도르 달리와 반 고흐

역사상 가장 창의적인 화가라는 평가를 받는 살바도르 달리(Salvador Dali, 1904-1989)는 〈성 요한의 십자가의 그리스도〉라는 작품을 남기며 일기장에 다음과 같이 고백했다.

> 내가 성 요한의 십자가를 그리고 있을 때, 문득 떠오르는 구성에 마음이 무너지고 말았다. 말로 표현할 수 없는 깨달음으로 나는 신들린 사람처럼 이 그림을 차근차근 그려 나갔다. 그리스도의 모습이 점점 더 완벽하고 성스러워졌다. 이 어마어마한 사실을 발견하고서 입을 다물 수 없었다. 곧장 무릎을 꿇고서 감사 기도를 드리는 것 외에는 아무것도 할 수 없었다. 내 영혼을 바친 진심의 기도였다. 작업실에서 무릎을 꿇고 중얼거리며 기도하는 내 모습을 정말이지 누가 봤더라면 미쳤다고 생각했을 것이다. **1951년 7월 5일의 일기**

우리가 그리스도를 나의 구주로 영접했다면 살바도르 달리의 고백을 공감할 것이다. 우리가 십자가에 굴복한 것은 충동구매처럼 물건을 구입하는 것과 다르다. 사람마다 정도의 차이는 있지만, 우리가 십자가를 받아들인 것은 얼어붙은 완고함이 부서져서, 인생을 그분에게 맡겼다는 것이다. 하나님의 사랑에 부서질 때 십자가 앞으로 나아간다. 만일 십자가가 감정과 무관한 지식의 한 조각이라면 우리의 믿음을 다시 점검해야 한다. 십자가가 정보라면, ChatGPT 같은 인공지능은 월등하게 '십자가 사역'을 감당할 수 있다. 그러나 십자가는 경험이고, 인격이며, 감정이다.

살바도르 달리는 1550년대의 "십자가의 요한(St. John of the Cross, 1542~1591)"

이라는 인물이 그린 그림에 영감을 받아서 〈성 요한의 십자가의 그리스도〉를 그렸다. 16세기에 그려진 대부분의 십자가 그림은 십자가를 정면이나 아래에서 바라보는 구도다. 십자가는 수난의 상징으로 고난을 통해서 하나님에게 나아가야 했기 때문이다. 반면 살바도르 달리의 그림은 특이하게도 하나님의 시선으로 내려다본다. 범죄에 빠진 인간이 하나님께 나아가려고 하지만 죄로 인해 단절된 거대한 간극을 십자가가 메워주는 것처럼, 커다란 간극을 그리스도의 십자가가 메워주고 하나님께로 나아가는 다리가 된다.

십자가 아래는 갈릴리 호수로 연결된다. 갈릴리는 사도 요한의 고향이다. 그는 십자가의 길을 걸으며 밧모 섬에 유배되었다. 갈릴리 사람들에게 요한은 미련했고, 가족들에게는 무책임했으며, 인생이 망한 사람이었다. 결국 이단에 빠져서 무인도로 유배된 실패자였다. 그리스도의 십자가는 남루한 갈릴리로부터 하나님의 영광으로 나아간다. 인생의 가장 비참한 순간에, 요한은 밧모 섬에서 하나님의 영광을 보았다! 그래서 요한이 요한복음에서 말하는 영광은 분명하다. 사람들의 부러움을 사는 삶이 아니라 하나님의 뜻을 이루는 것이 영광이다. 비록 우리의 현실은 갈릴리 같지만 영광의 하나님은 십자가를 통해 우리를 영광스럽게 보고 계신다. 살바도르 달리는 이것을 깨달았다.

더 이상 십자가를 백과사전처럼 인용해서는 안 된다. 우리 속의 감격과 영광을 생생하게 전하기 원한다면 예술을 활용하면 된다. 살바도르 달리와 시공간을 초월해서 십자가로 소통할 수 있다.

살바도르 달리의 그림과 빈센트 반 고흐의 〈별이 빛나는 밤〉은 십자가로 소통한다. 반 고흐는 독실한 개신교 목회자의 아들로 태어나 어린 시절부터 성경과 독서를 접했다. 고흐는 십대 시절에 이미 평범한 노동자의 세 배나 되는 수입을 올리는 화상(畵商)이었다. 그는 수입을 성공이라고 느끼지 않았다. 고흐는 오히려 그 일을 할수록 공허함을 느꼈다. 그의 마음을 채운 것이 십

살바도르 달리, 〈성 요한의 십자가의 그리스도〉(1951)

반 고흐, 〈별이 빛나는 밤〉(1889)

자가의 복음이었다. 젊은 시절, 찰스 스펄전 목사의 설교를 들으며 전도자가 되는 꿈을 꾸었고, 결국 탄광촌으로 들어가 복음을 전했다. 그러나 그의 품위 없는 행동은 부모와 주변 사람들로부터 호응을 얻지 못했고, 그는 정식 목회자의 자격을 얻는데 실패했다.

반 고흐는 '스피치'로 복음을 전하지 못하게 되자 '예술'로 복음을 전했다. 그는 20대의 나이에 그림을 시작했다. 그런데 화가로서도 실패했다. 그가 생전에 팔았던 그림은 단 한 점이었다. 반 고흐는 요한처럼 실패한 인생이었고, 불행한 삶을 살았던 것처럼 보인다. 그의 가장 유명한 〈별이 빛나는 밤〉은 가장 고통스러웠던 생 레미 정신병원에서 그린 그림이다. 그 시절 어느 누구도 반 고흐를 성공했다고 생각하지 못했다. 그러나 그의 마음속에 밤하늘은 역동적으로 움직이고 있었다. 동생 테오에게 보낸 편지를 보면 그는 하늘에 간절히 닿고 싶어 했다. 그래서 하늘에는 12개의 별이 12명의 사도처럼 빛나고 있었다. 반 고흐가 12를 생각했다면 그 중의 한 명은 요한이다. 왼편의 짙은 색으로 하늘까지 뻗은 것은 십자가의 재료가 된 사이프러스 나무다. 생 레미 정신병원에서는 사이프러스가 보이지 않는다. 그렇지만 그곳에서 반 고흐는 하나님께 나아가는 중이었다.

살바도르 달리의 십자가와 반 고흐의 십자가는 색깔의 조합이 아니고, 정보의 조각도 아니다. 그 속에는 출렁거리는 감격이 있고, 현실의 고통 '따위'와 견줄 수 없는 영광이 살아 숨 쉰다. 반 고흐가 이 그림을 그렸던 시절은 뭉크의 〈절규〉에 비유할 수 있다. 그러나 십자가를 가슴에 품은 반 고흐는 밧모 섬의 영광을 보고 있었다. 그래서 하늘이 역동적으로 움직인다. 하나님과 우리가 십자가로 연결되어 있기에 우리가 서 있는 자리는 중요하지 않다. 갈릴리든, 생 레미 정신병원이든 말이다. 그래서 요한도, 반 고흐도, 뭉크도 결코 실패자가 아니다.

뭉크, 달리, 반 고흐의 십자가를 공감한다면 이것을 우리의 언어로 표현할 때다. 그렇게 표현된 십자가의 영광과 감동은 말씀 선포의 도구가 될 것이다.

3. 십자가를 노래하라, 바로크 음악의 삼총사, 바흐, 헨델, 비발디

교회 음악에도 성스러운 것과 상스러운 것이 있다. 불과 몇 년 전만 해도 예배 시간에 드럼과 전자 기타는 상스러운 것이었다. 예배 시간에만 허용되는 장르가 있었고, 초대받지 못한 악기도 있었다. 그러나 시대와 유행에 따라 기준이 변한다면 그것은 진리의 문제는 아니다. 종교개혁 시대에 오르간은 교회에서 추방되었고, 18세기에 발명된 피아노는 교회에서 연주되지 않았다. 이렇게 성스러움과 상스러움을 구분하는 우리의 위선은 교회를 세상으로부터 격리시킨다. 앞서 그림이 말씀을 전하는 방편이라는 것을 살펴보았다. 음악 역시 그런 방편이 될 수 있다. 바흐가 루터교의 찬송가로 작곡한 장르를 '코랄(chorale)'이라고 부른다. 성경의 내용을 주제에 따라 부르는 장르를 '오라토리오'라고 한다. 그런데 우리는 찬송가와 칸타타는 허용하면서도 코랄과 오라토리오는 세속적이라고 생각한다.

교회의 생명력을 불어넣기 위해선 더 많은 연구가 필요하다. 교회의 정체성을 없애고, 세속적으로 변하라는 말이 결코 아니다. 말씀을 전하는 방편은 스피치만 있는 것은 아니라는 말이다. '스피치'만 교회에서 주인공으로 군림하는 한, 공감과 소통이 일어날 가능성은 줄어든다. 적어도 교회교육에서만큼은 예술이 스피치의 하인이 되어서는 안 된다. 바흐는 성경의 내용을 음악으로 가르치기 위해서 '칸타타'를, 헨델은 '오라토리오'를 꽃피웠다. '붉은 머리 사제' 안토니오 비발디는 교회에 버려진 사생아들에게 음악을 전하는 목회를 했고, 그런 교육을 통해 만든 곡이 우리가 잘 아는 〈사계〉다.

모든 음악이 성경적이 아니고, 하나님을 찬양하는 것도 아니다. 그렇지만 성경적이고 하나님을 찬양하는 목적을 위해서 음악과 예술이 좋은 수단이 되는 것은 분명하다. 그래서 루터는 종교개혁을 효과적으로 전하기 위해서 찬송가를 작곡해서 함께 불렀다. 멘델스존도 루터의 〈내 주는 강한 성이요〉에 대한 오마주로 〈종교개혁 교향곡〉을 만들었다.

결국 음악도 콘텐츠다. 설교자는 스피치를 담당하는 사람이기도 하지만, 연주, 노래, 연기를 담당하는 사람도 분명한 말씀을 전달할 수 있고, 당당한 설교자가 될 수 있다. 이건 진리의 문제가 아니다. 우리의 정서가 허용하는 만큼, 콘텐츠를 연구하는 만큼, 한국교회는 고립될 수도 있고, 문화를 주도할 수도 있다.

4. 공감의 창문, 고립과 소통의 기로에 선 교회

음악과 예술을 교육과 예배로 소통할 수 있는 사례를 소개하고자 한다. 삼일교회 클래식 예배는 세대통합예배의 또 다른 이름이다. 다양한 세대가 한 공간에서 물리적으로 함께 예배한다고 세대통합예배는 아니다. 물리적 통합은 식상하게 만든다.

세대를 아우르는 열쇠는 콘텐츠에 달렸다. 온 세대가 함께 공감할 수 있는 콘텐츠를 통해 마음이 통합된다. 콘텐츠는 모든 세대가 쉽게 이해하고 소통하는 문학, 예술 속에 들어있다. 문학도, 예술도, 음악도 모두 '클래식'이므로 삼일교회 세대통합예배를 '클래식 예배'로 불렀다. 이 예배의 특징은 말씀을 전하는 방편이 스피치가 아니다. 연주자도, 연기자도 모두 설교자가 되

[위] 삼일교회 클래식 예배

[중앙] 빈벽(좌)이 미술관으로 바뀐 삼일교회의 벽면 모습(우)

[아래] 삼일교회 그림전과 클래식 예배 가이드 QR 코드

는 예배다. 이 예배는 설명이나 주입이 아니라 '보여주는' 방식이다. 그 속에서 모든 세대가 공감할 수 있었고, 더 많은 은사를 가진 사람들이 예배 속의 설교자로 포함되는 축제다.

해마다 클래식 예배를 기다리는 성도가 늘었다. 예배 시작 30분 전에 긴 줄을 서서 대기하는 성도들이 있을 정도였다. 이 글을 접하는 독자도 교회에서 시도해 보기를 바란다. 중요한 원리는 이것이다.

① 전하고자 하는 분명한 말씀의 메시지가 있어야 한다.

② 메시지를 전하는 방편은 스피치에 국한되지 않아도 된다.

이것이 종교개혁으로 교육하고 예배하는 실제적인 세대통합예배다. 클래식 예배를 통해 재능을 가진 구성원들이 예배의 청중에서 예배 진행자로 도약할 수 있고, 축제의 시간이 될 수 있다. 클래식 예배를 준비하는 가이드는 264쪽의 QR 코드를 통해서 참고할 수 있다.

팬데믹을 거치면서 미술에 대한 관심이 높아졌다. 앞서 수많은 그림들을 언급했다. 그 그림들은 종교개혁의 콘텐츠였고, 보이는 말씀이었다. 이런 그림들을 교회의 벽면에 전시해 보라. 교회의 환경과 인식이 달라진다. 뿐만 아니라 공과공부의 지평도 넓어질 수 있다. 공과공부와 관련된 그림 앞에서 교사와 아이들이 소통하는 모습을 상상해 보라. 1년이면 50개의 그림을 접할 수 있고, 10년이면 500번의 주일을 보낸다.

삼일교회에서 종교개혁 콘텐츠와 관련된 40점의 그림을 벽면에 붙였다. 그림을 접한 아이들은 수년이 지나도록 그 내용을 고스란히 기억하고 있었다. 부디 독자들이 틀 안에 갇히지 말고 더 많은 방식으로 종교개혁의 교육을 이어가기를 소망한다.

11장

종교개혁으로 저항하라

마르틴 루터가 95개조 반박문을 붙였던 곳은 비텐베르크의 성채교회다. 종교개혁은 성채(城砦)에 맞선 저항이었고, 몸부림이었고, 번역이었다. 우리가 삶의 곳곳에서 종교개혁을 외치는 이유는 교회가 성채가 되었기 때문이다. 루터는 95개조 반박문을 붙였지만, 종교개혁은 한 세대에 걸친 교육이었다. 성채를 향한 '공성전'은 시간과 인내의 싸움이라는 점을 잊어서는 안 된다.

책과 설교, 유튜브를 통해 사람들은 저마다 이것이 잘못되었고, 저것은 개선되어야 한다고 소리높인다. 그러나 변화가 일어나지 않는 이유는 그 외침이 단회적이기 때문이다. 그 외침을 1년 52회, 10년 520번 외쳐보라. 정말 그렇게 할 수 있다면 개혁이지만, 그럴만하지 않다면 '혁명'을 떠올렸는지도 모른다. 프랑스에서, 영국에서, 러시아에서, 그리고 독일에서, 종교개혁의 의지를 어떻게 표현했고, 어떻게 그 시대를 변화시켰는지 살펴보자. 한 세대가 걸린 일이었다. 이제 우리 차례이다.

1. 혁명의 성채에 맞서라,《레 미제라블》

《레 미제라블(Les Misérables, 1862)》은 빅토르 위고(Victor Hugo, 1802~1885)의 걸작이다. 19세기 프랑스의 살롱문화와 달리 빅토르 위고는 극심한 고통 속에서 이 꽃을 피워냈다. 그의 조국에서 프랑스 혁명이 일어났고, 나폴레옹은 유럽을 전쟁의 소용돌이로 몰아넣었다. 많은 사람이 인간의 야욕으로 목숨을 잃었다.

1830년 7월 혁명으로 위고는 프랑스 사회의 정치적 성채를 경험했다. 수많은 사람들이 무참하게 죽었고, 정치인들은 프랑스 대혁명의 교훈을 잊은 듯했다. 그는《노트르담의 꼽추(1831)》를 발표했지만 가톨릭교회는 그의 작품이 교회에 거슬린다는 이유로 금서로 지정했다. 빅토르 위고는 부당한 권력에 맞섰다. 하지만 그 대가로 1851년 위고는 조국에서 추방당하며 19년간 떠돌이 신세가 되었다.《레 미제라블》은 망명자 신분으로 썼던 작품이다. 프랑스의 교회는 그의 작품들을 신자들에게 읽지 못하게 했다. 그는 죽을 때까지 프랑스 교회와 화해하지 못했다.

빅토르 위고의 작품들은 프랑스 교회보다 더 큰 세계에 영향을 주었다.《레 미제라블》을 통해 독자들은 프랑스 사회의 경직되고 위선적인 현실을 접하게 된다. 사회에서 한 사람을 변화시키는 것은 무엇인지 작가는 질문한다. 엄격한 법 집행과 무거운 형벌을 통해 사회의 질서를 유지시킬 수도 있다. 이는 평범한 사람들이 일반적으로 떠올리는 방법이다. 그런 시대정신의 상징이 자베르 형사다. 자베르 형사는 처벌할 힘은 갖고 있지만 누군가를 변화시키는 힘은 없었다. 한 사람을 진정으로 변화시키는 것은 사랑이다. 사랑은 사회의 성채도 무너뜨리지만, 장발장과 팡띤느 같은 사회의 밑바닥에 있는 사람들의 증오심이라는 성채도 무너뜨렸다. 작가는 미리엘 주교를 통해 우리에게 말하고 있다.

> '서로 사랑하십시오.' 미리엘 주교는 완전한 형태로 그 말을 외쳤다. 그는 그 이상, 아무것도 내세우지 않았다. 그것이 미리엘 주교가 말하는 교리의 전부였다.

잘못된 것을 무조건 도려내는 방식으로는 변화를 가져올 수 없다. 미리엘 주교는 19년간 감옥에 있었던 한 인간을 변화시켰고, 장발장은 자신과 비슷한 처지의 여인 팡띤느를 변화시켰다. 장발장이 19년간 감옥에 있었는데, 빅토르 위고는 《레 미제라블》을 완성하고 난 후 19년 만에 귀국했다!

미리엘 주교는 '서로 사랑하라'는 예수님의 계명을 그대로 실천한 인물이다. 종교개혁은 실천이지 지식이 아니다. 예수님에게는 새벽예배를 드리는지, 십일조와 주일성수를 지키는지, 장로교도인지 감리교도인지 중요하지 않다. 예수님에게 가장 중요한 교리는 서로 사랑하는가의 여부다. 《레 미제라블》을 읽으면 마치 성경의 이야기를 읽는 듯하다. 팡띤느 눈에 비친 자베르 형사는 율법을, 미리엘 주교를 통해 변화된 장발장은 은혜를 대표하는 사람이다. 빅토르 위고의 번역된 사랑 이야기를 통해 진정한 교리를 배우고, 성경의 삶을 닮아간다. 위고는 《레 미제라블》을 통해 우리로 하여금 종교개혁으로 교육할 것을 강조한다.

> 무지한 사람들에게 당신의 능력껏 가르쳐 주십시오. 사회가 무상교육을 시행하지 않으면 죄를 짓는 것입니다. 사회는 자신의 소산인 어둠에 대하여 책임을 져야 합니다. 영혼 속에 암흑이 가득하면 그 속에서 죄가 저질러집니다. 진정한 죄인은 그 어둠 속에서 잘못을 저지르는

사람이 아니라, 그 영혼 속에 어둠을 만들어놓은 사람입니다.[134]

대한민국의 사회는 성채와 같다. 위고는 성채에 균열을 낼 수 있을 방법을 우리에게 제시한다. 자베르 형사의 혁명 같은 방식으로는 아무것도 이룰 수 없다. 시간과 인내를 통해 그리스도를 닮아갈 때 가능하다. 장발장이 미리엘 주교를 만나기까지 19년의 시간이 필요했고, 팡띤느를 만나기까지 8년이 걸렸다는 점을 기억해야 한다. 빅토르 위고는 죽을 때까지 프랑스 교회와 화해하지 못했다. 그가 죽을 때 프랑스 교회의 기도는 거부했지만, 자신의 모든 재산을 남김없이 '레 미제라블(가난한 사람들)'에게 내어 주었다. 우리가 저항할 대상은 분명하다. 혁명적인 방법으로 종교개혁을 일으키자는 자베르 형사의 소리, 자신과 맞지 않으면 차단하고 금지하는 프랑스 교회, 그리고 가난한 사람들을 삼키는 프랑스 사회의 성채들이다.

하나님과 영혼, 책임감. 이 세 가지 사상만 있으면 충분하다. 적어도 내겐 충분했다. 그것이 진정한 종교이다. 나는 그 속에서 살아왔고 그 속에서 죽을 것이다. 진리와 광명, 정의, 양심, 그것이 바로 하나님이다. 가난한 사람들 앞으로 4만 프랑의 돈을 남긴다. 극빈자들의 관 만드는 재료를 사는 데 쓰이길 바란다. (중략) 내 육신의 눈은 감길 것이나 영혼의 눈은 언제까지나 열려 있을 것이다. 교회의 기도를 거부한다. 바라는 것은 영혼으로부터 나오는 단 한 사람의 기도이다. **빅토르 위고의 유언 중에서**

134 빅토르 위고, 《레 미제라블》, 이형식 역, (펭귄, 2010), 31.

2. 시대의 성채에 맞서라, 《찰리와 초콜릿 공장》

우리 시대의 가장 큰 성채는 스마트폰이라는 문명과 빅데이터를 기반으로 한 인공지능이다. 스마트폰은 우리의 사고를 빼앗고, 인공지능은 우리의 가치를 제거한다. 사고와 가치를 제거하며 우리 속에 하나님의 자리마저 없애고 있다. 이런 이유로 인해 작가 조지 오웰은 사고력 회복을 강조하였고, 종교개혁자들은 번역을 통해 말씀을 가르쳤다. 우리는 어떻게 할 수 있을까? 스마트폰을 빼앗고, 빅데이터를 차단하면 될까?

영국의 아동 작가 로알드 달(Roald Dahl, 1916~1990)은 시대의 성채에 어떻게 저항할 수 있는지 작품을 통해 보여준다. 그는 《찰리와 초콜릿 공장》과 《마틸다》의 작가이다. 로알드 달의 작품들은 재미와 의미를 모두 갖췄다. 그래서 영미권에서는 교과서보다 많이 읽힌다. 핸드폰과 컴퓨터 게임을 좋아하는 어린이들이 그의 책을 더 사랑할 정도라면 그가 아이들에게 미친 영향이 어느 정도였는지를 짐작할 수 있다. 아이들이 로알드 달의 작품 세계에 열광한 이유는 자극적인 재미를 쫓아서가 아니다. 로알드 달의 작품은 특유의 상상력과 꿈을 아이들에게 선물한다. 그의 작품은 상상에서 비롯된 것이 아니라 그가 어린 시절부터 겪었던 고통, 눈물, 경험, 추억에 생명을 불어넣어서 만들었다. 그의 작품에는 기독교를 반영하는 거울이 들어 있다. 《마틸다》에 나오는 교장 선생님은 어린 시절에 끔찍한 기억으로 남아 있는 실제 인물을 모델로 했다. 교사들의 체벌은 성장해서도 정신적인 트라우마를 남겼고, 몸에도 흔적을 남겼다. 그는 교장 선생님을 이렇게 회고한다.

> 내가 교장 선생님을 생각할 때마다 당혹스러움이 사라지지 않는다. 그는 당시 교장이자 한 사람의 평범한 성직자였다. 나는 학교 내의 교

회의 희미한 불빛 속에 앉아서 거룩한 주님의 어린 양, 자비, 용서, 그리고 그 밖의 여러 가지에 대한 그의 설교를 들었다. 그때 내 어린 마음은 무척이나 혼란스러웠다. 바로 전날 밤에 그 설교자가 규칙을 어긴 자그마한 소년을 때렸을 때는 자비나 용서 따위를 전혀 보여주지 않았기 때문이었다.

나는 스스로에게 묻곤 했다. '그렇다면 그는 과연 무엇에 대해 떠들었단 말인가? 하나님을 섬기는 사람들은 결국 말과 행동을 달리 한다는 것인가?'

당시 그 매질하는 성직자가 나중에 캔터베리의 대주교가 될 것이라고 누군가 내게 말했다면 나는 목에 칼이 들어와도 그 말을 믿지 않았을 것이다.

내가 기독교에 대해서, 심지어 하나님에 대해서까지 회의를 품게 된 것은 아마도 그런 일을 겪었기 때문이 아닌가 싶다. 나는 스스로에게 거듭 말하곤 했다. 만약, 그 사람이 하나님이 선택해서 이 세상에 보낸 세일즈맨 중의 하나라면, 하나님의 사업에는 무언가 커다란 결함이 있는 것이 틀림없다고 말이다.

로알드 달은 교장 선생님으로 인해 하나님을 등지게 되었다. 교장 선생님이 우리가 이 책에서 나눈 십계명을 실천했더라도 그는 그런 행동을 하지 않았을 것이다. 하나님을 드러내는 대사라면 그런 행동을 자연스럽게 할 수 없을 것이다. 어쩌면 지금도 수많은 '로알드 달'들을 가나안으로 내몰고 있는 것은 아닌지 우리 모습을 살펴야 한다.

그의 대표적인 작품은 《찰리와 초콜릿 공장》이다. 어린 시절 구멍가게에서 먹던 초콜릿의 기억이 그의 대표 작품이 되었다. 그렇지만 《찰리와 초콜릿 공장》은 단순한 판타지 소설이 아니다. 윌리 웡카 씨는 세계에서 가장 유명한 초콜릿을 만드는 초콜릿 공장의 사장이다. 그는 초콜릿 공장을 공짜로 구경시켜주기 위해 초콜릿 속에 5장의 초대권을 넣었다. 아이들은 초콜릿 공장을 방문하고 싶어서 초콜릿을 사들이기 시작한다. 5명의 주인공이 누가 될지 전 세계의 관심이 집중되었고, 초대권이 당첨될 때마다 그 아이는 부러움의 대상이 되었다. 초콜릿을 '싹쓸이'했던 부유한 아이들 4명이 당첨되었다. 확률로 봤을 때, 가난한 소년 찰리가 당첨될 확률은 제로였다. 그러나 찰리는 마지막 다섯 번째 초콜릿 공장 초대권을 받았다.

초대권을 받은 다섯 아이는 초콜릿 공장을 방문했다. 나머지 4명의 부유한 아이들은 탐욕으로 인해 공장에서 뜻하지 않은 곤경에 빠진다. 그러나 마지막까지 윌리 웡카와 신뢰를 지켰던 아이는 찰리밖에 없었다. 그때 윌리 웡카는 이렇게 말한다.

> "찰리야. 난 이 공장을 전부 너에게 선물하기로 마음먹었단다. 공장을 스스로 꾸려 나갈 만한 나이가 되면 이 공장은 몽땅 네 차지가 되는 거야."
> 그 말에 찰리의 할아버지는 왜 하필이면 어린 찰리에게 주려는 건지 물었다. 윌리 웡카는 이렇게 대답한다.
> "전 이제 나이를 먹을 만큼 먹었습니다. 할아버지가 생각하는 것보다 훨씬 나이가 많습니다. 사람이 영원히 살 수는 없는 거 아닙니까? 전 자식도 없고 가까운 친척도 없습니다. 그러니 제가 앞으로 더 나이를 먹어 더 이상 공장을 꾸려 나갈 수 없게 되면 누가 이 공장을 꾸려 나가겠습니까? 누군가는 해야 할 텐데 말입니다. 제 말씀을 들어 보세요. 저 대신 이 공장을 떠맡으려는 약아빠진 사람들은 수천 명도 넘

을 겁니다. 하지만 전 그런 사람들을 원치 않습니다. 어른들은 제 말을 들으려고 하지 않겠죠. 제가 해 오던 방식이 아니라 자기 방식을 고집할 거예요. 그래서 전 어린아이를 찾아내야 했지요. 마음씨 착하고 생각도 깊은 어린이가 필요합니다. 제가 살아있는 동안 초콜릿을 만들어 내는 모든 귀중한 비법을 알려 줄 만한 그런 아이 말이지요."

자신의 공장을 값없이 '상속'하려는 이야기. 그것을 상속받는 찰리 같은 '어린아이'의 이야기. 이것은 예수께서 우리에게 주시려는 하나님 나라의 관념을 스토리텔링으로 말한다. 스토리텔링은 문자 그대로 '하나님 나라'를 어린이에게 전하는 것과 이렇게 다른 반응을 끌어낸다. 분명한 것은 미래 문명의 이기는 우리를 더 많이 집어삼킬 것이다. 그러나 이야기를 갈망하는 욕구는 인류의 본능이다. 이제 우리는 새로운 방식, 찰리의 초콜릿 공장을 곳곳에 세워야 한다.

3. 관념의 성채에 맞서라, 톨스토이

교회에서 가장 많이 언급하는 단어는 '사랑'이다. 교회에서 외치는 '사랑' 속에는 감정도, 감동도 없다. 구체적이지도 않고, 현실적이지도 않다. 어느새 사랑은 신비적이고 비현실적인 단어가 되었다. 펜으로 세계를 평정한 대문호 톨스토이는 또다시 펜으로 러시아의 교회에게 질문한다. "도대체 신앙이란 무엇이며, 기독교란 무엇인가?" 그는 《하나님의 나라는 네 안에 있다》라는 책을 썼다. 이 책의 부제는 "기독교는 신비의 종교가 아닌 새로운 생활의 이해다"라고 질문에 대한 명확한 답을 제시한다. '신비적인 단어'로 치장한 우리에게 던지는 조언이다. 톨스토이는 삶 속에 그리스도의 사랑이 드러나지 않으면서 사랑을 운운하는 것은 그리스도를 팔아먹는 행위라고 일관되게 말한다. 톨스토이가 교회에게 강조했던 것은 그리스도를 닮은 삶이지, 제도화된 교회도, 권력으로 쌓아 올린 십자가 탑도 아니라고 말했다. 결국 그는 러시아 교회로부터 파문당했다.

톨스토이의 말을 되새겨본다. 기독교는 신비의 종교가 아니라 새로운 생활의 이해다. 어쩌면 우리는 현실의 변화를 거부하고 신비의 종교로 전락했는지도 모른다. '성령의 열매'는 인격과 성품의 변화를 말한다. 그러나 우리가 이해하는 성령은 '신비적'인 어떤 것에 머물러 있다. 우리가 외치는 '성령'은 제도화된 교회에서 필요한 것이 아니라 삶에서 필요한 것이다.

성령의 첫 번째 열매는 '사랑'이다. 톨스토이에게 사랑은 신앙의 본질이지 수사적인 단어가 아니었다. 톨스토이는 《노년의 일기》에서 분명한 어조로 진정으로 중요한 것은 우리의 성품이 완성되어 가는 과정이라고 말한다.[135] 그래서 톨스토이는 현실 속에서 '진실하게 사는 것'을 열망했다.[136] 진실하게 사는 것의 구체적인 행위가 사랑이다. 사랑이란 무엇일까?

> 내가 주릴 때에 너희가 먹을 것을 주었고, 목마를 때에 마시게 하였고, 나그네가 되었을 때에 영접하였고, 헐벗었을 때에 옷을 입혔고, 병들었을 때에 돌보았고, 옥에 갇혔을 때에 와서 보았느니라. **마태복음 25장 35~36절**

이 구절을 제시한 후 톨스토이는 〈사랑이 있는 곳에 하나님도 계시다〉라

135 슈테판 츠바이크, 《츠바이크가 본 카사노바 스탕달 톨스토이》, 나누리 역, (필맥, 2005), 201.
136 이진숙, 《러시아 미술사》, (민음in, 2007), 11.

는 단편을 썼다. '사랑의 하나님'은 어디에 계실까? '하나님은 당신을 사랑하십니다'라는 구호로 가득한 곳에서도, 현수막으로 도배된 교회에서도 하나님을 느낄 수 없는 이유는 우리의 사랑이 없어서다. 우리는 하나님을 사랑한다고 입에 발린 말을 하지만 톨스토이가 제시하는 마태복음 25장의 말씀처럼 '진짜' 우리 삶 속의 그리스도는 외면한다. 톨스토이는 《사람은 무엇으로 사는가?》에서 다음 구절을 제시한다.

> 사랑하는 자들아. 우리가 서로 사랑하자. 사랑은 하나님께 속한 것이니 사랑하는 자마다 하나님으로부터 나서 하나님을 알고 사랑하지 아니하는 자는 하나님을 알지 못하나니 이는 하나님은 사랑이심이라. **요한일서 4장 7~8절**

> 하나님이 우리를 사랑하시는 사랑을 우리가 알고 믿었노니 하나님은 사랑이시라. 사랑 안에 거하는 자는 하나님 안에 거하고 하나님도 그 안에 거하시느니라. **요한일서 4장 16절**

성경 말씀과 함께 톨스토이의 인생 작품이 시작된다. 구두 수선공 세묜은 사람이 무엇으로 사는지 발견한다. 고린도전서 13장을 통째로 암기한다고 해도, 관념에만 머문다면 반응은 일어나지 않는다. 차라리 암송을 하지 않더라도 성경 말씀처럼 세묜이 했던 사랑을 삶에서 베풀 때, 하나님이 그 속에 나타날 것이다. 이 작품은 톨스토이가 문학을 쓴 것이 아니라 오직 성경을 번역한 것이다. 우리가 저항해야 하는 것은 관념에 빠진 기독교다. 저항할 수 있는 유일한 방법은 삶 속에서 번역하는 일이다. 성령의 9가지 열매를 기억하는가?

사랑, 화평, 오래 참음, 자비, 양선, 충성, 온유, 절제

9개의 열매를 보면 어떤 인식이 떠오르는가? 구체적으로 손에 잡혀야 한다. 화평과 양선과 온유를 구분할 수 있는가? 번역 없이 9개의 열매를 외우는 것은 무의미하다. 관념에 저항하기 위해서 톨스토이로부터 조언을 구해야 한다. 톨스토이의 단편집 《사람은 무엇으로 사는가?》(김선영 역, 새움)를 가지고 다음처럼 접근해 보자. 함께 읽고 삶에서 나눠보자.

나눔 주제	단편 제목
성령의 열매는 왜 필요할까?	〈사랑이 있는 곳에 하나님도 있다〉
사랑	〈사람은 무엇으로 사는가〉
희락	〈일리야스〉
화평	〈바보 이반〉
오래 참음	세 가지 비유〉
자비	〈아시리아의 왕 아사르하돈〉
양선	〈한가한 사람들의 대화〉
충성	〈세 가지 질문〉
온유	〈가난한 사람들〉
절제	〈사람에게는 땅이 많이 필요한가〉

이렇게 작품을 통해 성령의 열매를 나눈다면 각각의 열매는 우리에게 종교개혁을 꽃피우게 할 수 있다. 구체적인 번역으로 관념의 성채에서 빠져나와야 한다. 톨스토이의 작품들은 마하트마 간디를 통해 인도를 변화시켰고, 그 물줄기는 미국으로 건너가 마틴 루터 킹 목사의 언어로 시대에 등장했다. 톨스토이의 작품은 성경을 번역한 것이기에 삶을 변화시키는 능력이 있다.

《사람은 무엇으로 사는가?》에 영감을 받았던 러시아 화가 니콜라이 야로센코(Nikolai Yaroshenko, 1846~1898)는 톨스토이와 같은 시대를 살았다. 당시 러시아는 체제에 반대하는 사람들을 시베리아 수용소로 보냈다. 한 번 끌려가면 25년간의 지옥이 기다리고 있는 곳이었다. 혹독한 형벌 탓에 고향으로 되돌아오기란 불가능에 가까웠다. 야로센코는 수용소로 끌려가는 사람들을 그림에 담았다. 그림 속 사람들은 시베리아로 끌려가는 중이다. 그런 탓에 아이의 어머니와 그 뒤의 포로는 체념한 표정이 역력하다. 과연 이들에게 희망이 있을까? 다만 어린아이는 활짝 웃고 있다. 시베리아행 열차에서 배급받은 빵 부스러기를 비둘기와 나누고 있다. 자신의 끼니조차 되지 않는 양이지만, 아이는 몰려드는 비둘기와 기쁨을 나누고 있다. 아이의 모습을 통해 열차 안에는 삶의 희망이 피어나고 있다. 그래서 이 그림은 경이롭다.

사람은 무엇으로 사는가? 관용적이고, 추상적으로 대답하지 말자. 극한 상황에서도 우리에게 작동하는 것은 무엇인가? 무엇이 우리를 살아가게 하는가? 적어도 톨스토이와 야로센코에게 '사랑'은 관념이 아니라 작동하는 실체였음을 기억하자.

4. 광기의 성채에 맞서라, 바르멘 선언

독일은 종교개혁을 일으킨 나라였다. 프로테스탄트 신앙의 중심이었고, 역사를 변화시켰다. 그러나 20세기에 나치의 등장과 세계대전, 홀로코스트는 과연 독일이 종교개혁의 나라였는지 의심하게 된다. 뉘른베르크 전당대회를 통해 열렬한 독일 국민의 지지를 업고 등장한 히틀러는 광기에 찬 행보를 이어나갔다. 그 결과가 제2차 세계대전이다. 히틀러의 등장은 독일 역사

니콜라이 야로센코, 〈삶은 어디에나〉(1888)

의 오점이다. 히틀러를 지지했던 독일 국민은 모두 악랄한 악마들이었을까? 뉘른베르크 전당대회 자료들을 보면 독일 국민은 자발적으로 히틀러에게 열광했다. 히틀러의 광기를 거들었던 것은 독일 기독교의 몫이다. 독일 기독교는 약속이나 한 듯이 히틀러를 지지했고, 그에게 정당성을 부여했다.

히틀러의 등장은 집단 지성이 마비되면서 생겨난 결과물이다. 우리가 반지성주의로 살아갈 때, 광신도들을 통해 또 다른 '히틀러'를 보게 된다. 얼마나 많은 사람이 잘못된 교리, 잘못된 사상에 빠지는가? 우리의 탐욕과 본성이 이런 괴물을 만들어낸다. 그러나 나치 기독교 속에서 '바르멘 선언'도 등장했다. 1933년에 히틀러가 권력을 잡으며 정계에 등장했을 때, 이듬해 1934년 5월 29~31일에 독일 부퍼탈의 바르멘에 모인 무리가 있었다. 이들은 나치에 반대하며 성경으로 돌아갈 것을 결의했다. 이들을 가리켜 '고백교회'라고 한다. 나치가 십자가를 변형한 하겐크로이츠(Hakenkreuz)를 사용하던 1933년에 이미 고백교회는 결집하기 시작했고, 1934년 바르멘에 모여서 다음과 같이 결의했다.

> 고백교회 총회는 우리의 신앙고백과 독일의 교회를 파괴하는 나치 기독교에 맞서 믿음으로 일치단결하여 그들에게 저항하고자 한다. 그들은 거짓된 신조, 폭력, 위선적인 이념을 통해 독일교회를 하나로 통합하려고 시도하지만 독일 복음주의 교회는 성령을 통한 믿음 안에서, 하나님의 말씀인 성경으로만 하나가 될 수 있다.
> 바르멘 선언이 성경과 교부들의 신앙고백과 일치하는지 일치하지 않는지 확인해 보라. 만일 우리의 선언이 성경에 위배된다면 듣지 않아도 된다. 그러나 만일 우리가 성경에 근거한다면 (나치에게서 오는) 모든 두려움과 유혹을 극복하고 하나님의 말씀에 순종함으로써 믿음의 길에 참여하라. (바르멘 선언, 서문)

히틀러가 등장했던 것과 같은 속도로 히틀러에 반대하는 고백교회의 무리가 있었음을 생각한다면 독일의 신앙은 살아 숨 쉬고 있었다는 것을 알 수 있다. 이들이 얼마나 민감하게, 얼마나 신속하게 자신들의 신앙에 귀를 기울였는지를 우리는 마음에 새겨야 한다. 바르멘 선언문처럼 이들은 자신들의 신앙이 성경과 교부들로부터 기인하고 있음을 밝힌다. 고백교회를 주도했던 인물은 마르틴 니묄러(Martin Niemöller, 1892~1984), 칼 바르트(Karl Barth, 1886~1968), 그리고 우리에게 익숙한 디트리히 본회퍼(Dietrich Bonhoeffer, 1906~1945) 목사다.

부퍼탈의 고백교회 현관에는 종교개혁자들의 얼굴을 새긴 기념비가 있다. 마르틴 루터, 장 칼뱅, 필립 멜란히톤, 울리히 츠빙글리의 얼굴이 새겨져 있다. 고백교회의 저항은 성경과 종교개혁자들로부터 이어져 왔다. 이들은 생사를 장담할 수 없는 광기의 시대 속에서 성경과 예수 그리스도에 대해 다음과 같이 고백했다.

(1) 성경에 대하여
성경이 우리를 위해 증언하는 대로 예수 그리스도는 우리가 사나 죽으나 듣고 믿고 순종해야 할 유일한 하나님의 말씀이다. 그러므로 우리는 교회가 선포의 원천으로서의 이 유일한 하나님의 말씀 이외에, 그리고 그것과 나란히 다른 어떤 사건이나 권력, 인물이나 사실을 하나님의 계시로 인정해야 한다고 가르치는 잘못된 가르침을 거부한다.

(2) 예수 그리스도에 대하여
예수 그리스도는 우리의 모든 죄를 용서하신 하나님의 확증인 동시에 우리의 모든 생애를 주관하는 하나님의 능력이시기도 하다. 그분을 통하여 우리는 이 세상에 얽매인 불신앙적인 예속으로부터 기쁘게 해방되어 그분의 피조물들을 위해 자유롭게 감사의 마음으로 봉사하게 된다. 따라서 우리는 마치 우리의 삶에서 예수 그리스도가 아닌 다른 주(主)들에게 속하는 영역, 즉 그분을 통한 칭의와 성화가 필요 없는 영역이 있는 것처럼 가르치는 잘못된 가르침을 배격한다.

스위스 국적의 칼 바르트 목사는 독일에서 추방당했고, 마르틴 니묄러, 디트리히 본회퍼 목사는 강제 수용소에 투옥되었다. 본회퍼 목사는 수용소에서 순교를 당했다. 바르멘 선언과 본회퍼 목사의 흔적은 20세기의 번역된 종교개혁의 결과다. 그들에게 신앙은 지식이 아니라 목숨을 건 가치였다. 우리가 종교개혁으로 교육해야 하는 목적이 여기에 있다. 1년, 10년, 20년을 '학습'시키는 것이 목적이 아니다. 그 시간을 성경의 가르침으로 고민하고 사유하고 저항하게 하는 것이 진정한 종교개혁이다. 이 목적을 위해 종교개혁자들은 암흑의 시대에도 번역을 했고, 이 시대에 우리가 번역을 할 수 있기를 기도한다. 그리고 이렇게 독자들에게 외친다.

"다시, 어떻게 가르칠 것인가!"

[위] 고백교회 현관
[아래] 바르멘 선언 기념비

에필로그, '두 나라' 이야기

우리는 두 나라를 동시에 살아간다. 세상 나라와 하나님 나라다. 종교개혁자들은 두 나라를 동시에 인식하라고 가르쳤다. 그들이 만든 예술과 문학에 감동하는 이유는 그것을 통해 두 나라를 느낄 수 있기 때문이다. 그들의 콘텐츠는 스피치에만 국한되지 않았다. 그래서 언어의 한계를 뛰어넘어 하나님 나라를 보게 해 준다.[137] 예수님께서 그 시대의 사람들에게 '비유'로 말씀하셨고, 유일하게 가르쳐 준 기도 속에 두 나라를 느끼라고 말한다. 그럴 때 우리의 믿음은 능력이 생기고, 기도는 주문을 뛰어넘게 된다.

도버 해협은 영국의 상징이었고 관문이었다. 도버 해협은 줄리우스 카이사르의 침략과 나폴레옹의 야욕 앞에서도 굴하지 않고 서 있었다. 이 도버에서 찰스 디킨스의 '두 나라'가 생각난다. 우리 인생의 목적은 무엇이고, 무엇이 우리를 숭고하게 만드는지 찰스 디킨스는 《두 도시 이야기(A Tale of Two Cities)》에서 우리에게 말한다. 이 작품은 이렇게 시작한다.

> 최고의 시대이자 최악의 시대였다. 무엇이든 가능해 보였지만 정말로 가능한 것은 아무것도 없었다. 혼란과 무질서, 빛과 어둠이 공존하는 시대였다.
>
> 영국은 턱이 커다란 왕과 얼굴이 못생긴 왕비가 다스리고 있었다. 프랑스를 다스리는 왕 역시 턱이 컸지만, 왕비는 매우 아름다웠다.

137 신준형, 《루터와 미켈란젤로》, 143.

《두 도시 이야기》를 보면서 놀라는 것은 작품의 배경이 지금 우리가 살아가는 시대가 아닐까 하는 착각이다. 이 작품은 1789년 프랑스 대혁명 무렵의 런던과 파리를 배경으로 쓴 작품이다. 권력자는 백성의 삶에는 조금도 관심이 없었고, 교회의 성직자들은 그 권력을 함부로 휘둘렀다.

> 세상은 이렇게 돌아가고 있었다. 민중들은 죽어라 하고 일을 하는데도, 보수는 점점 줄어들어, 갈수록 형편이 어려워졌다. **찰스 디킨스의 《두 도시 이야기》 중에서**

이 작품이 공감되는 이유는 어느 시대를 막론하고 삶은 고통으로 신음이 가득하다는 것이다. 그러나 찰스 디킨스는 곳곳에 성경의 의미를 숨겨 놓았다. 그래서 공감을 넘어 감동으로 나아간다. 이 작품을 꼭 읽어보기를 권한다. 《두 도시 이야기》는 관념에만 머무는 '사랑'이 눈덩이처럼 커지는 이야기다. 자신과 무관한 사람을 재판에서 증언해 목숨을 구해준다. 그렇게 누명에서 벗어난 사람은 프랑스 혁명의 피비린내 나는 곳으로 가서 누군가의 생명을 구하려고 한다. 결국 혁명군에게 붙잡힌 이 사람을 위해 또 누군가가 대신 처형을 당하는 이야기다.

찰스 디킨스는 이런 플롯 속에 그리스도의 사랑을 그림자처럼 드러낸다. 관념 속에만 존재하던 사랑이 실체가 되어 문학과 마주하게 된다. 동시에 사람은 무엇으로 살고, 무엇이 인생을 숭고하게 만드는지 손에 붙잡게 된다. 디킨스의 '두 도시' 이야기는 우리에게 '두 나라'가 있다는 믿음을 보게 한다. 종교개혁자들은 문자와 관념에 갇힌 성경을 삶 속에서 느낄 수 있도록 번역했고, 그것이 종교개혁 콘텐츠였다. 우리가 디킨스의 글을 읽으며 두 나라를 떠올리듯이, 16세기 사람들은 종교개혁 콘텐츠를 보면서 성경의 의미를 되새겼다.

이 책은 수많은 정보를 전달하려고 하지 않는다. 우리는 두 나라를 살아가고 있으며, 그것은 여전히 우리 삶 속에서 작동하고 있다는 것을 말하고 싶었다. 두 나라가 우리를 통해 번역될 때, 자연스럽게 종교개혁은 지금 이곳에 나타날 수 있다는 것을 말하고 싶었다. 이것이 종교개혁으로 교육할 때 나타나는 결과이고, 콘텐츠가 가져오는 혁명이다. 두 나라를 살아가는 우리의 신앙이 다음 세대에게도 전수될 수 있기를 기도한다. 독자들과 독자들이 종교개혁으로 교육할 다음 세대들에게 《두 도시 이야기》의 이 장면을 바친다.

> 이상하게도 시드니 카턴의 머릿속에서는 '나는 부활이요 생명이니'라는 성경 구절이 맴돌았다. 마침내 시드니는 단두대 위로 끌려갔다. '나는 부활이요 생명이니' 그는 나직이 중얼거렸다. 침착한 태도로 죽음을 맞으러 걸어 나가는 그의 모습은 군중에게 깊은 인상을 주었다. 그가 중얼거리는 소리를 들었다면 더욱 고결함을 느꼈을 것이다. 단두대에서 시드니가 외친 유언은 다음과 같다.
> '지금 이 순간, 나는 이전에 내가 했던 그 어떤 일보다도 훨씬 가치 있는 일을 행하고 있습니다. 나는 이제껏 알아 온 그 어떤 안식보다도 훨씬 더 평안한 안식을 얻을 것입니다.' **찰스 디킨스의 《두 도시 이야기》 중에서**

추천사

나에게 기독교교육의 한 페이지를 채워주신 저자 박양규 교수님은 말씀에 대한 단순한 암기와 암송이 아닌 새로운 시각에서의 이해와 고백을 가능하게 도와주신 분이다. 팬데믹 이후 기독교교육이 당면한 현실에서 다시 역사 속으로 돌아가 "종교개혁의 향기를 맡음"으로 대안을 찾을 수 있을 것이라 답하는 이 책은 참 내가 만난 교수님답다는 생각을 하게 만든 책이다.

특히 이 책은 몇 년 전 교수님으로부터 들었던 대학원 수업에서처럼, 많은 작품과 자료들이 전하고자 하는 메시지를 더욱 선명하게 잘 설명해 주고 있다. 그렇기에 신앙교육으로서의 종교개혁을 다루는 것이 어렵게 느껴질 교사와 사역자, 부모님들께 내용을 쉽게 이해하며, "우리 시대를 번역"하는 방법을 깨닫는 데에 도움이 될 책이다. 종교개혁의 콘텐츠를 교육해서, 또 다른 종교개혁이 일어나기를 기대하며 이 책을 추천한다.

강주은 아신대학교 대학원 졸업, 아신대학교 교육연구소 연구원

교회를 떠나는 이들이 기하급수적으로 늘어나고 교회학교의 수가 줄어드는 위기의 때에 대안이 될 만한 적실한 책이다. 교회교육의 콘텐츠는 오히려 중세교회에 가깝다는 말에 고개를 끄덕이며 종교개혁으로 교육하라는 장엄한 외침에 마음이 비장해진다. 그러나 그 비장한 교육을 실천해가는 과정은 재미있었고 예술성과 감성이 어우러져 깊은 울림을 준다. 하나님이 주신 모든 것을 활용할 수 있는 교육 콘텐츠가 여기에 있다. 특히 묵직한 호소 속에 숨어있는 재기발랄

한 외침은 그동안 기성세대가 겪어보지 못한 새로운 세대의 아이들에게도 통하는 성경교육이 될 것이다.

김성경 아신대학교 기독교상담학 박사과정, 욕구코칭연구소 소장

바야흐로 콘텐츠 홍수의 시대이다. 콘텐츠 자체가 곧 경쟁력이고 강력한 힘이라는 것을 눈치 챈 수많은 이들은 저마다 양질의 콘텐츠를 생산하며 이전투구(泥田鬪狗)를 벌이고 있다. 그야말로 '총성 없는 전쟁'이다. 그러나 아이러니하게도 교회는 '콘텐츠의 기근'을 맞고 있다. 수많은 교회 현장에서는 수백 년 전에 만들어진 '교리'의 콘텐츠를 맥락에 대한 고려 없이 앵무새처럼 그대로 반복하고 있으며, '스피치' 일색의 설교가 마치 유일하고도 대체 불가능한 신성불가침의 무기라도 되는 양 너스레를 떠는 이들도 적지 않다. 불행히도 그 사이 수많은 성도들이 교회에서 진리를 찾지 못하고 '또 다른 진리'를 찾기 위해 세상이라는 콘텐츠 각축장으로 물밀듯이 쏟아져 들어가고 있다. 적어도 작금의 교회의 모습은 이 콘텐츠 전쟁에서 패자처럼 보인다.

나의 존경하는 스승이자 이 책의 저자이신 박양규 목사님은 이러한 현실을 간파하고, "종교개혁으로 교육하라!"는 외침을 담아 이 책을 쓰셨다. 이 책은 수많은 콘텐츠의 생산과 확산이 종교개혁의 본질이었으며, 성경번역, 교리, 문학, 예술에 이르기까지 각 분야의 기라성 같은 믿음의 선진들이 목숨을 담보로 한 치열한 '번역' 작업을 통해 생산해낸 콘텐츠들이 결국 당대 종교개혁을 성공시킨 키(key)였음을 날카로운 통찰력으로 증명해낸다. 또한 동일한 영적 DNA를 물려받고 종교개혁의 후예라 자처하는 우리 또한 그 콘텐츠들을 활용하여 현 시대에 맞는 '번역'과 콘텐츠 재생산을 통해 위기를 기회로 바꿀 수 있음을 강력하게 갈파한다.

나는 이 책을 읽으며 어둡고 암울해 보이는 교회와 기독교교육 현장에 비추는 한 줄기 희망의 빛을 보았다. 부디 저자의 바람처럼 이 책을 '밟고' 간 이들을 통해 제2, 제3의 종교개혁의 물결이 교회와 교육현장을 뒤덮길 간절히 바라고 소망한다!

김슬기 아신대학교 교육대학원 졸업, 공립 초등학교 교사

우리는 다음세대에게 성경을 전하기 위해 어떤 쟁기질을 하고 있을까? 저자는 문자에 갇힌 성경에서 소통을 위한 '번역'이 필요하다고 한다. 번역하려는 노력이 우리의 쟁기질이라고 한다. 나는 저자가 이런 콘텐츠를 통해 농어촌에서 아이들에게 복음을 효과적으로 전하는 과정을 경험했다. 그 과정을 지켜봐 왔기에 다음 세대 뿐만 아니라 문맹인 어르신들에게도 '번역'이 필요하다고 믿는다.

올해 나는 코로나로 멈췄던 선교 현장에 저자의 콘텐츠를 직접 가지고 가서 사용했다. 그리고 선교 현장에서 성경이 문자에 갇힌 것이 아니라 생생하게 살아서 움직이는 것을 보았다.

나는 박양규 목사님의 '쟁기질'을 지켜봐 왔다. 세대통합예배로 삼일교회에서 감당했던 클래식 예배, 교회 곳곳에 40여점의 그림을 전시했던 기억, 코로나 기간에는 직접 영상을 찍어서 콘텐츠를 통해 성도들과 소통하는 쟁기질 말이다.

이러한 저자의 교회교육 콘텐츠가 1년 52주, 0년 520주, 지속적이고 치밀하게 진행될 것을 기대한다. 독자 여러분들도 이 책을 통해 언어의 한계를 뛰어넘는 하나님 나라를 꿈꾸게 되기를 소망한다.

김진선 삼일교회 어린이 도서관 사서, 신춘문예당선 작가

박양규 목사님으로부터 고등학교 2학년 때 성경을 배웠다. 당시 상황은 코로나로 인해서 줌으로 수업하거나 마스크를 쓰고 수업 해야 했다. 어쩌면 가장 수업에 집중하기 어려운 환경이었다. 또한 사회적 거리두기로 인해 교회나 학교에서 사람들을 만나지 못해 학생들은 신앙을 잃어가고 있었다. 그러한 상항에서 박양규 목사님의 수업은 우리에게 새로운 자극을 선사했다.

우선 수업 방식이었다. 목사님은 새로운 수업 방식으로 우리와 만나기 위해서 부단히 노력하셨다. 우리를 메타버스로 초대하셨을 때, 그런 통합 수업은 처음 경험해 봤다. 정말 놀라운 일은 수업에 임하는 학생들의 태도였다. 그 기억은 내가 지금까지 본 우리들의 수업 태도 중에서 가장 능동적이고 주도적인 수업이었다. 이렇게 폭발적인 주도성을 갖고 수업에 참여한 적은 내 3년 고등학교 생활 중 유일했다. 종전까지 우리는 성경 수업을 주입식으로 배웠다. 그러나 목사님의 콘텐츠를 통해 성경의 사람들을 만났고, 토론했다. 인문학적 고찰로 성경 인물들을 바라보니 성경 속 '아무개'들의 믿음이 느껴졌고, 그것이 나에게 큰 도전으

로 다가왔다.

박찬혁 소명학교 졸업생, 충남대 사학과

주변 서점을 가보면, 항상 새로운 참고서와 문제집으로 가득 차 있다. 공부하겠다고 마음먹으면, 난 괜히 서점으로 가 문제집들을 뒤적거리는 이상한 습관을 가지고 있다. 목사님의 수업은 서점에서 처음 만져본 참고서와 같은 느낌이었다. 모두가 경험하듯이 교과서 한 권으로 공부를 끝내는 사람은 드물다. 끝까지 잘 풀지도 않는 문제집과 참고서를 잔뜩 사서 끄적끄적 풀때, 우린 비로소 제대로 공부했다고 한다. 난 신앙도 동일하다는 것을 깨달았다. 우리에겐 성경이라는 훌륭한 교과서가 있지만, 다양한 참고서와 문제집을 통해 그 내용을 다시 한번 들여다보고, 응용해야 교과서를 더 깊게 이해할 수 있다. 목사님의 수업은 나에게 교과서와 함께 펼치고 공부할 최초의 참고서가 되었다. 독자들에게도 이 책이 성경이라는 교과서를 이해하는 훌륭한 참고서가 되길 바란다.

변선민 소명학교 졸업생, 이화여대 영문학과

'종교개혁'을 참 많이 들었다. 마치 관용어구처럼 익숙한 단어가 되었다. 그러나 '어떻게' 종교개혁을 일으킬 것인지에 대해서는 들어본 적이 없다. 저자의 이 책을 보면서 깊이 공감하게 되었다. 종교개혁이란 교육개혁임을 알게 한 책이다. 이보다 더 구체적이고 정확한 표현이 있을까? 결국 종교개혁과 교육개혁은 딴소리 한 이름(Enharmonic key)이다.

장인은 연장 탓을 하지 않지만 시작하는 사람들에게 좋은 도구는 날개를 달아준다. 종교개혁도, 신앙교육도 들어봤지만 어떻게 해야할지 모르는 사람들을 위해 이 책은 훌륭한 도움닫기가 되어줄 것이다. 그런 분들이게 진심으로 권하는 책이다.

신소윤 삼일교회 성도, KBS 공채 27기 성우

소명학교 성경수업에서 접한 이 책의 콘텐츠들은 신선한 경험이었다. 단순한 역사적 사건이 아니었다. 종교개혁과 관련된 미술, 음악, 역사, 책, 영화 등 다양한 콘텐츠들을 통해 각 영역에서 예수님의 시선을 발견했고, 다양한 영역에서 지혜를 발견하며 학생들과 수업에 흠뻑 빠져 들었던 기억이 있다. 오래 전의 예술 작품이라도 메시지를 담고 있다면 그 콘텐츠는 시간이 지나도 마음을 움직이는 힘이 있다. 하루가 다르게 변하는 시기에 아이들이 이 메시지에 귀를 기울여 집중하던 모습이 기억난다. 그래서 시대는 변하지만 메시지는 여전히 동일하며, 감동 또한 변하지 않는다는 것을 알게 되었다.

교사인 나도 수업을 들으면서 무척 흥미롭게 콘텐츠에 관심을 가졌다. 만일 누가 나에게 이런 콘텐츠에 어떻게 흥미를 갖게 되었는지 묻는다면 주저 없이 이 수업에서 접했던 기쁨 때문이라고 말할 것이다.

안효은 소명학교 수학교사

콘텐츠는 힘이 세다. 세계가 한국을 알고 싶고 찾고 싶게 만드는 것도 K-콘텐츠의 영향이 크다. 예수님이 누구신지 알고 싶고 그분이 원하는 삶을 살고 싶게 하는 콘텐츠가 있다면 어떨까? 그 고민에 대한 발버둥이 이 책에 담겼다.

삼일교회의 세대통합예배였던 클래식 예배의 광고를 처음 접했을 때, 마음이 설레던 기억이 있다. 문학과 예술 작품은 예배의 소재가 됐고, 음악, 연극, 영화는 예배의 메시지가 되었다. 어른도 어린이도, 심지어 믿지 않은 사람들도 예배 속으로 스며들었다. 어떤 분이 '좋은 것은 더 많은 이들과 함께 나누고 싶다'는 고백이 지금도 기억에 남는다.

문화와 예술을 통해 성경을 알아가는 것은 큰 즐거움이었다. 인문학이 유익했던 것은 내게 '어떻게 살 것인가'라는 물음을 던져 준 것이다. 그리고 성경 말씀을 일상에 적용하는 묵상으로 나아갈 수 있었다. "교회교육은 달라져야 한다"면서 교회 건물의 빈 벽에도 천지창조 그림을 그려 넣어서 예수님을 알아가는 콘텐츠로 만들고 싶었던 '창의적이고 열정적인' 박양규 목사님의 진심이 이 책에 녹아 있다. 이 책을 잘 활용해 많은 이들이 예수님을 더 깊이 알아가는 기쁨을 누리길 소망한다.

양아람 삼일교회 성도, TBS 기자

충격이었다. 성경을 보는 방식이 수업 시간마다 금이 갔다. 달리 말하면 깨우침이었고, 더 멀리 가기 위한 준비 운동이었다. 목사님과의 수업이 그랬다. 콘텐츠로 접근하는 성경, 책의 핵심어이기도 한 그것은 지난 1년간의 수업을 아우르는 열쇠였다. 일례로 십계명을 들여다 본 수업이 기억에 남는다. 두레를 꾸려 십계명 중 한 계명을 맡아 콘텐츠를 제작했다. 계명의 문을 열고 들어가 보는 시간이었다. 성경에서 발화한 상상들이 마음껏 부유하는 공간, 말씀의 적용을 기다리는 무수한 사건과 이름들이 그곳에서 생활하고 있었다. 그러한 사건들이 연극, 영상, 토론 등 다양한 방식의 결과물로 재탄생했고 서로의 콘텐츠를 감상하며 수업은 마무리됐다. 분명히 밝혀둘 것이 있다면, 우리는 성경을 해석하지 않았다. 성경을 성경으로 두고 우리 생활에 '적용하는' 활동이었다. 그렇게 만들어진 문고리를 성경 어디든 붙여 돌릴 수 있게 되었다는 것, 상상으로, 현실로 걸어 들어갈 수 있었다. 마치 '나니아'로 가기 위해 옷장 속으로 들어가듯이 말이다. 이것이 목사님과 동역하던 길에 받은 큰 선물이었다.

유채현 소명학교 졸업생, 한양여대 문예창작과

나는 지난 2년 동안 교육현장에서 학생들을 상대로 성경수업을 진행하던 박양규 목사님을 지켜보았다. 그 때의 충격은 지금도 여전하다. 학생들은 막연히 '성경말씀을 설명해 주시겠지' 라는 얼굴로 수업에 임했고, 박양규 목사님만의 시대를 통찰하는 콘텐츠를 성경과 결합해서 아이들에게 가르쳐 주셨다. 그 결과 아이들은 실로 놀라운 생각과 행동의 변화가 일어났다.

이 책은 시대의 명작들을 감상하듯 천천히 음미하면서 교회 및 오늘날의 세상을 살아가는 우리들의 삶이 어떻게 해석되어지는지, 기존의 'Text'(성경)가 'Context'(현실)에 어떻게 적용되는지 여실히 보여준다. 지금도 끊임없이 새로운 기준들이 설정되고 사라지는 세상 속에서 흔들리지 않는 믿음의 자세(Context)가 무엇이어야 하는지를 '등대'처럼 밝히 보여주는 책이다.

이정은 소명학교 역사교사

우리는 모두 각자의 스토리를 가지고 있다. 이 세상을 창조하신 하나님의 감격스러운 스토리 안에 우리가 존재한다. 그분은 자신의 사랑을 말씀으로만 표현하신 것이 아니라 다양한 방식으로 나타내셨다. 그런 방식으로 학생들을 가르치는 교육의 현장 속에서 주입식 교육이 아닌 다양한 문학과 예술 작품들을 통해서 깊이 사고할 수 있었고, 그 속에서 발견 되어지는 하나님의 사랑을 경험할 수 있었다. 이 책은 교육의 현장에서 다양한 콘텐츠를 활용하여 어떻게 아이들에게 하나님의 말씀을 제시하여, 바르게 살아낼 것인가에 대한 실제적인 지침을 제공해 준다. 종교개혁자들이 활용했던 콘텐츠들이 오늘날 우리의 교육의 현장에 주는 깊이 있는 도전에 반응하고, 우리의 소중한 다음 세대를 위해 고민하는 선생님들께 특별히 추천하고 싶은 책이다.

조성연 아신대학교 대학원 졸업, Ad Fontes ANCA 교육디렉터

나에게 신앙과 학문은 모두 멈춰 있는 것이었다. 생동감과 입체감이 없던 먼지가 수북히 쌓인 성경책과 고전문학이었다. 그러던 어느 날 딸 아이가 준비하는 수업을 어깨 넘어 들으며 멈춰버린 그것이 움직이기 시작했다. 목사님이 인문학을 통해 성경을 접목해 주시면서 살아있는 여행을 하게 되었다. 일 년에 몇 번 펼쳐보지 않던 성경이 소설로 미술로 때로는 역사와 함께 살아나서 나의 삶 속에서 경험할 수 있었다.

지금도 기억에 남는 것은 십계명 중 "간음하지 말라"라는 계명을 딸 아이가 《젊은 베르테르의 슬픔》이란 작품을 연극으로 준비하는 것을 지켜 본 순간이다. 아이들은 돌판보다 더 두꺼울 법한 계명을 교실에서 생생하게 표현하며, 성경을 접하던 감격이었다. 이 책도 그런 감정을 나에게 선사해 주었다.

지금도 나는 중년의 여성들과 독서모임을 하고 있다. 그 모임에서도 목사님의 영향을 받아 책과 문화 또는 일상을 연결시킨다. 그 연결은 마음으로 기억으로 생생하게 남는다. 목사님으로부터 배운 배움의 흔적이다. 그래서 오늘도 텍스트는 나에게 머물러 있지 않고 움직인다.

홍성혜 소명나무학교, 소명학교 독서강사, 소명학교 학부모

그림 목록

소(小) 크라나흐, 〈최후의 만찬〉, 1565, 데사우 마리엔 교회
홀바인, 〈헨리 8세〉, 1537, 마드리드 티센보르네미사 미술관
홀바인, 〈토마스 모어〉, 1527, 뉴욕 프릭 컬렉션
홀바인, 〈대사들〉, 1533, 런던 내셔널갤러리
홀바인, 〈에라스뮈스〉, 1523, 런던 내셔널갤러리
홀바인, 〈무덤 속 그리스도의 시신〉, 1521-1522, 바젤 미술관
홀바인, 〈구약과 신약의 알레고리〉, 1530, 에딘버러 스코틀랜드 내셔널갤러리

참고 문헌

고가 후미타케, 《작가의 문장수업》, 정연주 역, 경향BP, 2015.
김광우, 《레오나르도 다 빈치와 미켈란젤로》, 미술문화, 2016.
김상근, 《마키아벨리》, 21세기북스, 2013.
김상근, 《카라바조, 이중의 미학》, 21세기북스, 2016.
김영준, 《그림 속 성경이야기》, 제이앤제이, 2015.
김용규, 《신》, 휴머니스트, 2010.
김채린, 《세번째 세계》, 새물결플러스, 2016.
김태진, 《아트인문학》, 카시오페아, 2017.
노성두, 《빛의 유혹에 영혼을 던진 렘브란트》, 아이세움, 2003.
니콜라스 카, 《생각하지 않는 사람들》, 최지향 역, 청림출판, 2020.
러스 램지, 《렘브란트는 바람 속에 있다》 정성묵 역, 두란노, 2022.
로맹 롤랑, 《위대한 예술가의 생애》, 이정림 역, 범우사, 2007.
리사 크론, 《끌리는 이야기는 어떻게 쓰는가》, 문지혁 역, 웅진지식하우스, 2015.
마셜 맥루언, 《미디어의 이해》, 김성기, 이한우 역, 민음사, 2002.
박홍규, 《수정 야인 조지 오웰》, 푸른들녘, 2017.
빅토르 위고, 《레 미제라블》 1, 이형식 역, 펭귄, 2010.
손관승, 《그림 형제의 길》, 바다출판사, 2015.
슈테판 츠바이크, 《츠바이크가 본 카사노바, 스탕달, 톨스토이》, 나누리 역, 필맥, 2005.
스탠리 하우어워스, 《주여, 기도를 가르쳐 주소서》, 이종태 역, 복있는사람, 2006.
신준형, 《뒤러와 미켈란젤로》, 사회평론, 2013.
신준형, 《루터와 미켈란젤로》, 사회평론, 2013.
빅토르 위고, 《노트르담 드 파리》, 박 아르마, 이찬규 역, 구름서재, 2014.
에라스뮈스, 《우신예찬》, 김남우 역, 열린책들, 2011.
엔리카 크리스피노, 《미켈란젤로, 인간의 열정으로 신을 빚다》, 정숙현 역, 마로니에북스, 2007.
유발 하라리, 《호모 데우스, 미래의 역사》, 김명주 역, 김영사, 2017.
이리스 뮐러 베스테르만, 《뭉크, 추방된 영혼의 기록》, 홍주연 역, 예경, 2013.
이진숙, 《러시아 미술사》, 민음in, 2007.
제임스 플린, 《플린 이펙트》, 이금숙, 조선희 역, MID, 2015.
조반니 보카치오, 《데카메론》, 한형곤 역, 동서문화사, 2016.
조지 버나드 쇼, 《쇼에게 세상을 묻다》, 김일기, 김지연 역, 뗸데데로, 2012.
조지 퍼거슨, 《르네상스 미술로 읽는 상징과 표징》, 변우찬 역, 일파소, 2019.
존 카우치, 제이슨 타운, 《교실이 없는 시대가 온다》, 김영선 역, 어크로스, 2020.
존 폭스, 《위대한 순교자들》, 맹용길, 보이스사, 1996.
최재붕, 《포노 사피엔스》, 샘엔파커스, 2019.
최주훈, 《루터의 재발견》, 복있는사람, 2017.

최주훈, 《예배란 무엇인가》, 비아토르, 2021.
켄 로빈슨, 루 애로니카, 《엘리먼트》, 정미나 역, 21세기북스, 2016.
클라우디오 감바, 《미켈란젤로》, 최경화 역, 예경, 2008.
클라이브 톰슨, 《은밀한 설계자들》, 김의석 역, 한빛비즈, 2020
틸만 뢰리히, 《카라바조의 비밀》, 서유리 역, 레드박스, 2010.
페테르 빈터호프 슈푸르크, 《바벨탑에 갇힌 세계화》, 배명자 역, 21세기북스, 2010.
프란체스카 마리니, 《카라바조》, 최경화 역, 예경, 2008.
하워드 가드너, 《다중지능》, 유경재 역, 웅진지식하우스, 2007.
헨드린 빌렘 반 룬, 《렘브란트》 1, 박웅희 역, 들녘, 2003.
황대현, 《서양 기독교 세계는 왜 분열되었는가》, 민음in, 2011.
Brian H. Edwards, 《Travel with William Tyndale》, Day One, 2009.

종교개혁을 이끈 콘텐츠 혁명

다시, 어떻게 가르칠 것인가

1판 1쇄 | 2023년 11월 15일
1판 2쇄 | 2024년 5월 10일

지은이 | 박양규
펴낸이 | 박상란
펴낸곳 | 들음과봄

디자인 | 김다은 교정 | 강지희
경영·마케팅 | 박병기
출판등록 | 제 387-2013-000029호
등록번호 | 130-92-85998
주소 | 경기도 부천시 길주로 262 이안더클래식 133호
전화 | 070-7362-3488
팩스 | 0303-3449-0319
이메일 | phytonbook@naver.com

ISBN | 979-11-92549-23-1(03230)

•가격은 뒤표지에 있습니다.
•잘못된 책은 구입하신 서점에서 바꾸어 드립니다.